Identifizierung übernahmegeeigneter Unternehmen

Europäische Hochschulschriften

Publications Universitaires Européennes
European University Studies

Reihe V
Volks- und Betriebswirtschaft

Série V Series V
Sciences économiques, gestion d'entreprise
Economics and Management

Bd./Vol. 3355

PETER LANG
Frankfurt am Main · Berlin · Bern · Bruxelles · New York · Oxford · Wien

Christoph Buss

Identifizierung übernahmegeeigneter Unternehmen

Ansätze zur Erkennung von Optimierungs- und Synergiepotenzialen

PETER LANG
Internationaler Verlag der Wissenschaften

Bibliografische Information der Deutschen Nationalbibliothek
Die Deutsche Nationalbibliothek verzeichnet diese Publikation in der Deutschen Nationalbibliografie; detaillierte bibliografische Daten sind im Internet über http://dnb.d-nb.de abrufbar.

Zugl.: Düsseldorf, Univ., Diss., 2009

Gedruckt auf alterungsbeständigem,
säurefreiem Papier.

D 61
ISSN 0531-7339
ISBN 978-3-631-60387-1

www.peterlang.de

Für Stephanie, Kenai und meine Eltern

GELEITWORT

Mergers&Acquisitions steht seit gut zwei Jahrzehnten auch in Deutschland im verstärkten Interesse der Betriebswirtschaftslehre, auch weil die Wirtschaftspraxis bis zum Beginn der Finanzkrise Jahr für Jahr wachsende Transaktionsvolumina zu vermelden hat. Innerhalb der vielfältigen Betrachtungsebenen zu dieser Thematik findet bislang die Frage, welche Charakteristika eigentlich einen Übernahmekandidaten am deutschen Kapitalmarkt auszeichnen, wenig Beachtung. Auf der Grundlage einer empirischen Erhebung geht Herr *Dr. Christoph Buss* in der vorliegenden Monographie diesem Anliegen nach, indem er einerseits Unternehmen mit Wertsteigerungspotenzialen durch Restrukturierung, andererseits für den Käufer passende Zielobjekte aufgrund von Synergiepotenzialen zu identifizieren sucht. Dabei geht es ihm nicht um die Bewertung einzelner Gesellschaften, sondern um die Konzipierung eines statistischen Klassifikationsmodells für den deutschen Kapitalmarkt, das die Trennung in übernahmegeeignete und ungeeignete Unternehmen erlaubt.

Hieraus Investitionsstrategien für Anleger abzuleiten, sich auf ein Portfolio von Übernahmekandidaten zu fokussieren, ist natürlich reizvoll, auch wenn dieser Ansatz an vielfältige praktische Grenzen stößt. Unter Beiziehung des Modells des Branchenlebenszyklus ist es aber möglich, das gern genutzte Schlagwort der „Synergien“ differenzierter zu betrachten und in das Konzept zu integrieren: Die Verbindung von zwei Unternehmungen durch adäquate Kombination von Ressourcen setzt nämlich voraus, dass sich die beiden Partner auch in ihrem eigenen Lebenszyklus (wie auch innerhalb der Branche) in einem wettbewerblichen Stadium befinden, in welchem eine Ressourcenverbindung tatsächlich einen Mehrwert erwarten lässt (was beispielsweise nicht auf die Phase der Einführung eines innovativen Produktes zutrifft). Insofern bereichert Herr *Dr. Buss* die Analyse von M & A um Facetten, die gleichermaßen für Wissenschaft und Praxis von Interesse sind.

Düsseldorf, im November 2009 — Prof. Dr. Raimund Schirmeister

INHALTSVERZEICHNIS

ABKÜRZUNGSVERZEICHNIS

AR	Abnormal return (abnormale Rendite)
AAR	Average abnormal return (durchschnittliche abnormale Rendite)
AG	Aktiengesellschaft
AktG	Aktiengesetz
AWG	Außenwirtschaftsgesetz
bzw.	beziehungsweise
d.h.	das heißt
CAR	Cumulative abnormal return (kumulative abnormale Rendite)
CAAR	Cumulative average abnormale return (kumulative durchschnittliche abnormale Rendite)
CDAX	Composite DAX (DAX = Deutscher Aktienindex)
EBIT	Earnings before Interest and Taxes (Gewinn vor Zinsen und Steuern)
EBITDA	Earnings before Interest and Taxes and Depreciation (Gewinn vor Zinsen, Steuern und Abschreibungen)
EFTA	European Free Trade Association (Europäische Freihandelsassoziation)
etc.	et cetera
EU	Europäische Union
f.	folgende
ff.	fortfolgende
ggf.	gegebenenfalls
GWB	Gesetz gegen Wettbewerbsbeschränkungen
HGB	Handelsgesetzbuch
hrsg.	herausgegeben
Jg.	Jahrgang
KGaA	Kommanditgesellschaft auf Aktien
KGV	Kurs-Gewinn-Verhältnis
M&A	Mergers & Acquisitions

mind.	mindestens
Mio.	Millionen
MitbestG	Gesetz über die Mitbestimmung der Arbeitnehmer
Mrd.	Milliarden
S.	Seite
sog.	sogenannt
TSR	Total Shareholder Return (Gesamtrendite des Aktionärs)
u.a.	unter anderem
ÜbernRUmsG	Übernahmerichtlinie-Umsetzungsgesetz
US[A]	United States [of America] (Vereinigte Staaten [von Amerika])
vgl.	vergleiche
vs.	versus
VWGmbHÜG	Gesetz über die Überführung der Anteilsrechte an der Volkswagenwerk Gesellschaft mit beschränkter Haftung in private Hand (sog. VW-Gesetz)
WKN	Wertpapierkennnummer
WpHG	Gesetz über den Wertpapierhandel
WpÜG	Wertpapiererwerbs- und Übernahmegesetz
WpÜGAngebV	Wertpapiererwerbs- und Übernahmegesetz-Angebotsverordnung
z.B.	zum Beispiel

ABBILDUNGSVERZEICHNIS

TABELLENVERZEICHNIS

I. FRÜHERKENNUNG VON ÜBERNAHMEZIELEN

A. Identifizierbarkeit übernahmegeeigneter Unternehmen als Forschungsfrage

Übernahmen und Fusionen von Unternehmen haben in den letzten Jahren weltweit an Bedeutung gewonnen und sind in vielen Branchen zu einem strukturprägenden Schlüsselthema geworden. In 2006 erreichte das weltweite Transaktionsvolumen mit 4,06 Bio. US$ einen historischen Höchstwert.[1] Treibende Kraft für diese Entwicklung war dabei insbesondere Europa, dessen Transaktionsvolumen im gleichen Jahr mit 1,59 Bio. US$ erstmals jenes der USA überschritt.[2] Auch in Deutschland erfuhr das Transaktionsvolumen in 2006 eine deutliche Steigerung zum Vorjahr (+21 %) und erreichte den Wert von 157,7 Mrd. US$.[3] Auch wenn im Zuge der sog. Subprime- und späteren weltweiten Finanzkrise ab dem zweiten Halbjahr 2007 eine Abschwächung der Übernahmeaktivität zu beobachten war, sind die globalen Transaktionsvolumina noch immer von erheblichem Ausmaß.[4]

Als maßgeblich für diese Entwicklung sind drei Hauptursachen anzuführen: Erstens führten die zunehmende Globalisierung und die Deregulierung vieler Branchen zur verstärkten Verflechtung von Volkswirtschaften. Die dadurch entstehenden Expansionsmöglichkeiten, aber auch die resultierende Wettbewerbsintensität und der damit verbundene Konsolidierungsdruck erforderten eine Wachstumsstrategie, welche für viele Unternehmen auf organischem Wege kaum – oder nicht schnell genug – zu realisieren war.[5] Vor diesem Hintergrund sind Übernahmen und Fusionen als Formen des externen Wachstums für viele Unternehmen zu einer immer häufiger angewandten strategischen Option geworden, um dem veränderten Wettbewerbsumfeld zu begegnen. Zweitens haben günstige volkswirtschaftliche Rahmenbedingungen den Weg für eine Vielzahl von Übernahmen geebnet. Eine Weltkonjunktur mit lange Zeit stabilem Wachstum und Gewinnen sowie steigenden Börsenkursen schaffte ein positives Übernahmeklima, in dem der Kapitalmarkt eher bereit war, an die optimistischen Planungsrechnungen zu glauben, die solchen Transaktionen zu Grunde lagen.[6]

---

1 Vgl. Voss (2007), S. 49. Die Transaktionsvolumina beziehen sich auf eine Auswertung der Dealogic-Datenbank.

2 Vgl. ebenda, S. 49.

3 Vgl. ebenda, S. 50.

4 Kennzeichnend war dabei vor allem eine Verteuerung von für die Finanzierung einer Übernahme verwendbaren Krediten; vgl. Kunisch (2008), S. 58 f.

5 Vgl. Lucks/Meckl (2002), S. 5 ff.; Wirtz (2003), S. 6.

6 Beispielsweise weist Becketti (1986), S. 16 ff. einen starken Einfluss der Konjunktur auf die Höhe der Übernahmeaktivität in den USA empirisch nach. Für Studien mit ähnlicher Aussage siehe Kummer (2005), S. 32.

Dies reduzierte die Furcht potenzieller Käuferunternehmen vor negativen Reaktionen des eigenen Aktienkurses durch den Kapitalmarkt nach Ankündigung einer Übernahme. Darüber hinaus erleichterte das positive Übernahmeklima – in Verbindung mit einem über viele Jahre vorherrschenden niedrigen Zinsniveau und einer hohen Liquidität der Unternehmen – die Finanzierung von Übernahmen.

Eine dritte Ursache ist die (auch in Europa) wachsende Bedeutung von Finanzinvestoren, die mit ihrer (in vielen Fällen) hohen Kapitalausstattung begonnen haben, bei Übernahmeverhandlungen auch zu strategischen Investoren in Konkurrenz zu treten.[7]

Wissenschaftliche Untersuchungen zum Phänomen der Übernahme fokussieren sich im deutschen Umfeld vor allem auf die Erforschung von Kapitalmarktreaktionen auf ihre Ankündigung[8] (in Form der Aktienkursentwicklungen von Käufer- und Zielunternehmen) sowie auf die Untersuchung der Höhe der an die Aktionäre des Zielunternehmens gezahlten Übernahmeprämien[9]. Darüber hinaus existiert eine Vielzahl von Ausführungen zu Übernahmemotiven, Bewertungsfragen, den rechtlichen Grundlagen und dem prozessualen Ablauf von Übernahmen sowie zur optimalen Integration des Zielunternehmens.[10]

Weit weniger Aufmerksamkeit wurde bisher der Frage geschenkt, warum überhaupt einige Unternehmen Ziel einer Übernahme werden, während andere über Jahrzehnte ihre Unabhängigkeit wahren. Eine Beantwortung dieser Frage würde zum einen Rückschlüsse auf die im Kapitalmarkt vorherrschenden Motive erlauben, aus denen Übernahmen angestrebt werden. Zum anderen könnten gewonnene Erkenntnisse über die Gründe, warum bestimmte Unternehmen zu „*Übernahmezielen*“[11] werden und andere nicht, auch zu Zwecken der Früherkennung genutzt werden. Dies beschreibt den Versuch, nach einer Analyse einer Gruppe von Unternehmen oder von deren Umfeld eine Aussage darüber zu treffen, von welchen von ihnen erwartet werden kann, in einem gegebenen zukünftigen Zeitraum zum Übernahmeziel zu werden.

---

7 Vgl. Meitner/Sofka (2003), S. 362. Für eine Definition der Begriffe Finanzinvestor und strategischer Investor siehe Kapitel I.C.

8 Empirische Untersuchungen wurden beispielsweise durchgeführt von Bühner (1990a), S. 102; Bühner (1990b), S. 295 ff.; Beitel/Lorenz/Schiereck (2005), S. 15 ff.; Böhmer/Löffler (1999), S. 299 ff.; Gerke/Garz/Oerke (1995), S. 805 ff.

9 Beispiele solcher Untersuchungen liefern Dombret (2006), S. 144 ff.; Schmitt/Moll (2007), S. 201 ff.

10 Für einen Überblick über die deutsche Übernahmeliteratur siehe Müller-Stewens/Spickers/Deiss (1999), S. 140 ff.

11 Von „Übernahmezielen“ soll gesprochen werden, wenn es sich um bereits übernommene Unternehmen handelt.

Bei der „Identifizierung" solcher Unternehmen – die als *Übernahmekandidaten*[12] bezeichnet werden – geht es folglich nicht darum, für ein gegebenes Unternehmen einen möglichst *geeigneten* Partner zu finden (mit dem die Wahrscheinlichkeit einer „erfolgreichen" bzw. wertschaffenden Übernahme maximiert werden könnte). Stattdessen wird untersucht, ob man aus externer Sicht, d.h. aus Sicht des Kapitalmarktes, feststellen kann, welche Unternehmen Ziel einer Übernahme werden – unabhängig davon, wie die Transaktion im Nachhinein bewertet wird oder wie sich ein hierdurch neu entstandenes Unternehmen langfristig entwickelt.

Von einem frühzeitigen Erkennen von Übernahmezielen können beispielsweise Investoren profitieren, die durch den rechtzeitigen Kauf von Aktien der entsprechenden Unternehmen von den Aufschlägen profitieren möchten, die der Käufer bei einer Übernahme in vielen Fällen auf den Aktienkurs eines Zielunternehmens zahlt. Mittlerweile gibt es eine wachsende Zahl von Umsetzungsversuchen einer solchen Investitionsstrategie.[13]

Vor diesem Hintergrund werden im Rahmen dieser Arbeit folgende Forschungsfragen untersucht:

1) Welche Faktoren bestimmen die „Eignung" eines Unternehmens, Ziel einer Übernahme zu werden? Welche gemeinsamen Charakteristika weisen Übernahmeziele auf?

2) Lassen sich mit Kenntnis solcher Charakteristika (und mit Hilfe geeigneter Modelle) diejenigen Unternehmen im deutschen Kapitalmarkt, die Ziel einer Übernahme werden, schon zu einem früheren Zeitpunkt als Übernahmekandidaten identifizieren?

3) Stellt die Investition in ein Portfolio von Übernahmekandidaten, die durch ein solches Modell identifiziert wurden, eine lohnenswerte Investitionsstrategie dar?

Zur Untersuchung dieser Forschungsfragen werden in *Kapitel I* zunächst relevante Begriffe definiert und Einflussfaktoren auf die Übernahmeeignung eines Unternehmens analysiert. Aus dieser Vorarbeit werden in *Kapitel II* auf der Grundlage wirtschaftswissenschaftlicher Theorien unternehmensspezifische *Charakteristika* von Übernahmekandidaten abgeleitet. In *Kapitel III und IV* wird

---

12 Als „Übernahmekandidaten" werden vermutete zukünftige Übernahmeziele bezeichnet.

13 Beispiele hierfür sind die in den letzten Jahren entwickelten Zertifikate, die den Anleger an der Wertentwicklung eines Korbes von mutmaßlichen zukünftigen Übernahmezielen beteiligen. Beispiele hierfür sind das „M&A Select Basket"-Zertifikat von SalOppenheim (WKN SBL5MA), das „M&A-Index"-Zertifikat der Société Générale (WKN SG63FU), das „Takeover"-Zertifikat der Dresdner Bank (WKN DR0DB8), das „Special Situations Basket"-Zertifikat von HSBC Trinkaus & Burkhardt (WKN TB87NP) sowie das „Private Equity und M&A Targets Index-Zertifikat" von ABN Amro (WKN AA0F9A).

die Möglichkeit untersucht, Übernahmekandidaten anhand der beiden wesentlichen Charakteristika – Optimierungs- bzw. Synergiepotenziale – zu erkennen. Zu diesem Zwecke werden zwei Ansätze konzipiert und auf ihre Eignung zur Identifizierung von Übernahmekandidaten hin überprüft.

Der erste Identifizierungsansatz (*Kapitel III*) ist quantitativer Natur und zielt auf die Erkennung geeigneter Zielunternehmen für Übernahmen ab, bei denen für den Käufer die Realisierung von *Optimierungspotenzialen* im Vordergrund steht. Die Eignung eines Unternehmens für solche Übernahmen wird dabei in Abhängigkeit der Ausprägungen spezifischer Kennzahlen modelliert. Darüber hinaus wird anhand einer Analyse der Rendite eines Portfolios, welches aus identifizierten Übernahmekandidaten besteht, überprüft, ob die Investition in solche Unternehmen eine lohnenswerte Investitionsstrategie darstellt.

Der zweite Identifizierungsansatz (*Kapitel IV*) ist qualitativer Natur und zielt auf die Erkennung geeigneter Zielunternehmen für Übernahmen ab, bei denen für den Käufer die Realisierung von *Synergiepotenzialen* im Vordergrund steht. Dabei werden anhand einer Analyse des Branchenlebenszyklus phasenspezifische Profile von Unternehmen abgeleitet, von denen erwartet werden kann, in der betreffenden Phase Ziel einer Übernahme zu werden.

Eine *kritische Würdigung* der beiden Identifizierungsansätze schließt sich jeweils an das Ende der einzelnen Kapitel an. Die Arbeit schließt in *Kapitel V* mit einer Zusammenfassung der Ergebnisse.

B. Übernahmen als Übergang der Kontrolle über ein Unternehmen

Für den Begriff der *Unternehmensübernahme* existiert in der Literatur keine einheitliche Definition. Dass auch in der Praxis eine Vielzahl von unterschiedlichen Begriffen für ein solches Ereignis verwendet wird,[14] unterstreicht die Notwendigkeit einer klaren begrifflichen Abgrenzung.

Übernahmen stellen für Unternehmen eine Option des *externen* Wachstums dar (siehe Abbildung 1). Dieses umfasst jedweden Zusammenschluss mit anderen Unternehmen.[15] Im Gegensatz dazu umfasst das *interne* (oder organische) Wachstum den unternehmensinternen Aufbau neuer Kapazitäten oder die Erschließung neuer Umsatzquellen.

Vertragliche Kooperationen als Form des externen Wachstums bezeichnen nicht-kapitalgebundene Vereinbarungen bzw. Verträge zwischen Unternehmen. Beispiele hierfür sind Kooperationen, Netzwerke oder strategische Allianzen.

---

14 Vgl. Jansen (2000), S. 35.

15 Der Begriff „Wachstum" ist nicht einheitlich definiert, soll hier aber als Steigerung des Umsatzes, der Bilanzsumme oder auch der Mitarbeiterzahl eines Unternehmens über einen gewissen Zeitraum verstanden werden.

Kennzeichnend für vertragliche Kooperationen ist, dass jedes der beteiligten Unternehmen seine rechtliche und wirtschaftliche Selbstständigkeit wahrt.[16]

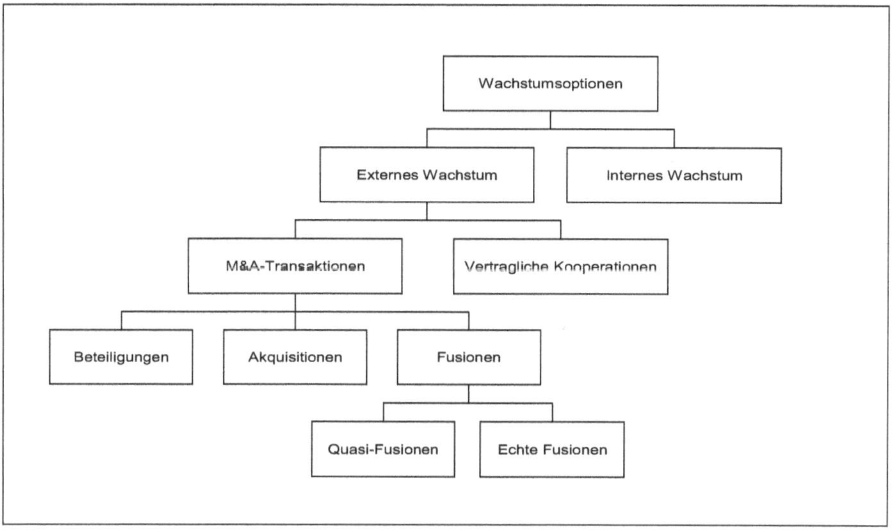

Abbildung 1: Arten von Unternehmenszusammenschlüssen

Übernahmen gehören dagegen zu den *kapitalgebundenen* Zusammenschlüssen von Unternehmen, bei denen die wirtschaftliche und in manchen Fällen sogar die rechtliche Selbstständigkeit der beteiligten Unternehmen *nicht* erhalten bleibt. Der in der Praxis verbreitete Oberbegriff für solche Zusammenschlüsse ist der Begriff *Mergers and Acquisitions*[17] (deutsch: Fusionen und Akquisitionen); dieser aus der angloamerikanischen Literatur stammende Sammelbegriff bezeichnet alle Transaktionen auf dem „Markt für Unternehmenskontrolle".[18] M&A-Transaktionen umfassen damit alle Aktivitäten, die im Zusammenhang mit Akquisitionen, Fusionen, Beteiligungen sowie ganzen oder teilweisen Un-

16 Vgl. Volkart (2006), S. 1005 f.

17 Die exakte Abgrenzung des Begriffes Mergers&Acquisitions gestaltet sich in der Literatur uneinheitlich. Einige Autoren definieren ihn umfassender und schließen auch nicht-kapitalgebundene Formen der Kooperation wie die strategische Allianz mit ein; vgl. z.B. Copeland/Weston/Shastri (2005), S. 755 oder Picot (2000), S. 15. Für eine Übersicht über verschiedene in der deutschen Literatur existierende Definitionen vgl. Wirtz (2003), S. 11. Um auch die Perspektive des Verkäufers begrifflich zu berücksichtigen, sprechen einige Autoren auch von „Mergers, Acquisitions and *Divestitures*", so z.B.Volkart (2006), S. 1002.

18 Für eine Definition des Begriffes „Markt für Unternehmenskontrolle" siehe Manne (1965), S. 112 f. sowie Kapitel II.A.1.a) dieser Arbeit.

ternehmensverkäufen stehen.[19] Kennzeichnend ist bei ihnen darüber hinaus ein Übergang von Leitungs-, Kontroll- und Verfügungsbefugnissen von einem Unternehmen zu einem anderen.[20] Um sich solche Befugnisse zu eigen zu machen, müssen vom Erwerber Anteilsrechte am Zielunternehmen erworben werden.[21]

In dieser Arbeit werden unter einer „Übernahme“ aber nur solche M&A-Transaktionen verstanden, bei denen ein *Kontrollwechsel vom Zielunternehmens auf das Käuferunternehmen* stattfindet. Damit ist die zukünftige Ausübbarkeit eines maßgeblichen Einflusses auf die Unternehmenspolitik des Zielunternehmens durch das Käuferunternehmen gemeint. Die Realisierung vieler der im nächsten Kapitel diskutierten Wertsteigerungspotenziale erfordert eine solche maßgebliche Einflussnahme durch das Käuferunternehmen. Findet durch die Transaktion kein Kontrollwechsel statt (insb. bei Minderheitsbeteiligungen), wird nicht von einer Übernahme ausgegangen.

Wenngleich die Beteiligungsquote (d.h. die Höhe des erworbenen Anteils am Kapital des Zielunternehmens) Haupteinflussfaktor darauf ist, ob ein maßgeblicher Einfluss durch das Käuferunternehmen ausgeübt werden kann, gestaltet sich eine genaue Festlegung, wie viel Anteilsrechte bei einer „Übernahme“ mindestens den Besitzer wechseln müssen, als schwierig. Mit der Höhe der Beteiligungsquote steigen zwar tendenziell die Kontroll- und Einflussmöglichkeiten des Käuferunternehmens an. Jedoch gibt es in der Praxis eine Vielzahl unterschiedlicher Konstrukte (z.B. die Ausgabe von stimmrechtslosen Vorzugsaktien oder vertragliche Stimmrechtsbeschränkungen[22]), die dazu führen, dass Kapitalanteile nicht notwendigerweise mit dem tatsächlichen Ausmaß der Einflussmöglichkeiten bei einem Unternehmen einhergehen.[23] Dadurch ist eine eindeutige

---

19 Betrachtet man M&A-Transaktionen aus der Perspektive eines Unternehmens, aus dem im Rahmen einer Transaktion ein Konzernteil abgespalten wird, sind noch einige Sonderformen von M&A-Transaktionen zu nennen. Beim sog. „*Spin-off*“ handelt es sich um die Abspaltung eines Unternehmensteils, welcher nach der Transaktion als eigenständiges Unternehmen fungiert. Die Anteilseigner des Mutterunternehmens erhalten dabei kostenlos Anteile (oder Bezugsrechte) des neuen Unternehmens; vgl. dazu Brealy/Myers (1996), S. 937. Bei einem „*Equity-Carve-Out*“ werden (typischerweise Minderheits-)Anteile einer Tochtergesellschaft eines Konzerns an der Börse platziert, während die unternehmerische Kontrolle meist weiterhin durch den Konzern wahrgenommen wird; vgl. dazu Weston/Siu/Johnson (2001), S. 289 f.

20 Vgl. Lucks/Meckl (2002), S. 24; Wirtz (2003), S. 12; Dombret (2006), S. 7.

21 Vgl. Kirchner (1991), S. 31.

22 Ein Beispiel für eine solche Stimmrechtsbeschränkung ist das VW-Gesetz, nach dem (zumindest bis zu seiner von der EU-Kommission geforderten und zum Zeitpunkt der Erstellung dieser Arbeit noch nicht erfolgten Neufassung) kein Aktionär der Volkswagen AG mehr als 20 % der Stimmrechte ausüben kann, auch wenn er mehr Anteile besitzt; vgl. § 2 VWGmbHÜG.

23 Vgl. Ruhwedel (2003), S. 4.

Ableitung des Ausmaßes der Einflussmöglichkeiten aus der Beteiligungsquote – und damit eine eindeutige Abgrenzung des Begriffes der Übernahme – problematisch. Typischerweise wird ab einer Beteiligungsquote von 75 % (sog. qualifizierte Mehrheitsbeteiligung, siehe Abbildung 2), in Einzelfällen aber auch schon ab einer Beteiligungsquote von 50 % (einfache Mehrheitsbeteiligung) oder sogar darunter, von einem beherrschenden Einfluss ausgegangen.[24] Solange aber bei der Transaktion ein Kontrollwechsel erfolgt, ist die Frage nach der genauen Höhe der Beteiligungsquote für die Klassifizierung einer Transaktion als Übernahme unerheblich.

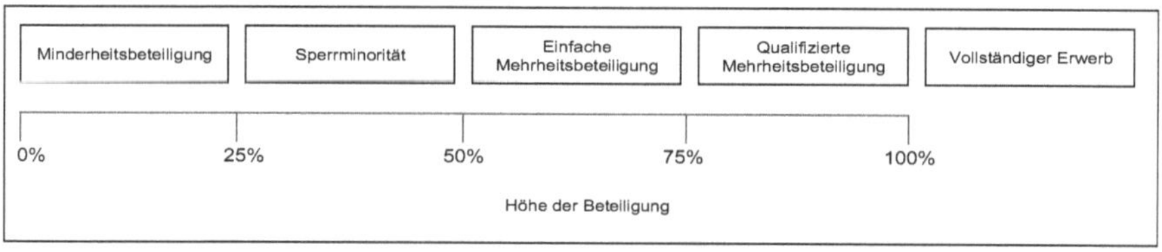

Abbildung 2: Bezeichnungen von Beteiligungen gemäß Beteiligungsquote[25]

Ebenso ist unerheblich, ob es sich bei einer Transaktion um eine *Akquisition* oder eine *Fusion* (siehe Abbildung 1) handelt. Unter der *Akquisition*[26] versteht man den vollständigen oder teilweisen Erwerb von Unternehmen (bzw. Unternehmensteilen) von den Anteilseignern des Zielunternehmens.[27] Kennzeichnend ist dabei, dass die Aktionäre des Zielunternehmens nach der Transaktion weder Aktionäre des Käuferunternehmens noch einer etwaigen neu gegründeten Gesellschaft sind; als Kompensation ihrer Ansprüche erhalten sie eine Barabgeltung.[28] Während bei einer Akquisition das Zielunternehmen zumindest einen

---

24 Zur Diskussion vgl. Kirchner (1991), S. 31; Dombret (2006), S. 7; Grimpe (2007), S. 150. Das *WpÜG* (§§ 29 WpÜG) spricht schon bei einer mit der Übernahme angestrebten Beteiligung von 30 % von Angeboten, die auf den Erwerb der *Kontrolle* eines Unternehmens ausgerichtet sind. Beim Festlegen dieses vergleichsweise niedrigen Prozentsatzes hat sich der Gesetzgeber an der durchschnittlichen Präsenz auf Hauptversammlungen orientiert; vgl. Schmitt/Moll (2007), S. 202. Die im *HGB* befindlichen Richtlinien zur Konzernbilanzierung (§ 290 Abs. 2 HGB) machen einen „beherrschenden" Einfluss einer Mutter- auf eine Tochtergesellschaft ebenfalls nicht an einer bestimmten Beteiligungsquote fest. Entscheidend ist vielmehr, ob das Mutterunternehmen die Mehrheit der Stimmrechte an der Tochtergesellschaft besitzt, die Mehrheit der Mitglieder seiner Führungsorgane bestellen und abberufen oder über einen Vertrag bzw. über Satzungsbestimmungen einen beherrschenden Einfluss ausüben kann.

25 Nach Wöhe/Döring (2005), S. 289.

26 Im deutschen Sprachgebrauch werden für Akquisition häufig die Begriffe Übernahme, Beteiligungserwerb oder auch Unternehmenskauf verwendet; vgl. Dombret (2006), S. 7.

27 Vgl. Grimpe (2007), S. 150.

28 Vgl. Volkart (2006), S. 1010. Zu detaillierten Ausführungen zum Erwerb eines anderen Unternehmens gegen Barmittel vgl. Sautter (1989), S. 35 ff.

Teil seiner *wirtschaftlichen* Selbstständigkeit verliert, kann seine *rechtliche* Selbstständigkeit erhalten bleiben. Technisch erfolgt die Akquisition entweder durch die Übertragung von Gesellschaftsanteilen des Zielunternehmens auf das Käuferunternehmen („*Share-Deal*") oder durch eine Übernahme von Vermögensgegenständen und Verbindlichkeiten des Zielunternehmens durch das Käuferunternehmen („*Asset Deal*"), in dessen Folge das Zielunternehmen häufig verschwindet.[29]

Während bei der Akquisition ein Übertrag von Eigentumsrechten an den Käufer stattfindet, handelt es sich bei der *Fusion* um einen *Verschmelzungsvorgang*, bei dem sich vorher gesellschaftsrechtlich unverbundene Unternehmen zu einer rechtlichen und wirtschaftlichen Einheit zusammenschließen.[30] Anders als bei der Akquisition erhalten die Aktionäre des Zielunternehmens als Gegenleistung für ihre Anteilsscheine keine Barabgeltung, sondern Aktien – und bleiben damit auch Aktionäre. Bei einer *echten Fusion* verliert das Zielunternehmen seine *rechtliche* Selbstständigkeit. Dabei sind zwei Unterformen zu unterscheiden. Werden die Aktionäre des Zielunternehmens an einer neu gegründeten Gesellschaft beteiligt (in der beide Unternehmen aufgehen), handelt es sich um eine „kombinationsartige" Fusion. Geht das Zielunternehmen stattdessen im Käuferunternehmen auf, ist es eine „annexionsartigen" Fusion.[31] Bei der *Quasi-Fusion* werden die Ansprüche der Aktionäre des Zielunternehmens ebenfalls durch Aktien abgegolten.[32] Anders als bei der echten Fusion *bewahrt* das Zielunternehmen hierbei aber seine *rechtliche Selbstständigkeit*; es wird entweder zur Tochterfirma des Käuferunternehmens oder in eine neu gegründete Gesellschaft eingebracht, die dann als Holding-Gesellschaft für Käufer- und Zielunternehmen fungiert.[33] Solange bei einer Fusion ein Wechsel der Kontrolle am Zielunter-

---

29 Vgl. Grimpe (2007), 150 ff. Ein Asset Deal ist eher bei der Übernahme von Einzelfirmen und Personengesellschaften üblich, vgl. auch Volkart (2006), S. 1009 oder Jansen (2000), S. 152.

30 Vgl. Schubert/Küting (1993), S. 318; Stahl et al. (2005), S. 31.

31 Vgl. Volkart (2006), S. 1010; Grimpe (2007), S. 150 unterscheidet begrifflich stattdessen zwischen Fusion durch *Neugründung* und Fusion durch *Aufnahme*; vgl. dazu auch Schubert/Küting (1993), S. 318 ff.

32 Vgl. Volkart (2006), S. 1010.

33 Einige Autoren unterscheiden nur die Formen der Akquisition und der Fusion; vgl. z.B. Dombret (2006), S. 6 f. In diesem Fall ist die Quasi-Fusion den Akquisitionen zuzurechnen, obwohl sich die Quasi-Fusion durch die unterschiedliche Abgeltung und den unterschiedlichen künftigen Status der Aktionäre des Zielunternehmens von der in dieser Arbeit definierten Akqusition unterscheidet. Aufgrund dieser ineinander übergehenden Begrifflichkeiten verschwindet auch in der Praxis häufig die begriffliche Unterscheidung zwischen Fusionen und Akquisitionen, was nicht zuletzt zur Bildung des unzertrennlichen Begriffspaars „Mergers and Acquisitions" beigetragen hat, vgl. Grimpe (2007), S. 151.

nehmen auf das Käuferunternehmen stattfindet, kann auch sie eine Übernahme darstellen.

Auch die in der Praxis häufig gebrauchte Unterscheidung, ob eine Übernahme als *freundlich* oder *feindlich* anzusehen ist, stellt für die Definition der Übernahme keine weitere Einschränkung dar. Eine freundliche Übernahme erfolgt mit Unterstützung der Unternehmensführung des Zielunternehmens, eine *feindliche* dagegen ohne.[34] Bei Letzterer stehen dem Käuferunternehmen verschiedene Möglichkeiten zur Erlangung einer Anteilsmehrheit zur Verfügung:[35] zum einen der Paketkauf (direkter Erwerb eines Paketes von Aktien von einem Besitzer), ferner der Kauf über die Börse (Zusammenkaufen der Aktien aus Streubesitz) oder das im WpÜG geregelte öffentliche Übernahmeangebot[36] (direktes Angebot an die Aktionäre, ihre Aktien zu festgesetzten Konditionen in einem bestimmten Zeitraum zu erwerben).[37]

M&A-Transaktionen können nach zahlreichen weiteren Kriterien unterschieden werden, die aber in dieser Arbeit nur von untergeordneter Bedeutung sind und auf die daher nicht weiter eingegangen wird.[38]

C. Übernahmeeignung als Differenz der Wertschätzungen von Käufer und Verkäufer

Die Einstufung eines Unternehmens als „Übernahmekandidat" wird an eine hohe *„Übernahmeeignung"* geknüpft. Diese misst den *Grad der Attraktivität des Unternehmens als Ziel* einer solchen Transaktion. Charakteristika von Übernahmekandidaten definieren sich daher als unternehmensspezifische Eigenschaften, die positiv auf die Attraktivität des Unternehmens als Übernahmeziel und damit auf seine Übernahmeeignung wirken. Unter der Annahme, dass solche Charakteristika existieren, ergibt sich aus ihrer Gesamtheit das Profil eines Übernahmekandidaten. Wird jenes mit dem tatsächlichen Profil eines Unternehmens abgeglichen, kann eine Antwort auf die Frage gefunden werden, ob dieses als Übernahmekandidat angesehen werden kann.

Bei der Beantwortung der Frage, *welche* Charakteristika die Übernahmeeignung eines Unternehmens beeinflussen, ist zu bedenken, dass eine Einschätzung über

---

34 Vgl. Wirtz (2003), S. 21 f. Zur ausführlichen Unterscheidung zwischen freundlicher und feindlicher Übernahme vgl. z.B. Sautter (1989), S. 33 ff. oder Schanz (2000), S. 338.

35 Vgl. Schanz (2000), S. 339 f.

36 Ein solches Übernahmeangebot kann an die Bedingung geknüpft werden, dass Aktien nur im Falle einer kontrollierenden Mehrheit (75 %) erworben werden müssen – vgl. Stahl et al. (2005), S. 26 f.

37 Siehe dazu auch Kapitel II.B.1.c)

38 Siehe z.B. Kummer (2005), S. 19 für eine Unterscheidung von M&A-Transaktionen nach Käufertypen.

die Vorteilhaftigkeit einer Übernahme nicht objektivierbar ist. Da die Entscheidung über die Durchführung eines Übernahmeversuchs letztlich immer vom Käufer getroffen wird, rückt dessen subjektive Sichtweise in den Mittelpunkt der Betrachtung. Entscheidend ist folglich nicht, welche Unternehmen aus einer übergeordneten Sichtweise heraus „sinnvolle" Übernahmekandidaten darstellen würden, sondern nur, welche Charakteristika *aus Sicht potenzieller Käuferunternehmen* interessant sind. Eine hohe Übernahmeeignung muss folglich daran festgemacht werden, ob das betreffende Unternehmen für potenzielle Käufer als Erwerbsobjekt attraktiv erscheint.

Weist ein Unternehmen Eigenschaften auf, die seinen Besitz grundsätzlich attraktiv erscheinen lassen (wie beispielsweise ein hoher jährlicher Gewinn), so ist daraus allerdings noch keine hohe Übernahmeeignung des betreffenden Unternehmens abzuleiten. Schließlich ist davon auszugehen, dass in solchen Fällen auch der Kapitalmarkt und der Eigentümer (also der *Verkäufer*) dem betreffenden Unternehmen einen hohen Wert beimessen dürften, sodass Letzterer eine entsprechend hohe Kompensation für die Aufgabe seiner Besitzanteile verlangen wird. Stattdessen erscheint der Erwerb eines Unternehmens aus Käufersicht als umso interessanter, je größer die eigene Wertschätzung dieses Unternehmens im Verhältnis zu der des Verkäufers ist.[39] Aus einer solchen Situation heraus kann sich für einen Käufer eine Gelegenheit ergeben, ein in seiner Einschätzung wertvolles Unternehmen günstig zu erwerben.

Ebenso existiert bei einer hohen Differenz der Wertschätzungen ein größerer Spielraum für eine Einigung über den Übernahmepreis. Die Wertschätzung des *Käufers* (welche dessen maximale Zahlungsbereitschaft darstellt) kann als Obergrenze, die Werteinschätzung des *Verkäufers* dagegen als Untergrenze eines möglichen Übernahmepreises interpretiert werden.[40] Eine hohe Differenz bedeutet daher eine breite Spanne an möglichen Übernahmepreisen, bei denen eine Transaktion sowohl aus Sicht des Käufers als auch der des Verkäufers vorteilhaft erscheint, so dass eine Einigung umso eher zu erwarten ist. Die Übernahmeeignung eines Unternehmens wird daher als *Höhe der Differenz zwischen der Wertschätzung des (potenziellen) Käufers und der des (potenziellen) Verkäufers* definiert (siehe Abbildung 3) und im Folgenden näher analysiert.

---

39 So erklärt auch Gort (1969), S. 626 das Zustandekommen von Übernahmen.

40 Der maximal anbietbare Kaufpreis eines rationalen Investors entspricht genau dem Wert, den der Käufer dem Zielunternehmen beimisst. Jeder Kaufpreis, den der Käufer unterhalb dieses Wertes vereinbaren kann, stellt für ihn ein Geschäft mit positivem Nettobarwert dar; vgl. Rappaport (1986), S. 202.s

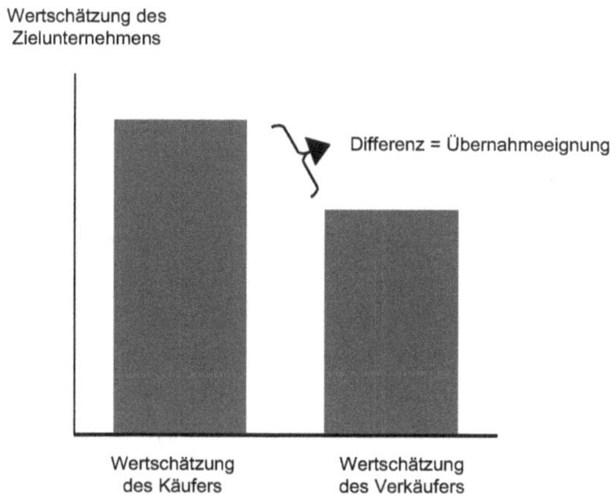

Abbildung 3: Übernahmeeignung als Differenz der Wertschätzungen von Käufer und Verkäufer

Um festzustellen, wie überhaupt eine unterschiedliche Wertschätzung desselben Unternehmens entstehen kann, muss ermittelt werden, wovon die Wertschätzungen von Käufer und Verkäufer abhängen. Aufgrund der Subjektivität einer „Wertschätzung“ und der anzunehmenden Unterschiedlichkeit der Ziele und Strategien verschiedener Käufer ist zu vermuten, dass diese möglichen Übernahmezielen aus den unterschiedlichsten Gründen einen bestimmten Wert beimessen. Der Versuch der Ableitung eines „typischen“ Profils von Übernahmekandidaten erfordert jedoch eine stärkere Objektivierung der Wertschätzung.

Mit dem Shareholder-Value-Ansatz, nach dem die Maximierung des Marktwertes des Unternehmens das übergeordnete Ziel eines rational agierenden Unternehmens darstellt,[41] existiert ein käuferübergreifender Ansatz zur Einschätzung eines Unternehmenswertes. Nach diesem Ansatz lässt sich eine hohe Wertschätzung eines Übernahmezieles seitens des Käufers an die Frage knüpfen, ob durch die Übernahme – die dann als gewöhnliche Investitions- bzw. Kapitalallokationsscheidung der Unternehmensführung des Käuferunternehmens betrachtet werden kann – ein möglichst hoher Kapitalwert erzielt werden kann.[42] Der Ka-

41 Rappaport (1986), S. 11 ff. definiert die Wertgenerierung für die Aktionäre als maßgebliches Ziel des Unternehmens und dementsprechend als maßgebliche Größe zur Bewertung gewählter Strategien. Shareholder-Value wird von Volkart (1996), S. 124 als Wert definiert, der den Aktionären aus Kursveränderungen und Dividenden sowie Kapitalrückzahlungen inkl. Aktienrückkäufen, Bezugsrechten etc. zukommt. Erwartungen über solche Rückflüsse seitens der Marktteilnehmer bestimmen den Aktienkurs eines Unternehmens.

42 Vgl. Dietrich/Sorensen (1984), S. 394.

pitalwert der Übernahme stellt den Vermögenszuwachs des Käuferunternehmens zum Zeitpunkt der Übernahme dar. Er ergibt sich aus der Summe der mit einem risikoadäquaten Zinssatz k über die Jahre t abdiskontierten und aus der Investition entstehenden, vom Käufer erwarteten Cashflows (CF_K) abzüglich des Kaufpreises A_0 (der auch etwaige Transaktionskosten wie z.B. Gebühren für Beratungsleistungen enthalten soll):

$$(1) \quad Kapitalwert = -A_0 + \sum_t \frac{CF_K}{(1+k)^t}$$

Der vom Verkäufer geforderte Kaufpreis A_0 ergibt sich gemäß dem Shareholder-Value-Ansatz als Barwert der von ihm erwarteten zukünftigen Cashflows des Zielunternehmens (CF_V), auf die er im Falle eines Verkaufs verzichten müsste.

$$(2) \quad A_0 = \sum_t \frac{CF_V}{(1+k)^t}$$

Damit ergibt sich für den Kapitalwert:

$$(3) \quad Kapitalwert = -\sum_t \frac{CF_V}{(1+k)^t} + \sum_t \frac{CF_K}{(1+k)^t}$$

Herrschen in einem effizienten Kapitalmarkt[43] bei Käufer, Verkäufer und Markt homogene Erwartungen über die mit dem Übernahmeziel erzielbaren zukünftigen Cashflows sowie über die Höhe des angemessenen Diskontierungssatzes k, so ergibt sich für die Investition des Käufers aufgrund von

$$(4) \quad \sum_t \frac{CF_V}{(1+k)^t} = \sum_t \frac{CF_K}{(1+k)^t}$$

ein Kapitalwert von null. Die Übernahme des Zielunternehmens zu einem „fairen“ Marktpreis stellt keine Wertsteigerung aus Sicht des Käufers dar.[44]

Eine Übernahme kann aus Sicht des Käufers nur dann wertsteigernd sein, wenn die vom Käufer erwarteten Cashflows jene des Verkäufers übersteigen.[45] Das ist bei ansonsten homogenen Erwartungen über die Cashflows des Zielunternehmens ohne eine Übernahme nur dann der Fall, wenn der Käufer durch die Über-

---

43 In einem effizienten Kapitalmarkt sind alle relevanten Informationen frei verfügbar und in den Preisen von Wertpapieren enthalten (starke Effizienzhypothese des Kapitalmarkts); vgl. Fama (1970), S. 383.

44 Nach Brealy/Myers (1991), S. 323 stellt der Kauf eines Wertpapiers zum Marktpreis in einem effizienten Kapitalmarkt niemals ein Geschäft mit positivem Kapitalwert dar.

45 Hierbei wird die Annahme getroffen, dass nicht z.B. schon unterschiedliche Kapitalkosten, Besteuerungsannahmen oder Risikoneigungen von Käufer und Verkäufer zu einem Bewertungsunterschied beim Zielunternehmen führen; vgl. Gort (1969), S. 626.

nahme *zusätzliche* Cashflows generieren kann und der in Formel 4 beschriebene Zusammenhang nicht mehr gilt. Der vom Käufer erwartete zukünftige Cashflow CF_K lässt sich dann in zwei Komponenten aufspalten: zum einen in die vom Verkäufer bzw. Markt erwartete Komponente CF_V, zum anderen in zusätzlich durch den Käufer erzielbare Cashflows CF_Z.

$$(5) \quad \sum_t \frac{CF_K}{(1+k)^t} = \sum_t \frac{CF_V}{(1+k)^t} + \sum_t \frac{CF_Z}{(1+k)^t}$$

Wird Formel 5 in Formel 3 eingesetzt, ergibt sich als Kapitalwert der Investition die Summe der diskontierten erwarteten zukünftigen *zusätzlichen* Cashflows aus der Übernahme.

$$(6) \quad Kapitalwert = -\sum_t \frac{CF_V}{(1+k)^t} + \sum_t \frac{CF_K}{(1+k)^t}$$

$$= -\sum_t \frac{CF_V}{(1+k)^t} + \sum_t \frac{CF_V}{(1+k)^t} + \sum_t \frac{CF_Z}{(1+k)^t} = \sum_t \frac{CF_Z}{(1+k)^t}$$

Die Wertsteigerung, die ein Käuferunternehmen durch eine Übernahme zu erzielen hofft und die seine Wertschätzung des Zielunternehmens als Übernahmeziel bestimmen wird, lässt sich folglich als Summe der Barwerte aller *zusätzlichen* Cashflows durch die Übernahme interpretieren. Dies stellt einen Rahmen für die Ableitung von Charakteristika von Übernahmekandidaten dar, die nun im Hinblick auf ihren Effekt auf den Kapitalwert der Übernahme diskutierbar sind: Während der Cashflow des Zielunternehmens, den es auch ohne Übernahme erwirtschaftet hätte, per definitionem unverändert bleibt, müssen sämtliche Charakteristika von Übernahmekandidaten für den Käufer mit positiven Erwartungen über *zusätzlich* erzielbare Cashflows verbunden sein.[46] Die vom Käufer getroffene Wertschätzung eines möglichen Zielunternehmens (und damit auch dessen Übernahmeeignung) hängt demnach direkt von der mit der Übernahme erzielbaren Wertsteigerung in Höhe des Kapitalwertes der Investition ab.[47] Damit ergibt sich ein erster Einflussfaktor auf die Übernahmeeignung – je eher bei einem Unternehmen von einem Wertsteigerungspotenzial durch eine solche Transaktion ausgegangen werden kann, desto eher ist es als Übernahmekandidat zu klassifizieren.[48]

Zur Ableitung von Charakteristika müssen Wertsteigerungspotenziale zunächst systematisiert werden. In der Literatur werden hierzu verschiedene Möglichkei-

---

46 Nach Sirower (2000), S. 47 wird der Shareholder-Value entweder dadurch erhöht, dass die nach einer Übernahme generierten Cashflows die erwarteten Cashflows der beiden *einzelnen* Unternehmen übersteigen, und/oder dadurch, dass die Unsicherheit, mit der die erwarteten Cashflows behaftet sind, im verbundenen Unternehmen geringer ist.

47 Vgl. Coenenberg/Sautter (1988), S. 691 ff.

48 So auch Schoenberg/Reeves (1999), S. 93.

ten diskutiert. Eine erste mögliche Systematisierung unterscheidet zwischen Wertschöpfungsquellen:[49]

- *betrieblicher* Natur („operating benefits") wie z.B. Skaleneffekte, der Transfer von Fähigkeiten und Restrukturierungsmaßnahmen,
- *finanzwirtschaftlicher* Natur („financial benefits"), wie z.B. niedrigere Fremdfinanzierungskosten durch Diversifikation oder auch eine höhere Kapazität zur Aufnahme von Fremdkapital,
- *steuerlicher* Natur („tax benefits"), wie z.B. das Profitieren von steuerreduzierenden Verlustvorträgen des Zielunternehmens.

Ebenso lassen sich Wertsteigerungspotenziale (bzw. die dahinter stehenden Übernahmemotive[50]) *nach ökonomischen Theorien* (z.B. Effizienz-, Monopol- oder Prozesstheorie) unterteilen, die Erklärungsansätze für das Auftreten von Übernahmen bieten.[51] Eine Unterscheidung von Übernahmemotiven nach der *Art* der Übernahme (horizontale, vertikale, konglomerate)[52] bietet den Vorteil, spezifische Erklärungsansätze für die unterschiedlichen „Richtungen" von Übernahmen zu bieten, hat jedoch den Nachteil, dass einige Übernahmemotive (z.B. Steigerung der Möglichkeiten, die Absatzpreise zu beeinflussen) übergreifend für verschiedene Übernahmerichtungen gelten können, sodass eine scharfe Trennung der Motive schwierig wird. In der Literatur existiert eine Vielzahl weiterer Systematisierungen von Wertsteigerungspotenzialen bei Übernahmen.[53] In dieser Arbeit wird jedoch eine Systematisierung eingeführt, die sich von den bisher aufgezeigten Möglichkeiten unterscheidet. Gemäß dieser Systematisierung kann eine Wertsteigerung in Form zusätzlicher Cashflows zum einen dadurch erzielt werden, dass Ressourcen von zwei Unternehmen miteinander verbunden werden. Die Wertschaffung („Synergie") entsteht dabei durch eine Integration oder eine komplementäre Nutzung der Ressourcen beider Unternehmen. Käufer, die solche Synergiepotenziale anstreben und neben Kapital auch eigene Ressourcen in die Übernahme einbringen, kommen häufig aus dem

---

49 Vgl. Rappaport (1987), S. 49.

50 Einige der angeführten Autoren unterscheiden begrifflich nicht nach Wertsteigerungspotenzialen, sondern nach Übernahmemotiven. Da aber hinter den von diesen Autoren angeführten Übernahmemotiven fast immer auch bestimmte Wertsteigerungspotenziale stehen, können Systematisierungen von Übernahmemotiven auch als Systematisierungen von Wertsteigerungspotenzialen verstanden werden.

51 Vgl. Trautwein (1990), S. 284. Auch Seidel (1995), S. 28 ff. und Kummer (2005), S. 33 f. bieten eine Systematisierung ähnlicher Form.

52 Vgl. Sieben (1989), S. 6 f.

53 Für weitere Unterscheidungsmöglichkeiten vgl. z.B. Volkart (2006), S. 1014 ff.; Stein (1992), S. 43 ff.; Bühner (1990b), S. 295 f.

Marktumfeld des Zielunternehmens (z.B. als Konkurrent, Lieferant oder Kunde) und werden in der Praxis oft als „strategische“ Investoren bezeichnet.

Zum anderen kann eine Wertschaffung durch eine reine „Optimierung" (bzw. „Restrukturierung“) des Übernahmeziels durch den Käufer angestrebt werden.[54] Darunter wird eine vom Käufer initiierte Veränderung beim Zielunternehmen verstanden, bei der *keine* Einbringung von Ressourcen des Käuferunternehmens erforderlich ist. Der Käufer geht davon aus, dass der gegenwärtige Wert des Zielunternehmens (gemäß aktuellem Börsenkurs) nicht demjenigen entspricht, der maximal mit den verfügbaren Ressourcen des Unternehmens erzielbar wäre. Die Wertsteigerung nach der Übernahme kann dabei beispielsweise in einer vom Käufer initiierten Veränderung der Geschäftspolitik oder auch in einer Neuausrichtung der Strategie des Zielunternehmen bestehen, die bei diesem gegebenenfalls zu höheren Gewinnen führt. Bei der Optimierung geht es folglich nicht um die *Kombination* von „passenden“ Ressourcen, sondern um reine *Verbesserungen* beim Zielunternehmen. Der Käufer nimmt hier eher die Rolle eines Investors ein, welcher das Zielunternehmen als autonome Einheit oder auch „Investitionsobjekt“ betrachtet, dessen Rendite es zu steigern gilt. Solche Käufer können beispielsweise *Finanzinvestoren*[55] sein, die (abgesehen von Kapital) selbst keinerlei Wirtschaftsgüter in die Übernahme einbringen, welche sich mit denen des Zielunternehmens verbinden ließen.[56]

Synergie- und Optimierungspotenziale stellen folglich unterschiedliche Voraussetzungen an die Beschaffenheit eines möglichen Zielunternehmens. Voraussetzung für die Erzielung Ersterer ist ein zum Käufer passendes Zielunternehmen, für die Erzielung Letzterer dagegen nur, dass bei diesem Möglichkeiten zu Verbesserungen existieren. Da Optimierungspotenziale keine spezifischen Anforderungen an die Natur eines Käufers stellen, können sie außer von Finanzinvestoren auch von strategischen Investoren angestrebt werden (ggf. auch zusätzlich zu evtl. vorhandenen Synergiepotenzialen). Es ist zu erwarten, dass sich die Unterschiedlichkeit der beiden Potenziale auch in sehr unterschiedlichen Charakteristika von Übernahmekandidaten niederschlagen wird, die aus den beiden Gruppen von Wertsteigerungspotenzialen abgeleitet werden können. Aus dieser Ü-

---

54 Coenenberg/Sautter (1988), S. 691 ff. sprechen ebenfalls von zwei grundlegenden strategischen Stoßrichtungen bei Unternehmensakquisitionen: der Einleitung von Restrukturierungsmaßnahmen und der Erschließung von Synergiepotenzialen.

55 Vgl. Stahl et al. (2005), S. 35. Als Finanzinvestoren können beispielsweise Beteiligungsgesellschaften (sog. „Private-Equity-Gesellschaften“) und Hedgefonds bezeichnet werden, die sich durch die Einbringung von Kapital eine attraktive Rendite aus der Übernahme erhoffen.

56 Synergiepotenziale sind von Finanzinvestoren nur dann anstrebbar, wenn sie bereits in ihrem Portfolio befindliche Unternehmen mit dem Zielunternehmen verbinden; in diesem Fall handeln Finanzinvestoren ähnlich wie strategische Investoren.

berlegung heraus erklärt sich bei der gewählten Systematisierung der Wertsteigerungspotenziale die Unterscheidung zwischen „Synergie-" und „Optimierungspotenzialen". Beide wirken jedoch über die Erhöhung der aus der Übernahme entstehenden Cashflows auf die Wertschätzung des Käufers (aber nicht auf die des Verkäufers) und erhöhen somit definitionsgemäß die Übernahmeeignung des Zielunternehmens.

Die Existenz von *Übernahmehindernissen* (wie z.B. integrationserschwerende kulturelle Unterschiede zwischen Käfer und Verkäufer) kann jedoch dazu führen, dass ein Käufer davon ausgehen muss, möglicherweise vorhandene Wertsteigerungspotenziale nicht in vollem Umfang, erst sehr spät oder nur unter Inkaufnahme von gewissen Kosten realisieren zu können. Solche Hindernisse schmälern damit die Höhe des *potenziell* aus einer Übernahme realisierbaren zusätzlichen Cashflows – entweder *direkt* als zur Realisierung eines Wertsteigerunspotenzials notwendige Kosten oder *indirekt* durch eine Reduzierung des aus einem gegebenen Wertsteigerungspotenzial generierbaren Cashflows.

Sie werden in die bisher vorgestellte Betrachtung der Übernahmeeignung einbezogen, indem sie als *Abschlag* auf die Wertschätzung des Käufers (und damit auf die Übernahmeeignung des Zielunternehmens) angesehen werden. Erschweren solche Hindernisse die Realisierung der Wertsteigerungspotenziale zu sehr, kann die Wertschätzung des Käufers sogar die des Verkäufers unterschreiten, sodass die Übernahmeeignung des Zielunternehmens negativ und die Erwartung einer Übernahme daher unrealistisch wird.[57]

Bevor aus Wertsteigerungspotenzialen und Übernahmehindernissen konkrete Charakteristika von Übernahmekandidaten abgeleitet werden können, ist zu bedenken, dass dem Käufer in der bisherigen Betrachtung eine strenge Verfolgung des Shareholder-Value-Zieles (d.h. das Anstreben einer Steigerung des Unternehmenswertes) unterstellt wurde. Daneben kann aber auch die *Erreichung persönlicher Ziele* der Unternehmensleitung des Käufers als weiteres mögliches Übernahmemotiv angeführt werden.[58] Je eher die Manager des Käuferunternehmens durch eine Übernahme ihre persönlichen Zielsetzungen verfolgen können, desto höher kann auch ihre Werteinschätzung des betreffenden Zielunternehmens sein. Anders als die Wertsteigerungspotenziale erhöhen die persönlichen Motive nicht die aus der Übernahme erzielbaren Cashflows. Dennoch können sie zu einem *Aufschlag* auf die (ansonsten nach Shareholder-Value-

---

57 Auch die bei einer Übernahme verursachten Transaktionskosten (z.B. Kosten für Rechtsberatung) mindern die insgesamt erzielbare Wertsteigerung. Sie sollen jedoch nicht gesondert in Abbildung 4 aufgeführt werden, sondern Teil des Blocks der „Übernahmehindernisse" sein.

58 Vgl. Gerpott (1993a), S. 64.

Gesichtspunkten erfolgte) Wertschätzung des Käufers führen und müssen daher als Einflussfaktor der Übernahmeeignung einbezogen werden.

Zusammenfassend wird die Übernahmeeignung, wie in Abbildung 4 gezeigt, als Differenz der unterschiedlichen Wertschätzungen von Käufer und Verkäufer definiert.

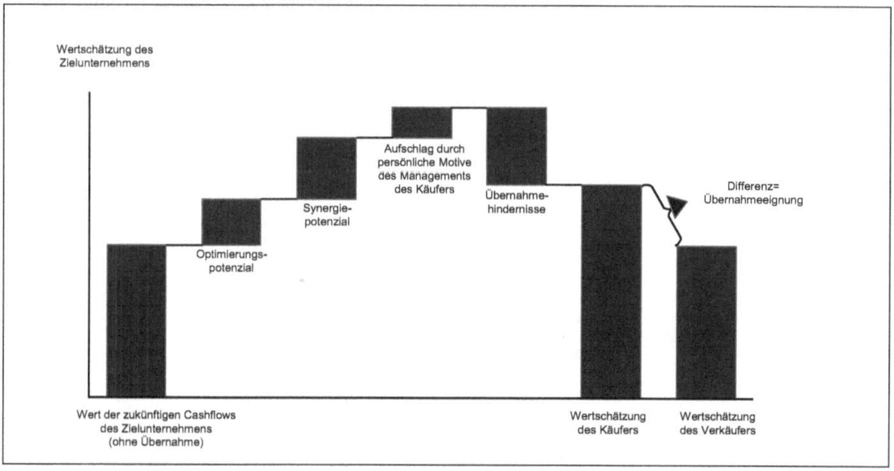

Abbildung 4: Quellen der Differenz in den Wertschätzungen des Zielunternehmens

Es ist zu beachten, dass sich die Wertschätzung des Käufers bei den meisten Übernahmen nicht nur aus einem Einflussfaktor, sondern aus einer Kombination aus einem oder mehreren Wertsteigerungspotenzialen und eventuell vorhandenen Übernahmehindernissen und persönlichen Motiven ergeben kann. Im folgenden Kapitel werden aus den einzelnen Einflussfaktoren der Übernahmeeignung entsprechende Charakteristika abgeleitet, anhand derer Übernahmekandidaten identifiziert werden können.

II. OPTIMIERUNGS- UND SYNERGIEPOTENZIALE ALS ZENTRALE DETERMINANTEN DER ÜBERNAHMEEIGNUNG

A. Steigerung des Unternehmenswertes als wichtigstes Übernahmemotiv

1. Realisierung von Optimierungspotenzialen

a) Erhöhung der Effizienz durch Austausch des Managements

Ein erstes Optimierungspotenzial ist bei Unternehmen zu vermuten, die von einem für ineffizient gehaltenen Management geführt werden. An solchen Unternehmen besteht Interesse von Käufern, die das Ziel verfolgen, sein Management auszutauschen und dadurch seine Effizienz und seinen Wert zu steigern.[59]

Eine solche „Ineffizienz" liegt genau dann vor, wenn die vom Management verfolgte Strategie bzw. dessen unternehmerische Entscheidungen nicht zu einer optimalen Nutzung des dem Unternehmen zur Verfügung gestellten Kapitals führen. Eine „optimale" Nutzung ist nicht objektiv messbar. So kann z.B. jegliche Entwicklung von Gewinn oder Aktienkurs verschiedenste Ursachen haben. Sind jedoch das wettbewerbliche Umfeld und vorhandene Ressourcen für eine *Gruppe* von Unternehmen ähnlich bzw. vergleichbar (z.B. innerhalb einer Branche), liegt es aus Käufersicht nahe, die Verantwortung für eine erkannte unterdurchschnittliche Entwicklung zentraler Größen eines betrachteten Unternehmens (wie z.B. des Gewinns) bei dessen Management und dessen suboptimaler Wahrnehmung der ihm zufallenden Entscheidungsmöglichkeiten zu vermuten.

Bei der Suche nach den *Ursachen* für die Ineffizienz des Managements eines Unternehmens ist zum einen denkbar, dass das Management unzureichende bzw. unterdurchschnittliche Fähigkeiten besitzt, bestmögliche unternehmerische Entscheidungen zu treffen. Dies kann rein fachliche, aber auch allgemeine Management- bzw. Führungsfähigkeiten betreffen.

Eine alternative Erklärung für das Entstehen solcher Ineffizienzen liegt in dem Verfolgen *persönlicher* Ziele durch das Management des Unternehmens, die nicht notwendigerweise im Interesse der Aktionäre des Unternehmens sind. Nach der zur Neuen Institutionenökonomik[60] gehörenden Agency-Theorie sind Manager Agenten, die von den Aktionären (Prinzipalen) zur Vertretung ihrer

---

59 Vgl. Manne (1965), S. 113.

60 Die Ansätze der Neuen Institutionenökonomik versuchen zu erklären, warum Institutionen wie das Unternehmen existieren und welchem Hauptzweck unterschiedliche ökonomische Organisationsformen dienen; vgl. Williamson (1996), S. 1. Zu solchen Ansätzen gehören neben der Agency-Theorie beispielsweise auch der Transaktionskostenansatz von Coase (1937), S. 387 ff.

Interessen beauftragt sind.[61] Damit existiert eine Trennung von Eigentum und Kontrolle über die Ressourcen des Unternehmens. Das Agency-Problem besteht darin, dass die Aktionäre durch Mangel an effizienten Kontrollsystemen die Entscheidungen des Managements nicht vollständig überwachen können.[62] Dieses genießt daher einen Entscheidungsspielraum, den es zum Verfolgen persönlicher Ziele nutzen kann. Dieser Zusammenhang kann zu einer aus Aktionärssicht suboptimalen Unternehmenspolitik führen. Existierende Mechanismen, mit denen das Management bei der Ausübung seiner Tätigkeit kontrolliert werden soll, können das Agency-Problem lindern, jedoch nicht eliminieren. So ist beispielsweise der Aufsichtsrat bei großen Unternehmen in Deutschland gemäß dem Mitbestimmungsgesetz nur zur Hälfte von Aktionärsvertretern besetzt, sodass beim Vorstand nicht von einer reinen Orientierung an den Interessen der Aktionären ausgegangen werden kann.[63] Trotz der Kontrolle durch den Aufsichtsrat existiert für das Management ein Spielraum zur Verfolgung anderer Interessen. Denkbar ist beispielsweise, dass sich (zumindest aus Sicht eines interessierten Käufers) der gegenwärtige Vorstand eines potenziellen Zielunternehmens aus persönlichen Beweggründen zu sehr auf die Interessen der Nicht-Aktionärsvertreter eingestellt hat (beispielsweise, um Konflikte zu vermeiden).[64]

Existieren solche Ineffizienzen – sei es durch mangelnde Fähigkeiten des Managements oder durch die Agency-Problematik –, kann mit dem *Markt für Unternehmenskontrolle* ein anderes Kontrollinstrumentarium ins Spiel kommen, das zu einer Übernahme des ineffizient geführten Unternehmens führen kann.[65] Demnach stellt die Unternehmenskontrolle ein handelbares Gut dar. Fällt der Aktienkurs eines ineffizient geführten Unternehmens unter einen Wert, der aus Sicht eines potenziellen Käufers mit *effizienterem* Management erreichbar wäre, stellt dies für jenen einen Anreiz zur Übernahme und zur Beseitigung der Ineffizienzen durch Austausch des Managements dar.[66] Die durch die Effizienzsteigerung zusätzlich erwirtschaftbaren und auf die Übernahme zurückzuführenden

---

61 Mithilfe der Agency-Theorie lassen sich ökonomische Beziehungen zwischen verschiedenen Parteien (Prinzipalen und Agenten) analysieren, die durch unsicherere Erwartungen (über eintretende Umweltzustände und über das Verhalten der Parteien) sowie durch Informationsasymmetrie gekennzeichnet sind. Daraus können optimale Vertrags- bzw. Koordinationsformen für das Zusammenwirken der Parteien abgeleitet werden; vgl. Picot/Reichwald/Wigand (2001), S. 56.

62 Vgl. Jensen/Meckling (1976), S. 306 ff.

63 Das Mitbestimmungsgesetz schreibt für Unternehmen, die (in der Regel) über 2000 Mitarbeiter beschäftigen, die paritätische Besetzung des Aufsichtsrats zwischen Vertretern von Arbeitnehmern und Kapitaleignern vor; vgl. § 1 und § 7 Abs. 1 MitbestG.

64 Volkart (2006), S. 1017 spricht in diesem Zusammenhang von der Möglichkeit der Realisierung brachliegender Potenziale durch das Aufbrechen einer blockierten Kultur.

65 Vgl. Manne (1965), S. 112 f.

66 Vgl. Sautter (1989), S. 132.

Cashflows erhöhen gemäß Abbildung 4 die Wertschätzung des Käufers und damit die Übernahmeeignung des potenziellen Übernahmeziels. Durch den Mechanismus der Übernahme geht das Gut „Unternehmenskontrolle“ vom ineffizienten Management in die Hand denjenigen Käufer über, die davon im Sinne der Wertschaffung am besten Gebrauch machen und andere Interessenten dementsprechend überbieten können.[67] Der Markt für Unternehmenskontrolle – auf dem ineffizient agierenden Managern ständig die Übernahme und der Verlust ihrer Leitungsrechte „drohen“ – fördert damit eine effiziente Verwendung der Ressourcen im Sinne der Aktionäre. Damit hilft dieses Instrumentarium nicht nur bei der Überwindung der Agency-Problematik, sondern erklärt auch, warum ineffizient geführte Unternehmen ins Visier potenzieller Käufer geraten können.[68]

Als erstes Charakteristikum von Übernahmekandidaten kann daher das Wirken eines ineffizienten Managements definiert werden. Dessen Ersetzen durch einen Käufer wird zu den Optimierungs- und nicht zu den Synergiepotenzialen gezählt, weil hierfür nicht die *Verbindung* der Ressourcen von Ziel- und Käuferunternehmen notwendig ist, sondern nur ein vom Käufer initiierter Austausch.[69] Anstelle des *Ersetzens* kann auch ein *Übertrag von Managementfähigkeiten* durch das Käuferunternehmen stattfinden, wenn dieses (zumindest teilweise) selbst die Leitung des Zielunternehmens in die Hand nimmt.[70] In diesem Fall handelt es sich aber um ein synergetisches Wertsteigerungspotenzial, das in Kapitel 2.a) unter dem Begriff „Know-how-Effekte“ diskutiert wird.[71]

b) Reduzierung der Agency-Kosten durch Disziplinierung des Managements

Ein durch eine Übernahme realisierbares Optimierungspotenzial kann auch bei einem Unternehmen vermutet werden, dessen Management hohe interne liquide Mittel zur Verfügung stehen, für die gleichzeitig aber keine wertschaffenden Investitionsmöglichkeiten bestehen. Bei diesem besteht ein hohes Risiko einer nicht wertschaffenden Verwendung solcher Mittel durch das Management. Es handelt sich hierbei um Mittel, welche selbst *nach* der Finanzierung aller dem

---

67 Vgl. Jensen/Ruback (1983), S. 6.

68 Für den deutschen Markt für Unternehmenskontrolle gibt es allerdings keine empirischen Belege, die einen *Erfolg* der Strategie des Ersetzens eines für ineffizient gehaltenen Managements belegen würden. Gerpott (1993b), S. 1279 ff. weist sogar einen negativen Zusammenhang zwischen Gesellschafterwechsel und Renditeentwicklung für deutsche Unternehmen nach. Letztlich ist aber für den Kontext dieser Arbeit nur wichtig, ob das Ersetzen eines ineffizienten Managements einem potenziellen Käufer als verfolgenswerte Möglichkeit zur Realisierung eines Wertsteigerungspotenzials erscheint.

69 Ähnliche argumentieren Brealy/Myers (1996), S. 919 f.

70 Vgl. Sautter (1989), S. 253 ff. sowie Röller/Stennek/Verboven (2006), S. 96.

71 Vgl. Kerler (1999), S. 76, der ein solches Potenzial als „Management-Synergie“ bezeichnet.

Unternehmen offenstehenden Investitionsmöglichkeiten mit positivem Nettobarwert übrig sind. Sie werden auch als „freier Cashflow" bezeichnet. Im Sinne des Shareholder-Value müssten sie – in Ermangelung wertschaffender Investitionsprojekte – in Form von Dividenden oder Aktienrückkaufen an die Aktionäre ausgeschüttet werden.[72] Stattdessen aber besteht die Gefahr, dass Manager diesen freien Cashflow gemäß der Agency-Theorie durch den Mangel an effizienten Kontrollmöglichkeiten in Investitionsprojekte zur Erreichung ihrer persönlichen Ziele investieren. Ein Beispiel hierfür wäre eine Vergrößerung des von ihnen geführten Unternehmens über einen aus Shareholder-Value-Sicht optimalen Punkt hinaus.[73] Ein solches Investitionsprojekt kann aus Sicht der Manager attraktiv sein, da die immateriellen Komponenten ihrer Vergütung wie Ansehen oder Einfluss mit zunehmender Unternehmensgröße steigen.[74] All solchen Projekten ist per definitionem gemein, dass ihre Rendite unter den Kapitalkosten des Unternehmens liegt, sie einen negativen Nettobarwert aufweisen und folglich Wert vernichten. Durch die interne Finanzierung solcher Investitionsprojekte und den damit verbundenen fehlenden Zwang, die notwendigen Mittel aus externen Quellen zu beziehen, entzieht sich das Management der Kontrolle durch den Kapitalmarkt.[75] Dadurch wird der freie Cashflow den Aktionären vorenthalten, die diesen für alternative, möglicherweise renditeträchtigere Projekte bzw. Anlagestrategien hätten verwenden können.[76] Ein hoher freier Cashflow verursacht folglich sog. „Agency-Kosten"[77], deren Vermeidung bzw. Reduzierung aus der Sicht eines Käufers ein Optimierungspotenzial darstellen und gemäß Abbildung 4 die Wertschätzung des Zielunternehmens erhöhen kann.

Bei Unternehmen, die sich dagegen in einem wachsenden Markt bewegen und dementsprechend viele lohnenswerte Investitionsprojekte verfolgen können, sind Agency-Kosten von vergleichsweise geringer Bedeutung. Solchen Unternehmen fällt die Finanzierung ihrer Expansion durch eigene Mittel schwer. Ihre „Disziplinierung" im Sinne der Agency-Theorie erfolgt durch den Zwang, ihr Wachstum durch die Aufnahme von Mitteln auf dem Kapitalmarkt zu finanzieren, welcher die Wertschaffungsaussichten der Investitionsprojekte einer Prüfung unterzieht.[78]

---

72 Vgl. Jensen (1998), S. 14.
73 Vgl. Jensen (1986), S. 323.
74 Vgl. Scherer/Ross (1990), S. 46.
75 Vgl. Jensen (1986), S. 323.
76 Vgl. Jensen (1989), S. 66.
77 Agency-Kosten bestehen laut Jensen/Meckling (1976), S. 308 im Wesentlichen aus Überwachungskosten des Prinzipals, Selbstbeschränkungs- oder Kautionskosten des Agenten sowie dem Residualverlust bzw. dem unausgeschöpften Wohlfahrtspotenzial.
78 Vgl. Jensen (1998), S. 14.

Als *Charakteristika von Übernahmekandidaten* können folglich die Existenz hoher, zur Eigenfinanzierung heranziehbarer freier Cashflows sowie ein Mangel an wertschaffenden Investitionsmöglichkeiten definiert werden. Wurden in Kapitel II.A.1.a) noch besonders *ineffiziente* Unternehmen als übernahmegeeignet angesehen, stehen hier liquide Mittel erwirtschaftende (und damit *erfolgreiche*), wenngleich nicht mit profitablen Wachstumsaussichten versehene Unternehmen im Blickpunkt.[79] Durch ihren Erfolg dürfte sich die Übernahme solcher Unternehmen für einen Käufer zwar als vergleichsweise teuer gestalten; nichtsdestotrotz weisen sie ein Optimierungspotenzial auf, welches zu einer Wertschätzung seitens des Käufers führen kann, die den von ihm zu zahlenden Preis noch übersteigt (vgl. Abbildung 4).

Ein weiterer zu beachtender Aspekt für die Ableitung von Charakteristika ist jedoch, dass die *Existenz* hoher Agency-Kosten allein nicht ausreicht, damit das entsprechende Unternehmen als Übernahmeobjekt in Frage kommt. Gleichzeitig muss für einen Käufer auch die Möglichkeit gegeben sein, das Agency-Problem nach der Übernahme durch geeignete Maßnahmen zu reduzieren. Hierfür wird nicht wie im Falle eines ineffizient handelnden Managements dessen Austausch, sondern seine „Disziplinierung" durch Umwandlung von Eigen- in Fremdkapital[80] vorgeschlagen, beispielsweise durch ein „leveraged buyout".[81] Das Fremdkapital nimmt dabei eine „Kontrollfunktion" ein.[82] *Erstens* wird durch die Umstrukturierung der Kapitalstruktur der Spielraum des Managements zu nicht wertschaffendem Verhalten eingeschränkt. Cashflows aus dem operativen Geschäft des Unternehmens müssen durch die dann gestiegene Schuldenlast vermehrt für die Bedienung der Kredite verwendet werden, sodass dem Management weniger freier Cashflow zur Verfügung steht.[83] Durch den sich ergebenden Mangel an Mitteln zur Eigenfinanzierung sind die Manager gezwungen, die Vorteilhaftigkeit ihrer angestrebten Investitionsprojekte bei der Kapitalaufnahme zu belegen. Damit sind sie einer „Disziplinierung" durch die Kapitalgeber unterworfen. Während für das Management durch den gestiegenen Fremdkapitalanteil der Spielraum für wertvernichtende Entscheidungen geringer wird, erhöht sich *zweitens* auch der Anreiz, wertschaffende Maßnahmen durchzuführen. Fremdkapitalgeber haben bei einer (nunmehr stärker drohenden) Nichtbedienbarkeit des Fremdkapitals durch das Unternehmen rechtlich einklagbare An-

79 Solche Unternehmen werden in der Praxis auch als „Cash Cows" bezeichnet.

80 Vgl. Jensen (1986), S. 323 ff.

81 Ein „leveraged buyout" bezeichnet eine überwiegend mit Fremdkapital finanzierte Unternehmensübernahme. Häufig erfolgt die Besicherung des zur Finanzierung aufgenommenen Fremdkapitals dabei durch das Übernahmeziel selbst bzw. dessen Vermögensgegenstände.

82 Vgl. Jensen (1986), S. 324.

83 Vgl. Jensen (1989), S. 67.

sprüche, was zu einer Insolvenz bzw. zu einem Konkursverfahren führen kann.[84] Damit sind mit einer ineffizienten Verwendung der freien Cashflows für das Management eines Unternehmens hohe persönliche Risiken verbunden; im Falle eines Konkurses drohen z.B. der Verlust von Arbeitsplatz und Ansehen. Es entsteht ein Anreiz, die freien Mittel wertsteigernd einzusetzen.

Einen Spielraum für die Reduzierung der Agency-Kosten weisen gemäß diesem Instrumentarium solche Unternehmen auf, die eine Fähigkeit zu einer höheren Verschuldung aufweisen. Dies ist am ehesten dann der Fall, wenn ein Unternehmen eine geringe Fremdkapitalquote aufweist und die Zinsbelastung gegenwärtig nur einen kleinen Teil des erzielten Gewinns ausmacht, so dass weitere Kredite mit ausreichend hoher Wahrscheinlichkeit bedient werden können.[85] Damit sind weitere Charakteristika von Übernahmekandidaten gefunden.

c) Aufspaltung eines Unternehmens zur Aufhebung eines Diversifikationsabschlags

Ein Optimierungspotenzial kann auch bei *diversifizierten Unternehmen* vermutet werden. Ein solches weist mindestens zwei sehr unterschiedliche und in ihrer relativen Bedeutung für das Unternehmen nicht-marginale Geschäftsfelder auf. Unterschiede existieren dabei z.B. bei der Natur der angebotenen Produkte (die nicht lediglich Variationen voneinander darstellen dürfen), der im betreffenden Umfeld benötigten Expertise oder auch den jeweils zur Herstellung und zum Vertrieb genutzten Ressourcen.[86]

Geht ein Käufer davon aus, dass die Summe der (hypothetischen) Marktwerte, den die Geschäftsbereiche bei einer Einzelbewertung erfahren würden, höher ist als der Marktwert des diversifizierten Unternehmens, so unterstellt er, dass dieser mit einem *Diversifikationsabschlag* versehen ist.[87] Für den Käufer besteht in einem solchen Fall ein wertsteigerndes Optimierungspotenzial durch den Kauf und die anschließende Aufspaltung des betreffenden Unternehmens in seine Einzelteile.

Empirische Befunde zum Diversifikationsabschlag ergeben kein eindeutiges Bild.[88] Die überwiegende Mehrzahl der Untersuchungen für die USA weist ei-

---

84 Vgl. Jensen (1998), S. 14.

85 Zu beachten ist, dass die Höhe der Agency-Kosten nicht die einzige Determinante einer *optimalen* Kapitalstruktur ist. So spielen neben der Höhe von Fremd- und Eigenkapitalkosten auch Steuern und erwartete Konkurskosten eine Rolle. Siehe dazu z.B. Modigliani/Miller (1958), S. 261 ff. und Miller/Modigliani (1963), S. 433 ff. oder auch Copeland/Weston/Shastri (2005), S. 557 ff.

86 Zu verschiedenen Definitionen von Diversifikation siehe Szeless (2001), S. 24 ff.

87 Vgl. Campa/Kedia (2002), S. 1731 ff. und Rappaport (1987), S. 50.

88 Um den Diversifikationsabschlag zu messen, wird typischerweise der hypothetische Gesamtwert der Segmente unter der Annahme berechnet, dass die einzelnen Segmente als

nen Diversifikationsabschlag nach, der je nach Studie zwischen 5 % und 15 % schwankt,[89] obwohl diese Ergebnisse möglicherweise durch die mangelnde Zuverlässigkeit der verwendeten Daten verzerrt sind.[90] Für den deutschen Kapitalmarkt sind die Ergebnisse der wenigen existierenden Studien[91] widersprüchlicher Natur. Während in einigen Studien ein statistisch signifikanter Abschlag nachgewiesen werden kann,[92] gelingt dies in anderen Untersuchungen nicht (oder nur für ausgewählte Unternehmen oder Branchen).[93] Die widersprüchlichen Ergebnisse dürften dabei vor allem auf verschiedene Untersuchungszeiträume und Unterschiede in der Messmethodik zurückzuführen sein.

Die Rechtfertigung eines solchen Abschlages ist in der Literatur umstritten und eng an die Frage geknüpft, ob eine Diversifikation als wertschaffend oder vernichtend angesehen wird.[94] Für die *Ableitung von Charakteristika* von Übernahmekandidaten ist entscheidend, welche der beiden Positionen ein potenzieller Käufer einnimmt. Geht der Käufer davon aus, dass mit einer Diversifikation eine *Wertsteigerung* erreicht werden kann, besteht für ihn bei einem entsprechenden Unternehmen kein Optimierungspotenzial: Eine erhöhte Übernahmeeignung lässt sich dann nicht ableiten. Für einen solchen Käufer sind gerade nicht die diversifizierten Unternehmen interessante Übernahmeziele, sondern solche, mit denen er sich selbst diversifizieren kann.[95]

Geht ein Käufer dagegen von einer Wertvernichtung einer Diversifikation aus, stellen entsprechende Unternehmen attraktive Übernahmeziele für ihn dar.[96]

---

unabhängige Unternehmen agieren. Grundlage hierfür ist meist die Methode nach Berger/Ofek (1995), S. 46.

89 Vgl. Comment/Schwert (1995), S. 73 ff.; Berger/Ofek (1995), S. 59; Lang/Stulz (1994), S. 1250.

90 Vgl. Villalonga (2004), S. 480.

91 Beckmann (2006), S. 155 f. vermutet, dass wissenschaftliche Untersuchungen bisher dadurch erschwert wurden, dass börsennotierte Konzerne nach § 297 Abs. 1 HGB erst für Geschäftsjahre, die nach dem 31.12.1998 enden, zu einer Segmentberichterstattung verpflichtet sind und dass erst seitdem präzise Segmentinformationen verfügbar sind.

92 Vgl. Glaser/Müller (2006), S. 20 ff. und Beckmann (2006), S. 79 ff.

93 Vgl. Lins/Servaes (1999), S. 2223 und Fauver/Houston/Naranjo (2003), S. 154.

94 Warum es überhaupt zu einer Diversifikation eines Unternehmens kommt, wird in Kapitel II.A.2.d) behandelt, in dem Diversifikation als Übernahmemotiv behandelt wird.

95 Zu den mit einer Diversifikation erzielbaren Wertsteigerungspotenzialen gehören z.B. eine unterstellte höhere Effizienz eines internen Kapitalmarkts gegenüber einem externen, eine Reduzierung der Fremdkapitalkosten oder auch eine Erhöhung der Verschuldungsfähigkeit. Diese Argumente werden in Kapitel II.A.2.d) näher beleuchtet, wenn das Erzielen finanzwirtschaftlicher Synergien als Wertsteigerungspotenzial beleuchtet wird.

96 Dazu passt die häufig vorzufindende Erwähnung von Diversifikationsabschlägen in der Wirtschaftspresse, z.B. bei der TUI AG; vgl. beispielhaft „Bewertungsabschlag bei TUI“, in: DIE WELT vom 25.6.2004, oder „Germany's TUI to shake up tourism, keep shipping“, in REUTERS NEWS vom 15.12.2006.

Daher stehen im Folgenden nur die Gründe im Vordergrund, aus denen eine Diversifikation *wertschmälernd* wirken und ein Käufer bei einem entsprechendem Unternehmen von einem Wertsteigerungspotenzial ausgehen kann.

Zunächst ist festzuhalten, dass die mit einer Diversifikation möglicherweise angestrebte Risikostreuung nicht automatisch *wertsteigernd* wirkt. Im Falle nicht perfekt korrelierter Cashflows zweier Unternehmen ergibt sich zwar nach einer Übernahme eine geringere Varianz der Cashflows des verbundenen Unternehmens. Unter der Prämisse, dass geeignete Wertpapiere am Kapitalmarkt existieren, kann der Investor eine solche Reduzierung des Risikos jedoch zu geringeren Kosten selbst bewerkstelligen (z.B. durch eine Investition in ein diversifiziertes Portfolio wie einen Investmentfonds).[97] Damit ist für einen Aktionär eine günstigere Rendite-Risiko-Kombination als diejenige, die er ohnehin durch die Streuung der Anlagen in seinem persönlichen Portfolio erreichen kann, durch die Diversifikation des Unternehmens nicht unbedingt zu erzielen.[98]

Vertreter der These, dass sogar ein *Abschlag* für den Wert eines diversifizierten Unternehmens gerechtfertigt sein könne, gehen von einer höhere Ineffizienz eines *internen* gegenüber einem *externen* Kapitalmarkt aus, auf den sich nicht diversifizierte Unternehmen zur Finanzierung ihrer Investitionsvorhaben begeben müssen.[99] Kernargument ist dabei, dass auf einem internen Kapitalmarkt (dessen sich diversifizierte Unternehmen bedienen können) besondere Agency-Risiken aus der dauerhaften Möglichkeit zur Querfinanzierung existieren.[100] Dazu gehört z.B. der dauerhafte Erhalt eines unrentablen Geschäftsbereiches mit Hilfe *interner* Mittel, dessen Verkauf vom Kapitalmarkt als ein Eingeständnis früherer Fehlinvestitionen interpretiert werden könnte.[101]

Ein anderer Ansatz betont ebenfalls die Existenz eines Diversifikationsabschlages (und damit eines Optimierungspotenzials), führt aber an, dass dieser nicht ursächlich auf die Diversifikation selbst zurückzuführen sein muss. Stattdessen könnte er z.B. in der *Irrationalität von Analysten* begründet sein, die die Analyse von Jahresabschlüssen entsprechender Unternehmen aufgrund ihrer höheren Komplexität meiden[102] oder sogar pauschal mit einem (Unsicherheits-)-

---

97 Vgl. Brühl (2000), S. 523.

98 Vgl. Brealy/Myers (1996), S. 921.

99 Vgl. Shin/Stulz (1998), S. 546 f.; Lamont (1997), S. 83 ff.; Rajan/Servaes/Zingales (2000), S. 37 f.

100 Vgl. Berger/Ofek (1999), S. 41; Denis/Denis/Sarin (1997), S. 136.

101 Vgl. Boot (1992), S. 1408 ff. Ebenso kann angeführt werden, dass ein Verkauf eines unrentablen Geschäftsbereiches sich durch die schrumpfende Unternehmensgröße negativ auf immaterielle Komponenten der Vergütung des Managements auswirken könnte; vgl. Kapitel II.A.1.a).

102 Vgl. Gilson et al. (2001), S. 580 f. oder Nanda/Narayanan (1999), S. 174 f.

Abschlag versehen.[103] Ein anderer Grund, eine solche Scheinkausalität von Diversifikation und Diversifikationsabschlag zu vermuten, ist, dass beide Erscheinungen mit anderen firmenspezifischen Faktoren einhergehen könnten, die nicht nur zur Entscheidung des Managements zur Diversifikation, sondern davon unabhängig auch zu einem Bewertungsabschlag führten.[104]

Unter der Annahme, dass es Käufer gibt, die – diesen Argumenten folgend – von einer Wertschmälerung einer Diversifikation (und dementsprechend von einem Optimierungspotenzial entsprechender Unternehmen) ausgehen, können Charakteristika übernahmegeeigneter Unternehmen abgeleitet werden. Dazu gehört zum einen eine diversifizierte Unternehmensstruktur, zum anderen eine mit einem Diversifikationsabschlag versehene Bewertung am Kapitalmarkt.

d) Auflösung einer Fehlbewertung anderer Kapitalmarktteilnehmer

Ein Anreiz für eine Übernahme kann sich für einen Käufer auch bei solchen Unternehmen ergeben, über die er einerseits Informationen besitzt, die für andere Kapitalmarktteilnehmer *nicht verfügbar sind*[105] oder anderseits, bei denen er glaubt, öffentlich verfügbare Informationen *besser einschätzen* zu können als Andere. In beiden Fällen ist es möglich, dass der Käufer davon ausgeht, eine „realistischere" Bewertung eines Zielunternehmens als der Rest des Kapitalmarktes vornehmen zu können.[106] Kommt der Käufer so zu einer Bewertung, die über dem aktuellen Marktwert des Zielunternehmens liegt, könnte er von dessen „Fehlbewertung" ausgehen. Dann besteht für ihn ein Anreiz zu einer Übernahme, um von der Fehlbewertung zu profitieren. Die „Optimierung" seitens des Käufers besteht bei diesem Wertsteigerungspotenzial darin, die Fehlbewertung nach der Übernahme aufzulösen, indem er seine zusätzlichen Informationen mit dem Kapitalmarkt teilt oder diesen von seiner Interpretation der verfügbaren Informationen überzeugt. In beiden Fällen hofft der Käufer dabei auf eine Auflösung der Fehlbewertung im Zeitablauf. Anders als bei den bisher angeführten Optimierungspotenzialen ist also nicht ein direkter Eingriff in die Organisation oder die Kapitalstruktur des Übernahmeziels nötig.

---

103 Vgl. Kames (2000), S. 108 ff.

104 Vgl. Glaser/Müller (2006), S. 29; Campa/Kedia (2002), S. 1759 f. zeigen, dass Unternehmen, die einen Diversifikationsabschlag aufweisen, bereits vor der Diversifikation mit einem Abschlag bewertet wurden.

105 In der Praxis werden solchen Informationen als „Insider-Informationen" bezeichnet. Nach dem WpHG (1994), § 13 Abs. 1 sind dies konkrete Informationen über nicht öffentlich bekannte Umstände eines Unternehmens, die geeignet sind, im Falle ihres öffentlichen Bekanntwerdens den Börsen- oder Marktpreis der entsprechenden Wertpapiere erheblich zu beeinflussen.

106 Vgl. Holderness/Sheehan (1985), S. 576 f. oder Ravenscraft/Scherer (1987), S. 3.

Denkbar ist auch, dass sich eine solche Fehlbewertung selbst ohne ein aktives Wirken des Käufers nach der Übernahme auflöst, indem z.B. auch andere Kapitalmarktteilnehmer von alleine zu einer Sichtweise gelangen, die der des Käufers entspricht. Eine aktive „Optimierung" seitens des Käufers ist also nicht in jedem Fall zwingend notwendig. Dennoch wird das Ausnutzen einer Fehlbewertung zu den Optimierungspotenzialen gezählt, weil sie eine Möglichkeit zur Wertsteigerung darstellt, die der Käufer (anders als bei Synergiepotenzialen) ohne Einbringung von Ressourcen anstreben kann.

Voraussetzung für die Existenz einer Fehlbewertung ist eine Abkehr von der starken Effizienzhypothese des Kapitalmarkts. Nach dieser sind sämtliche Informationen allen Kapitalmarktteilnehmern gleichermaßen bekannt und im Aktienkurs des Unternehmens reflektiert. Durch die Nichtexistenz ausnutzbarer Informationsvorsprünge können keinerlei Fehlbewertungen vorliegen.[107] In effizienten Kapitalmärkten lohnt für Investoren dementsprechend keine Auswahl einzelner Aktien, da die Übernahme von unsystematischem Risiko nicht vom Kapitalmarkt honoriert wird und stattdessen in ein diversifiziertes Portfolio investiert werden sollte.[108] Für die Existenz einer Fehlbewertung muss daher mindestens von der halbstrengen Form der Kapitalmarkteffizienz ausgegangen werden, nach der Informationsvorsprünge einzelner Kapitalmarktteilnehmer existieren können.[109]

Die *Ableitung eines Charakteristikums eines Übernahmekandidaten* aus diesem Wertsteigerungspotenzial ist dann nicht möglich, wenn es sich gerade um *nicht* für den breiten Kapitalmarkt erkennbare Informationen handelt, die ein Käufer ausnutzen möchte. Handelt es sich allerdings um eine Interpretation allgemein zugänglicher Informationen, welche ein sich „überlegen" fühlender Käufer für seine „realistischere" Bewertung ausnutzen möchte, so ist die Ableitung von Charakteristika möglich. Entscheidend ist dabei, anhand welcher *erkennbaren* Charakteristika mögliche Käufer eine vermeintliche „Unterbewertung" auszumachen glauben. In der Praxis wird diese häufig an (z.B. im Branchenvergleich) niedrig erscheinenden Bewertungskennzahlen festgemacht.[110] Diese können zwar in vielen Fällen fundamental erklärbar sein, weil bei jeder solcher Kennzahl viele Faktoren, die den Wert eines Unternehmens beeinflussen, unberück-

---

107 Vgl. Fama (1970), S. 383.

108 Vgl. Sautter (1989), S. 130.

109 Zur Definition der einzelnen Formen der Markteffizienz vgl. auch Copeland/Weston/ Shastri (2005), S. 355. In der Realität ist nicht von der strengen Effizienz des Kapitalmarktes auszugehen; vgl. Sautter (1989), S. 131.

110 Bewertungskennzahlen messen den relativen Preis einer Aktie, indem der Kurswert in Beziehung zu einer unternehmensspezifischen Kennzahl (z.B. dem Umsatz oder dem Gewinn) gesetzt wird; vgl. Ossola-Haring (2006), S. 130.

sichtigt bleiben.[111] So kann beispielsweise ein niedriges Kurs-Gewinn-Verhältnis[112] gerechtfertigt sein, wenn dem betreffenden Unternehmen nur geringe Wachstumssaussichten zugesprochen werden. Aus einer Abweichung bei solchen Kennzahlen kann also noch nicht direkt auf eine Fehlbewertung des betreffenden Unternehmens geschlossen werden. Dennoch werden niedrige Bewertungskennzahlen als Charakteristikum von Übernahmekandidaten definiert: Liegen sie bei einem Unternehmen vor, besteht die Möglichkeit, dass sie sich einige Käufer nicht fundamental erklären können und aus deren Sicht damit eine „ungerechtfertige“ Bewertung vorliegt. In einem solchen Fall kann für diese Käufer die Versuchung groß sein, auf ihre überlegene Fähigkeit zu schließen, das Unternehmen „realistisch“ zu bewerten, dem Kapitalmarkt eine Fehlbewertung zu unterstellen und eine Übernahme anzustreben.

2. Erschließung von Synergiepotenzialen

Neben Optimierungs- bieten auch Synergiepotenziale eine bei einer Übernahme zu realisierende Wertsteigerungsmöglichkeit. Sie basieren auf der *Verbindung und gemeinsamen Nutzung der Ressourcen* des Ziel- und des Käuferunternehmens. Eine sich daraus ergebende Wertsteigerung wird als *Synergieeffekt* bezeichnet. Dieser ist als der Betrag definiert, um den sich der Cashflow der nach der Übernahme verbundenen Firma von der Summe der Cashflows der beiden Einzelfirmen unterscheidet und der sich nicht auf eine reine Optimierung des Übernahmeziels zurückführen lasst.[113] Da sich der Cashflow der kombinierten Unternehmen bei Vorliegen von Synergieeffekten nicht rein additiv aus den beiden Cashflows der Einzelfirmen ergibt, werden sie auch als „überadditive Effekte“ bezeichnet.[114] Negative Synergieeffekte können auftreten, wenn der Cashflow der verbundenen Firma beispielsweise durch erhöhte Komplexität oder Integrationsprobleme sinkt.[115] Sieht man von solchen „Dissynergien“ ab, ergibt sich definitionsgemäß, dass bei Vorliegen von Synergieeffekten der *Wert* des zusammengeführten Unternehmens die Summe der Werte der Einzelteile übersteigt.[116]

Solche Effekte lassen sich diese anhand verschiedener Kriterien unterscheiden.[117] Dazu gehören z.B. die *Art*[118], die *Wirkungsrichtung*[119], die *Zeit*[120], die

---

[111] Vgl. Sautter (1989), S. 132; Alcalde/Espitia (2003), S. 5; Powell (1997), S. 1013.

[112] Zur Definition des Kurs-Gewinn-Verhältnisses vgl. Ossola-Haring (2006), S. 129 f.

[113] Vgl. Kürsten (2008), S. 255.

[114] Vgl. Lechner/Meyer (2003), S. 367.

[115] Integrationsprobleme umfassen z.B. die Effizienzeinbußen durch eine Abwehrhaltung der Belegschaft des Käufers gegen organisatorische Änderungen nach der Übernahme; vgl. dazu Ansoff (1987), S. 83 oder Perin (1996), S. 32.

[116] Vgl. Sirower (2000), S. 47.

[117] Vgl. Petersen (1994), S. 214; Kerler (1999), S. 24 ff.

Ausprägung[121], die *Erscheinungsform* (d.h. ihr Niederschlag im Rechnungswesen)[122], der *Entstehungsort*[123] und die *Erreichbarkeit*.[124] Um Charakteristika im Hinblick auf das mit ihnen verbundene Wertsteigerungspotenzial abzuleiten, bietet sich am ehesten eine Synergiedifferenzierung nach der *Art* an. Unterschieden werden:[125]

- *Marktsynergien (Marktmacht- und Markterweiterungssynergien),*
- *leistungswirtschaftliche Synergien* und
- *finanzwirtschaftliche Synergien.*[126]

a) Steigerung der Marktmacht

Die mit der Realisierung von *Marktmachtsynergien* verbundene Wertsteigerung ergibt sich aus der Monopoltheorie.[127] *Marktmachtsynergien* entstehen, wenn eine gemeinsame Nutzung der Ressourcen von Käufer- und Zielunternehmen eine wertschaffende Neugestaltung der Kunden- und Lieferantenbeziehungen des verbundenen Unternehmens auf seinen Absatz- bzw. Beschaffungsmärkten ermöglicht.[128] Die wertschaffende Neugestaltung besteht darin, dass das verbundene Unternehmen seine durch die Übernahme gesteigerte Marktmacht ge-

---

118 Als Synergiearten werden güterwirtschaftliche vs. finanzwirtschaftliche Synergien oder auch operationelle vs. marktbezogene vs. finanzielle Synergien unterschieden; vgl. Coenenberg/Sautter (1988), S. 691; Chatterjee (1986), S. 123. Für eine Übersicht über weitere Synergiedifferenzierungsmodelle nach der *Art* der Synergie vgl. Kerler (1999), S. 71.

119 Nach der Wirkungsrichtung werden positive und negative Synergien unterschieden; vgl. Kerler (1999), S. 25.

120 Gemeint ist sofortige versus spätere Wirkung sowie einmaliges versus mehrfaches Auftreten des Synergieeffektes; vgl. Sandler (1991), S. 130.

121 Nach der Ausprägung werden quantifizierbare (d.h. monetär nachweisbare) und qualitative (d.h. nicht monetär nachweisbare) Synergien unterschieden; vgl. Kerler (1999), S. 26 f.

122 Nach der Erscheinungsform werden aufwands- vs. ertragsseitige Synergien unterschieden; vgl. Sandler (1991), S. 128 f.

123 Nach dem Entstehungsort werden interne (d.h. durch das Zusammenwirken von internen Prozessen und Faktoren erzielbare) und externe (d.h. durch das Zusammenwirken mit externen Marktteilnehmern erzielbare) Synergien unterschieden; vgl. ebenda, S. 138.

124 Nach der Erreichbarkeit werden universelle (generell von jedem Käufer erzielbare), endemische (nur mit Unternehmen der gleichen Branche realisierbare) und spezifische Synergien (nur mit wenigen spezifischen Unternehmen realisierbare) Synergien unterschieden; vgl. Richter (2002), S. 184 ff.

125 Es wird der Unterteilung von Perin (1996), S. 12 ff. gefolgt.

126 Management-Synergien bilden dabei keinen eigenen Punkt, sondern sind als „Know-How-Effekte" Teil der leistungswirtschaftlichten Synergien.

127 Vgl. Trautwein (1990), S. 285 f.

128 Vgl. Stein (1992), S. 99.

genüber Lieferanten und Käufern zu wertsteigernden Kosteneinsparungen bzw. Umsatzsteigerungen nutzen kann.[129]

Im *Absatzbereich* besteht das Wertsteigerungspotenzial dabei konkret in einer durch den höheren Marktanteil nach der Übernahme leichter gewordenen Beschränkung des Preiswettbewerbes auf dem betreffenden Markt.[130] Durch die Übernahme werden die Möglichkeiten der Kunden, bei einer Preiserhöhung auf ein Konkurrenzprodukt auszuweichen, geringer. Weil eine solche Preiserhöhung nicht zu einer Effizienzsteigerung, sondern zu einem direkten Werttransfer vom Kunden zum Unternehmen führt und daher wettbewerbsrechtlichen Bedenken unterliegen kann, wird dieses Motiv nur selten offen als Grund für eine Übernahme genannt.[131]

Die Höhe der ausübbaren Marktmacht hängt dabei direkt von der Absatzmenge gleicher Produkte (bzw. Leistungen) bei gleichen Kundengruppen ab.[132] Voraussetzungen für das Erzielen von Marktmachtsynergien im Absatzbereich (und damit Charakteristika von Übernahmekandidaten) sind daher einerseits eine Überschneidung des *Produktsortiments* eines Zielunternehmens mit jenem des Käufers, anderseits der bearbeiteten *Absatzmärkte.* Eine Überschneidung der Absatzmärkte betrifft dabei hier und im Folgenden zum einen die *regionale Marktabdeckung*, zum anderen die bearbeiteten *Kundensegmente.*

Im *Beschaffungsbereich* besteht der mit gesteigerter Marktmacht anstrebbare Synergieeffekt darin, dass sich mit einer erhöhten Bestellmenge eine stärkere Abhängigkeit einzelner Lieferanten von dem Umsatz ergeben kann, den diese mit dem verbundenen Unternehmen erzielen. Diese Abhängigkeit kann das verbundene Unternehmen zur Aushandlung höherer Rabatte oder zur Erzielung einer höheren Versorgungssicherheit nutzen.[133] Voraussetzungen für das Erzielen von Marktmachtsynergien im Beschaffungsbereich (und damit Teil des Profils eines Übernahmekandidaten) sind Überschneidungen in den Beschaffungsmärkten. Dies bedeutet zum einen eine gewisse Übereinstimmung der Produktsortimente (bzw. der benötigten Input-Faktoren) zwischen Käufer- und Zielunternehmen, zum anderen (solange es sicht nicht um global beschaffbare Güter handelt) eine geographische Überschneidung der Beschaffungsmärkte, damit eine Zusammenlegung des Einkaufs einzelner Gütergruppen bei einzelnen Lieferanten möglich ist.[134]

---

129 Vgl. Kerler (1999), S. 75 f.
130 Vgl. ebenda, S. 42 f.
131 Vgl. Trautwein (1990), S. 286.
132 Vgl. Perin (1996), S. 19.
133 Vgl. Sautter (1989), S. 250 f.
134 Vgl. Perin (1996), S. 19, der von einem hohen benötigten „business fit“ spricht.

b) Erweiterung des Marktes

Markterweiterungssynergien ergeben sich durch eine übernahmebedingte Ausweitung der Absatzmöglichkeiten und die damit verbundene Möglichkeit eines wertschaffenden Wachstums. Die reine, durch die Übernahme erfolgte Steigerung des Umsatzes (die ebenfalls ein Wachstum darstellt) wirkt jedoch noch nicht wertsteigernd:[135] Unter der Annahme, dass ein „fairer", d.h., auf homogenen Erwartungen über die zukünftigen Cashflows des Übernahmeziels basierender Kaufpreis bezahlt wurde, bewirkt das reine Zusammenrechnen des vormals getrennten Umsatzes keine Wertsteigerung. Das Erzielen einer bloßen Umsatzsteigerung kann für das Käuferunternehmen zwar ein Übernahmemotiv darstellen, fällt dann aber in die in Kapitel II.C. diskutierten persönlichen Motive der Manager des Käuferunternehmens. Eine tatsächliche Wertsteigerung liegt erst dann vor, wenn mit der übernahmebedingten Marktausweitung ein „überadditiver" Effekt verbunden ist. Ein solcher Effekt ist in der *besseren Ausnutzung des Marktpotenzials* des verbundenen Unternehmens zu suchen, das über die Summe der jeweiligen Marktpotenziale der getrennten Unternehmen hinausgeht.[136]

Eine erster Weg zu einer besserem Ausnutzung des Markpotenzials kann ein zusätzlicher Absatz von Produkten eines der beiden beteiligten Unternehmen bei Kunden des anderen Unternehmens sein.[137] Möglicherweise besitzt das Zielunternehmen Vertriebsstrukturen, Kundenbeziehungen oder ein übertragbares positives Image in Märkten, die durch das Käuferunternehmen bislang nicht erschlossen waren (z.B. bestimmte Auslandsmärkte). Solche Ressourcen können potenziell für einen zusätzlichen Absatz der Produkte des Käuferunternehmens genutzt werden. Diese durch das Zielunternehmen ermöglichte Markterschließung kann im Falle hoher Markteintrittsbarrieren für den Käufer der einzige[138], in vielen Fällen aber zumindest der im Vergleich zum Eigenaufbau deutlich *kostengünstigere* Weg sein, das Marktpotenzial seiner Produktpalette wertschaffend auszuschöpfen.[139] Umgekehrt können es aber auch gerade die Absatzmöglichkeiten der Produktpalette des Zielunternehmens auf den Märkten des Käuferunternehmens sein, das Letzteres zur Übernahme bewogen hat. Dies gilt insbesondere dann, wenn das Zielunternehmen im Besitz neuartiger Technologien oder Patente ist, für die der Käufer geeignete Kunden bzw. Absatzkanäle aufweist.[140]

---

135 Vgl. ebenda, S. 12.
136 Vgl. Brühl (2000), S. 522.
137 Vgl. Perin (1996), S. 13.
138 Welge/Al-Laham (2008), S. 305 sprechen in diesem Zusammenhang von der Möglichkeit, Markteintrittsbarrieren durch eine Übernahme zu überwinden.
139 Vgl. Mitchell/Mulherin (1996), S. 196; Hasbrouck (1985), S. 353.
140 Vgl. Stahl et al. (2005), S. 21.

Ein zweiter Weg zu einer effektiveren Nutzung des Markpotenzials ist die *Bündelung* von komplementären Produkten von Käufer- und Zielunternehmen. Dies ermöglicht die Erschließung neuer Kundengruppen, die weder das einzelne Produkt des Käufers noch das des Zielunternehmens als attraktiv genug für einen Kauf ansehen, sondern eine integrierte „Systemlösung" wünschen.[141] Auch andere nach der Übernahme abstimmbare Marktbearbeitungmaßnahmen wie Sonderangebote oder Werbemaßnahmen unterstützen eine effektivere Bearbeitung und Ausschöpfung des gemeinsamen Marktes.

Markterweiterungssynergien können aber auch auf der Beschaffungsseite existieren, wenn die Übernahme eine wertschaffende Erweiterung des Beschaffungsmarktes ermöglicht. Dies ist dann der Fall, wenn das Zielunternehmen dem Käuferunternehmen den Zugang zu günstigen Lieferanten ermöglicht, die bisher für das Käuferunternehmen (z.B. durch exklusive Lieferverträge oder fehlende logistische Infrastruktur) unerreichbar waren.[142]

Voraussetzung für das Erzielen von Markterweiterungssynergien ist die *Komplementarität* der *Produkte* und/oder der bearbeiteten *Märkte* der in der Übernahme involvierten Unternehmen.[143] Der Begriff „Komplementarität" ist hier als *Ergänzung* zu verstehen, d.h., es muss statt einer *Überschneidung* bzw. Gleichheit (wie im Falle von Marktmachtsynergien) nur eine *Ähnlichkeit* der mit den Produkten befriedigten Kundenbedürfnisse bzw. der bearbeiteten Märkte bestehen.[144] Diese darf nicht so gering sein, dass z.B. aufgrund eines völlig unterschiedlichen Produktangebotes oder einer völlig unterschiedlichen Marktabdeckung (bei der geographischen Abdeckung oder bei den Kundensegmenten) kein Verkauf der eigenen Produkte an die Kunden des anderen Unternehmens, kein Übertrag eines Images oder keine Nutzung von Vertriebsstrukturen mehr möglich ist. Handelt es sich bei einer Übernahme um eine Marktausweitung in *sowohl* überschneidungsfreie *als auch* nicht-komplementäre Bereiche, soll von *Diversifikation* gesprochen werden. Die mit einer Diversifikation zu erzielenden Synergien sind finanzwirtschaftlicher Natur.[145]

c) Steigerung der leistungswirtschaftlichen Effizienz

Mit einer Übernahme kann auch eine wertsteigernde Optimierung von Leistungserstellungsprozessen angestrebt werden, die erst durch eine Verbindung

---

141 Solche kombinierten Angebote reduzieren für den Kunden häufig Schnittstellen und Transaktionskosten, siehe auch Brühl (2000), S. 522.

142 Vgl. Perin (1996), S. 13.

143 Vgl. ebenda, S. 20.

144 Vgl. Lucks/Meckl (2002), S. 81.

145 Vgl. Kapitel II.A.2.d)

der Ressourcen beider Unternehmen ermöglicht wird.[146] Bei solchen leistungswirtschaftlichen Synergien lassen sich drei Effekte unterscheiden:[147]

- Redundanzeffekte,
- Skaleneffekte und
- Know-how-Effekte.

Redundanz- und Skaleneffekte basieren auf einer mit zunehmender Ausbringungsmenge degressiv verlaufenen Stückkostenkurve vieler Prozesse, die auf die Verteilung der Fixkosten der Leistungserstellung auf eine höhere Ausbringungsmenge zurückgeführt werden kann.[148] Die Effekte sind dabei umso größer, je höher der Anteil der fixen Kosten in der Kostenstruktur des jeweiligen Funktionsbereiches bzw. des Prozesses ist.[149]

Redundanzeffekte bezeichnen dabei die Aufwandsreduzierung, die durch einen Übertrag der Leistungserbringung auf *eines* der beiden Unternehmen und den dadurch ermöglichten Wegfall überflüssig gewordener Ressourcen bzw. Funktionen entsteht.[150] Im Falle von nicht voll ausgelasteten Produktionskapazitäten kann beispielsweise die Zusammenlegung der Produktion und die dadurch ermöglichte Schließung einiger Produktionsstätten zu Ersparnissen bei Unterhaltungs- und Kapitalbindungskosten führen. Redundanzen können aber selbst dann entstehen, wenn die Produktionskapazitäten durch eine Verschiedenartigkeit der Produkte nicht direkt zusammenlegbar sind: Überschneiden sich innerhalb der Leistungserstellungsprozesse der beiden Unternehmen wenigstens einige Elemente bzw. Funktionen (z.B. in sekundären Bereichen der Wertschöpfungskette), werden diese im verbundenen Unternehmen möglicherweise nur einmal oder zumindest nicht in kombinierter Menge benötigt.[151] Beispiele hierfür sind die Zusammenlegung gleichartiger Forschungsprojekte oder von Vertriebsabteilungen, die auf die Bearbeitung derselben Kunden ausgerichtet sind.

Auch *Skaleneffekte* führen zu einem geringeren Aufwand je Leistungseinheit. Sie bezeichnen die Aufwandsreduzierung, die mit Änderungen im Prozess der Leistungserstellung eines Produktes erzielt werden kann. Solchen Änderungen ist dabei gemein, dass sie sich erst durch die übernahmebedingte Erhöhung der

---

146 Vgl. Perin (1996), S. 15.

147 Vgl. ebenda, S. 16.

148 Vgl. Schmidt/Roehrich (1992), S. 180 ff.; Hill/Hoskisson (1987), S. 331 f.

149 Vgl. Sautter (1989), S 237. Dieser Zusammenhang gilt nicht, wenn die Zusammenlegung von Leistungserstellungsprozessen zu größenbedingten Effizienzverlusten führt (sog. „Dissynergien" wie z.B. Bürokratisierung, langsamere Entscheidungswege, Erhöhung der Koordinationskosten oder kulturelle Dissonanzen zwischen den Mitarbeitern).

150 Vgl. Willig (1979), S. 346.

151 Vgl. auch Jansen (2000), S. 65.

Ausbringungsmenge als wirtschaftlich gestalten.[152] Ein Beispiel hierfür ist der Einsatz eines neuen, effizienteren Fertigungsverfahrens nach der Übernahme. Möglicherweise lohnte der Einsatz eines solchen Verfahrens bei den einzeln produzierenden Unternehmen (mit jeweils geringen Ausbringungsmengen) *vor* der Übernahme nicht, da die hohen Fixkosten des neuen Verfahrens in beiden Unternehmen nicht durch die Effizienzgewinne bei den variablen Kosten hätten kompensiert werden können.[153]

Voraussetzung für das Erzielen leistungswirtschaftlicher Synergien in Form von Redundanz- und Skaleneffekten – und damit ein die Übernahmeeignung erhöhendes Charakteristikum – ist zunächst die Überschneidung von zusammenlegbaren *Segmenten der Wertschöpfungskette* des Zielunternehmens mit dem Käuferunternehmen, in denen nach der Übernahme Überkapazitäten vorherrschen bzw. die eine degressive Stückkostenkurve aufweisen. Während dies in sekundären Unternehmensfunktionen prinzipiell für jedweden Zusammenschluss zweier Unternehmen denkbar ist, müssen für Einsparungen in den primären Funktionen der Wertschöpfungskette weitere Überschneidungen existieren. So wäre für Synergien im Produktionsbereich z.B. eine Ähnlichkeit der angewandten Produktionsverfahren bzw. Technologien erforderlich, während Synergien im Absatzbereich eine Ähnlichkeit bearbeiteter Kunden bzw. Märkte voraussetzen.[154]

Schließlich können sich leistungswirtschaftliche Synergien auch durch die Übertragung von in einem Unternehmen vorhandenem operativen oder fachlichen *Know-how* ergeben.[155] Solche Synergien basieren nicht auf den produktionsökonomischen Zusammenhängen der Leistungserstellungsprozesse, sondern auf Wissen und Fähigkeiten, die im Unternehmen vorhanden sind und deren Übertragung zu einer Erhöhung der leistungswirtschaftlichen Effizienz führen kann. Dabei kann es sich um den Austausch von *technischem* Wissen von Mitarbeitern handeln (z.B. Erkenntnisse im F&E-Bereich), um das Profitieren von funktionalen fachlichen Fähigkeiten oder Erfahrungen (z.B. in der Vermarktung), oder auch um allgemeine Fähigkeiten des Managements zur effizienten Führung von Unternehmen.[156] Ein Synergieeffekt ergibt sich immer dann, wenn durch den Übertrag von Know-how die Ressourcen eines der beiden Unternehmen effizienter verwendet werden. Im Unterschied zum Optimierungspotenzial durch die *Ersetzung* eines ineffizient handelnden Managements (siehe Kapitel II.A.1.a) geht es hier um die *Übertragung* von Fähigkeiten von einem Unternehmen auf ein anderes.

---

152 Vgl. Perin (1996), S. 16 f.
153 Vgl. Scheiter (1989), S. 34 f.
154 Vgl. Perin (1996), S. 19 f.
155 Vgl. Perin (1996), S. 17 f.
156 Vgl. Sautter (1989), S. 254 f.

Voraussetzung für die Erzielung von *Know-how-Synergien* ist – solange es sich nicht um gänzlich allgemeine Führungsfähigkeiten handelt – eine (Mindest-) Übereinstimmung von bedienten regionalen Märkten, Kundengruppen oder Produktsortimenten. Je mehr es um eine Übertragung von spezifischem technischen Wissen geht, ist zusätzlich eine starke Ähnlichkeit der verwendeten Technologien bzw. Produktionsverfahren erforderlich.[157] Das Potenzial einer Übertragung von Know-how-Synergien ist darüber hinaus als umso größer einzuschätzen, je größer die Effizienzunterschiede zwischen den Unternehmen (und damit die Vorteile eines Wissensaustausches) sind.

d) Realisierung finanzwirtschaftlicher Synergien

Unternehmen, deren Übernahme aus Sicht des Käufers eine Diversifikation (d.h. eine Marktausweitung in überschneidungsfreie und nicht-komplementäre Bereiche) darstellt, rücken durch die Aussicht auf *finanzwirtschaftliche Synergien* als Übernahmeziele ins Blickfeld.

Das Profitieren von solchen Effekten schließt an die Diskussion der Diversifikation in Kapitel II.A.1.c) an. Während dort die *Aufspaltung* eines diversifizierten Zielunternehmens als Wertsteigerungspotenzial im Vordergrund stand (was letztlich die Annahme beinhaltete, dass eine Diversifikation *wertschmälernd* wirkt), sollen hier in der Literatur angeführte Argumente im Vordergrund stehen, nach denen eine Diversifikation (jetzt seitens des Käuferunternehmens) *wertschaffend* sein und damit für den Käufer zum Motiv für Übernahmen werden kann.[158] Drei aus einer Diversifikation entstehende finanzwirtschaftliche Synergien lassen sich unterscheiden:

- Schaffung eines internen Kapitalmarktes,
- Reduzierung der Fremdkapitalkosten,
- Erhöhung der Verschuldungsfähigkeit.

Der erste wertschaffende Diversifikationseffekt liegt in den möglichen Vorteilen eines *internen Kapitalmarkts.* Hierbei ist vor allem der Informationsvorsprung von Managern (als internen Kapitalgebern eines Geschäftsbereiches) im Vergleich zu externen Kapitalgebern anzuführen, den Erstere zu einer effizienteren Kapitalallokation und Überwachung der Geschäftsbereiche nutzen können.[159] Dieser Informationsvorsprung kann auch bei Investitionsvorhaben eine wichtige Rolle spielen: Möglicherweise können dem weniger informierten Kapitalmarkt

---

[157] Vgl. Perin (1996), S. 21.

[158] Die Frage, welche Argumente letztlich überwiegen, ist in der Literatur ungeklärt. Gerade deswegen aber können sowohl die Aufspaltung eines diversifizierten Unternehmens als auch die Diversifikation selbst als Übernahmemotive in Frage kommen.

[159] Vgl. Gertner/Scharfstein/Stein (1994), S. 1211 ff. Stein (2003), S. 140 spricht in diesem Zusammenhang von „smarter Money".

wichtige Zusammenhänge bezüglich der Vorteilhaftigkeit eines Investitionsprojektes nicht vermittelt werden.[160] Wertschaffende Projekte, die aufgrund einer solchen Informationsasymmetrie nicht extern finanziert werden konnten, können aber in einem internen Kapitalmarkt durch eine „Quersubventionierung" (d.h. die Übertragung von Mitteln aus anderen Unternehmensbereichen) finanziert werden.[161] Wird dieser Vorteil eines internen Kapitalmarktes höher bewertet als die mit seiner Schaffung verbundenen Nachteile (wie der Gefahr hoher Agency-Kosten, siehe Kapitel II.A.1.c), stellt die Diversifikation für einen Käufer ein Motiv für die Übernahme solcher Unternehmen dar, mit der diese erreicht werden kann.[162]

Die zweite finanzwirtschaftliche, aus einer Diversifikation entstehende Synergie liegt in einer möglichen *Reduzierung der Fremdkapitalkosten.* Sind die Cashflows der beiden in die Übernahme involvierten Unternehmen nicht vollständig positiv korreliert, sinkt bei ansonsten unveränderten Erwartungen die Varianz des erwarteten Cashflows des verbundenen Unternehmens.[163] Wie schon in Kap. II.A.1.c) gezeigt, führt dieser Zusammenhang durch die ggf. günstigeren eigenen Möglichkeiten der Investoren zur Diversifikation ihrer Anlagen nicht automatisch zu einer Wertsteigerung. Die geringere Varianz der Cashflows im verbundenen Unternehmen bedeutet aber eine Stabilisierung der Einkommensströme und damit eine Reduzierung des Konkursrisikos bzw. des Ausfallrisikos des Fremdkapitals.[164] Da die Kosten der Aufnahme von Fremdkapital direkt von dessen Ausfallrisiko abhängen, können so Fremdkapitalkosten durch die Übernahme reduziert werden.[165] Dieser Effekt ist dann besonders groß, wenn ein Unternehmen mit hohem Konkursrisiko von einem Unternehmen mit hoher Bonität übernommen wird.[166] Im Unterschied zu den bisher diskutierten Synergieeffekten, deren Wertbeitrag stets in einer direkten Erhöhung der Cashflows der verbundenen Unternehmens besteht, geht es hier um eine Erhöhung des Barwertes der (abzuzinsenden) Cashflows, die sich aus einer diversifikationsbe-

---

160 Vgl. Williamson (1970), S. 15 f.;

161 Vgl. Myers/Majluf (1984), S. 187 ff. und Perin (1996), S. 36.

162 Für die Überlegenheit eines internen Kapitalmarktes existiert keine empirische Evidenz; vgl. Montgomery/Singh (1984), S. 181 ff.

163 Entscheidend ist für den Käufer mit dem Ziel der Diversifikation nicht das in der Varianz seines Cashflows gemessene *Risiko des Zielunternehmens*, sondern der in der Korrelation der Cashflows des Zielunternehmens zum Cashflow des Käuferunternehmens gemessene *Beitrag des Zielunternehmens zum Risiko des verbundenen Unternehmens*; vgl. Kürsten/Meckl/Krostewitz (2007), S. 167.

164 Vgl. Lewellen (1971), S. 525 f. und Perin (1996), S. 34 f.

165 Vgl. Kerler (1999), S. 74 f.

166 Vgl. Brühl (2000). S. 525.

dingten Reduzierung der Fremdkapitalkosten ergibt.[167] Voraussetzung für einen solchen synergetischen Zusammenhang ist, dass es durch die Übernahme nicht zu einer Verschlechterung der Bonität des Käuferunternehmens im gleichen Umfang kommt.[168]

Eine dritte anstrebbare finanzwirtschaftliche Synergie aus einer Diversifikation ergibt sich aus einer *Erhöhung der Verschuldungsfähigkeit* des neuen Verbundes. Eine solche wird diversifizierten Unternehmen deswegen zugesprochen, weil diese in einer Phase, in der sich einige ihrer Geschäftsbereiche in einer Krise befinden, häufig zusätzlich Aktiva aus anderen Branchen besitzen (und als Sicherheit anbieten können), die weniger durch Liquiditätsprobleme betroffen sind.[169] Durch eine so mögliche Erhöhung der Fremdkapitalquote und damit des steuerlich abzugsfähigen Zinsaufwandes des verbundenen Unternehmens kann – sofern es Gewinne erzielt – seine Steuerlast reduziert werden.[170]

Notwendige Voraussetzung für das Ausnutzen aller drei durch Diversifikation ermöglichten finanzwirtschaftlichen Synergieeffekte ist eine geringe Korrelation der Cashflows des Zielunternehmens mit denen des Käuferunternehmens.[171] Dies ist am ehesten dann gegeben, wenn das Zielunternehmen vom Produktsortiment und den Absatzmärkten her statt Überschneidungen oder Komplementarität eine hohe *Nicht-Verwandtschaft* zum Käuferunternehmen aufweist, sodass seine Cashflows völlig unterschiedlichen wirtschaftlichen Schwankungen unterliegen.[172] Damit ist ein weiteres Charakteristikum gefunden, welches die Übernahmeeignung eines Unternehmens verstärken kann.

Als weitere Quelle finanzwirtschaftlicher Synergien sind *direkte Steuereffekte* anzuführen. Damit ist eine übernahmebedingte Reduzierung der Steuerlast gemeint, die völlig unabhängig davon ist, ob eine Übernahme für den Käufer eine Diversifikation darstellt. Sie entstehen zum einen durch den Kauf eines Unternehmens mit steuerlich unausgenutztem Verlustvortrag, von dem ein Gewinn erzielendes Käuferunternehmen durch eine Senkung seiner Steuerlast profitieren kann.[173] Zum anderen kann der Kauf von Unternehmen mit stillen Reserven (d.h. Aktiva, die eine erhebliche Differenz von Verkehrs- zu Buchwert aufweisen) zu steuerreduzierenden Abschreibungsmöglichkeiten beim Käuferunter-

---

167 Zu einer detaillierten Analyse der Werteffekte einer Reduzierung der Fremdkapitalkosten siehe ebenda, S. 523 f.

168 Vgl. ebenda, S. 525.

169 Vgl. Shleifer/Vishny (1992), S. 1359 f.

170 Vgl. Lewellen (1971), S. 533.

171 Vgl. Perin (1996), S. 37.

172 Ursache solcher Schwankungen sind z.B. saisonalitätsbedingte Absatzeinbrüche, die Entwicklung der Preise von Inputfaktoren oder technische Neuentwicklungen.

173 Vgl. Jansen (2000), S. 67.

nehmen führen.[174] Unternehmen, die solche Verlustvorträge oder stille Reserven aufweisen, sind demnach interessante Übernahmeziele für Käufer mit hohen Gewinnen.[175]

B. Negative Einflüsse auf die Übernahmeeignung

Gelangt ein potenzieller Käufer durch die Erwartung übernahmeinduzierter Wertsteigerungspotenziale zu einer höheren Bewertung eines Unternehmens als dessen Aktionäre bzw. der Kapitalmarkt, wird dieses für ihn zu einem interessanten Übernahmeziel. Damit der Käufer tatsächlich eine Übernahme anstrebt, reicht die Existenz eines Wertsteigerungspotenzials jedoch nicht aus. Jedes zu erwartende Hindernis bei der Realisierung der Potenziale kann die Höhe der realistischerweise erreichbaren zusätzlichen Cashflows schmälern.[176] Dies kann dazu führen, dass die endgültige Wertschätzung des Zielunternehmens durch den Käufer nicht mehr ausreicht, um eine aus seiner Sicht wertschaffende Übernahme anzustreben (siehe Abbildung 4). Ein Unternehmen wird aus dieser Überlegung heraus nur dann zu einem Übernahmeziel, wenn sich das vorhandene Wertsteigerungspotenzial auch mit hinreichend großer Wahrscheinlichkeit früh genug und ohne zu hohe Kosten realisieren lässt. Aus diesem Grund müssen solche Hindernisse bei der Identifizierung von Übernahmekandidaten berücksichtigt werden.[177] Unterschieden werden dabei:

- Hindernisse zur *Durchführung* der Übernahme eines bestimmten Unternehmens (Kapitel II.B.1.),
- die Stärke des durch den Käufer ausübbaren *Einflusses auf die Geschäftsführung* des Übernahmeziels nach der Übernahme (Kapitel II.B.2),
- Integrationserschwerende Unterschiede zwischen Käufer- und Zielunternehmen (Kapitel II.B.3.).

Bei der Analyse der Wirkung solcher Einflussfaktoren auf die Übernahmeeignung ist zu beachten, dass viele von ihnen Ergebnis länderspezifischer volkswirtschaftlicher, rechtlicher und kultureller Rahmenbedingungen sind. Daher muss in solchen Fällen deren konkrete Ausgestaltung im deutschen Kapitalmarkt

---

174 Vgl. Huemer (1990), S. 19; Jansen (2000), S. 67.

175 Empirische Evidenz dafür, dass dieses Wertsteigerungspotenzial ein Übernahmemotiv darstellt, fasst Jarrell/Brickley/Netter (1988), S. 56 zusammen (allerdings nur für den US-Kapitalmarkt). Demnach hatten Steuervorteile zwar einen gewissen Einfluss auf die Übernahmeaktivität im US-Markt, aber der Großteil der Übernahmen war nicht durch solche motiviert.

176 Hindernisse können dabei Kosten zum Erreichen eines Wersteigerungspotenzials verursachen, dessen Realisierungswahrscheinlichkeit verringern oder den Zeitpunkt seiner Realisierung verzögern (und damit den Barwert der erzielbaren Cashflows schmälern).

177 Mitchell/Mulherin (1996), S. 193 ff. betonen die Wichtigkeit solcher Einflüsse auf das Ausmaß der Übernahmeaktivität innerhalb einer Branche.

– welcher im Mittelpunkt dieser Arbeit steht – bei der Ableitung von Charakteristika von Übernahmekandidaten berücksichtigt werden.

1. Hindernisse zur Durchführung der Übernahme

a) Ungünstige wirtschaftliche Rahmenbedingungen

Wirtschaftliche Rahmenbedingungen beeinflussen die Kosten einer Übernahme und wirken damit auf die Übernahmeeignung der Unternehmen eines Kapitalmarktes.[178] Dies gilt zunächst für das vorherrschende *Zinsniveau.* Da interne Mittel in vielen Fällen für ihre Finanzierung nicht ausreichen, sind Übernahmen oft zumindest teilweise fremdfinanziert. Da Zinsen die Kosten der Aufnahme von Fremdkapital darstellen, vergünstigt ein niedriges Zinsniveau die fremdfinanzierte Übernahme von Unternehmen.

Ein weiterer Einfluss kann auch der in einem Land vorherrschenden wirtschaftlichen Stimmung zugesprochen werden, für welche z.B. die (erwartete) *Entwicklung des Bruttosozialproduktes* ein Indikator ist.[179] In wirtschaftlich erfolgreichen Zeiten ist der Kapitalmarkt eher bereit, an die optimistische Argumentation eines Käufers zu glauben, mit der dieser den gezahlten Kaufpreis bei einer Übernahme rechtfertigt. Ist dies dem Käufer bewusst, schätzt er das Risiko einer negativen Reaktion des Kapitalmarkts auf die Ankündigung einer von ihm anvisierten Übernahme als geringer ein. Dadurch steigt seine Neigung zu einer solchen Maßnahme. In Zeiten unsicherer wirtschaftlicher Erwartungen hingegen scheuen viele Unternehmen die mit einer Übernahme verbundenen Risiken und konzentrieren sich auf interne, profitabilitätssteigernde Maßnahmen. Auch die zur Finanzierung von Zukäufen zur Verfügung stehenden Eigenmittel von Unternehmen und die von Finanzinvestoren zum gleichen Zwecke einsammelbaren Gelder sind in Zeiten des wirtschaftlichen Aufschwungs höher.

Empirische Belege bestätigen die angeführten Zusammenhänge. So zeigt sich ein inverser Zusammenhang des amerikanischen Zinsniveaus mit dem M&A-Volumen des US-Kapitalmarktes.[180] Auch ging der kontinuierliche Anstieg des Transaktionsvolumens des Deutschen M&A-Markts zwischen 2002 und 2006 mit der Entwicklung einiger volkswirtschaftlicher Treiber einher, die die Kosten einer Übernahme aus Käufersicht als vergleichsweise gering darstellten.[181] Da-

---

178 Auch Poloncheck/Sushka (1987), S. 113 ff. erklären die empirischen Muster in der Übernahmeaktivität von US-Branchen durch vorherrschende ökonomische Einflüsse und Finanzierungskonditionen; vgl. auch Yagil (1996), S. 181 ff., der neben Synergien makroökonomische Einflüsse als wesentliche Faktoren zur Erklärung zeitlicher Muster in der Übernahmeaktivität in der US-Wirtschaft nachweist.

179 Becketti (1986), S. 16 ff. weist empirisch einen starken Einfluss der Konjunktur auf die Übernahmeaktivität in den USA nach. Für ältere Studien siehe Kummer (2005), S. 32.

180 Vgl. Becketti (1986), S. 20 ff.; Golbe/White (1988), S. 265 ff.

181 Vgl. Voss (2007), S. 319.

zu gehörten neben der steuerlichen Befreiung von Beteiligungsveräußerungen vor allem das relativ niedrige Zinsniveau, die optimistische wirtschaftliche Stimmung, die steigenden Aktienkurse, die hohen zur Finanzierung von Übernahmen verwendbaren Unternehmensgewinne und das stärkere Aufkommen von Finanzinvestoren.[182]

Wirtschaftliche Rahmenbedingungen wie das Zinsniveau oder die wirtschaftliche Stimmung wirken zwar primär auf die Übernahmeeignung *aller* potenziellen Zielobjekte eines Kapitalmarkts. Dennoch ist ihr Einfluss bei einigen Unternehmen stärker als bei anderen, so dass Charakteristika für besonders übernahmegeeignete Unternehmen abgeleitet werden können: In Zeiten ungünstiger volkswirtschaftlicher Rahmenbedingungen dürfte sich vor allem die Übernahmen großer Unternehmen als zu teures bzw. riskantes Unterfangen aus Sicht eines Käufers darstellen. Die Durchführbarkeit einer Übernahme eines Unternehmens mit relativ *geringer* Größe ist jedoch vor allem durch die leichtere Finanzierbarkeit als weniger abhängig von der positiven Ausgestaltung wirtschaftlicher Rahmenbedingungen anzusehen.[183] Daher wird eine *geringe Unternehmensgröße* als ein Charakteristikum definiert, das die Durchführung einer Übernahme erleichtert und daher zur Selektion besonders übernahmegeeigneter Unternehmen herangezogen werden kann.

Auch diese Überlegung lässt sich empirisch untermauern. So war im Rahmen der Subprime-Krise auf den Kreditmärkten und der darauf folgenden weltweiten Finanzkrise ab dem zweiten Halbjahr 2007 eine Abkühlung der Übernahmeaktivität zu beobachten.[184] Durch die Verteuerung von Krediten und die allgemeine wirtschaftliche Unsicherheit konzentrierte sich die Übernahmeaktivität vor allem auf *kleinere* und damit leichter finanzierbare Ziele.

b) Konzentrierte Aktionärsstruktur des Zielunternehmens

Die *Aktionärsstruktur* des Zielunternehmens hat Einfluss auf die Leichtigkeit, mit der eine Kontrollmehrheit an einer Aktiengesellschaft erlangt werden kann. Unternehmen mit einer stark zersplitterten Aktionärsstruktur, bei denen sich ein hoher Anteil von Aktien in der Hand von Privatanlegern befindet, stellen ceteris paribus ein leichteres Übernahmeziel dar.[185] So verfolgen Großaktionäre (wie beispielsweise der Staat, eine Gründerfamilie oder andere Unternehmen) mit

---

182 Vgl. ebenda, S. 49 ff.

183 Wie der Begriff „geringe Größe“ genau zu verstehen ist, wird bei der Operationalisierung der Charakteristika in Kapitel III.A.2 deutlich.

184 Vgl. Kunisch (2008), S. 58 f.

185 Vgl. Ambrose/Meginson (1992), S. 576.

ihrem Aktienanteil möglicherweise politische, private[186] oder strategische Ziele, die sie zu einer Ablehnung eines – aus Shareholder-Value-Sicht bereits ausreichend hohen – Übernahmeangebotes bewegen können. Privatinvestoren hingegen verfolgen in der Regel rein monetäre Ziele und dürften sich durch ein Angebot, das hinreichend über dem aktuellen Börsenkurs liegt, zu einem Verkauf bewegen lassen. Auch der (häufig eine vollständige Übernahme vorbereitende) *unauffällige* Aufbau eines gewissen Anteils am Zielunternehmen ist für den Käufer durch das Einsammeln von Aktien an der Börse umso leichter, je mehr Aktien des betreffenden Unternehmens sich in Streubesitz befinden.[187]

Der deutsche Kapitalmarkt wies in den letzten zwei Jahrzehnten – anders als beispielsweise US-Unternehmen, die überwiegend durch einen ausgeprägten Streubesitz gekennzeichnet sind – eine vergleichsweise stark von Großaktionären geprägte Aktionärsstruktur auf.[188] Dies liegt zum einen an der eher mittelständisch geprägten Struktur der deutschen Industrie (mit vielen Unternehmen in Gründer- bzw. Familienhand), zum anderen aber auch an der Tatsache, dass sich ein bedeutender Anteil der Stimmrechte vieler großer deutscher Unternehmen in der Hand institutioneller Anleger befindet.[189] Ebenfalls ist für deutsche Großkonzerne eine starke Vernetzung untereinander kennzeichnend, wenngleich in den letzten Jahren eine verstärkte Auflösung solcher Strukturen durch die steuerliche Befreiung von Beteiligungsveräußerungen zu beobachten ist.[190]

Auch ein hoher Aktienanteil in der Hand des *Managements* eines Zielunternehmens wird in der Literatur als Hindernis für eine Übernahme angesehen. Empirisch kann in einigen Untersuchungen ein negativer Zusammenhang zwischen dem Aktienanteil des Managements und der Wahrscheinlichkeit einer Übernah-

---

186 Dazu gehören laut Müller-Stewens/Spickers/Deiss (1999), S. 8 z.B. die emotionale Verbindung eines Eigentümers mit seinem Unternehmen, die im von Familientraditionen geprägten deutschen Mittelstand häufig anzutreffen ist.

187 Zwar existieren gewisse rechtliche Meldeschwellen, ab denen sich ein Aktien sammelnder Käufer offenbaren muss (vgl. § 21 Abs. 1 WpHG), allerdings zeigt der Fall der versuchten Übernahme der Continental AG durch die Schaeffler AG in 2008, dass auch diese mit geeigneten Konstrukten (wie Vereinbarungen mit Banken zur späteren Überlassung von Aktien bzw. sog. „equity swaps") umgangen werden können. Eine Entscheidung zur Rechtmäßigkeit der Verwendung solcher Konstrukte und der Umgehung der Meldepflicht steht zum Zeitpunkt der Veröffentlichung dieser Arbeit noch aus.

188 Vgl. Meitner/Sofka (2003), S. 362. Ruhwedel (2003), S. 206 belegt empirisch, dass Unternehmen mit einer extrem fragmentierten Besitzstruktur die Minderheit im CDAX darstellen. Koke (2001), S. 257 ff. weist empirisch nach, dass die Aktien von deutschen Industrieunternehmen meist in den Händen weniger Aktionäre konzentriert sind.

189 Traditionell ist beispielsweise die Finanzierungsstruktur von deutschen Unternehmen fremdkapitallastiger als von Unternehmen im angelsächsischen Bereich, und oft gehören Banken zu ihren Aktionären; vgl. Müller-Stewens/Spickers/Deiss (1999), S. 8.

190 Vgl. ebenda, S. 8.

me nachgewiesen werden. Dieser wird mit der Überlegung erklärt, dass die Manager des Zielunternehmens ihre Stimmrechte nutzen, um sich durch die Abwehr der Übernahme vor „disziplinierenden" Maßnahmen des Käufers[191] zu schützen.[192]

Aus diesen Überlegungen heraus kann geschlossen werden, dass genau solche Unternehmen besonders übernahmegeeignet sind, die eine Aktionärsstruktur mit einem hohen Anteil von Streubesitz (bzw. Anteilen in Privat- anstatt in Besitz von Staat, Gründerfamilie, Unternehmen oder Management) aufweisen und bei denen eine Übernahme dadurch erleichtert wird. Damit ist ein weiteres Charakteristikum von Übernahmekandidaten gefunden.

c) Rechtliche und regulatorische Übernahmehindernisse

Auch die relevanten *rechtlichen Rahmenbedingungen* beeinflussen die Realisierbarkeit eines Wertsteigerungspotenzials durch die Übernahme eines Unternehmens und müssen daher auf die Frage hin untersucht werden, inwiefern sich aus ihnen Charakteristika von Übernahmekandidaten ableiten lassen.[193]

Für die Analyse erscheinen insbesondere die folgenden Regelungen des im Fokus stehenden deutschen Kapitalmarktes relevant:

- Pflichten des Bieters bei Übernahmen,
- Abwehrmöglichkeiten des Zielunternehmens sowie
- kartellrechtliche Beschränkungen.

Im deutschen Recht existierten bis zum Inkrafttreten des Wertpapierübernahmegesetzes im Jahr 2002 keine expliziten verbindlichen Regelungen zu Unternehmensübernahmen. Lediglich das *Aktiengesetz* (AktG), das *Wertpapierhandelsgesetz* (WpHG) und das *Gesetz gegen Wettbewerbsbeschränkungen* (GWB) stellten einen gewissen rechtlichen, wenngleich nicht übernahmespezifischen Rahmen für die Durchführung von kapitalmarktorientierten Transaktionen dar.[194] Übernahmespezifische Reglungen wurden erstmals 1979 mit den Leitsätzen zur Freiwilligen Selbstkontrolle für die Durchführung von Übernahmen durch die Börsensachverständigenkommission erstellt; diese fanden aber durch

---

191 Siehe Kapitel II.A.1.a) zu solchen Maßnahmen.

192 Für empirische Belege siehe Stulz (1988), S. 25 ff.; Song/Walkling (1993), S. 443 oder Mikkelson/Partch (1989), S. 278. Ambrose/Meginson (1992), S. 582 und S. 588 sehen dagegen keinen Zusammenhang.

193 Zu einer ausführlichen Darstellung der rechtlichen Rahmenbedingungen für Übernahmen in Deutschland vgl. Schmid et al. (2004), S. 269 ff.

194 Hierzu gehörten z.B. Regelungen zu Mitteilungspflichten. So enthält das WpHG beispielsweise seit 1996 Regelungen zur Veröffentlichungspflicht von nicht-öffentlichen Informationen, die geeignet sind, signifikanten Einfluss auf die Kursverläufe der betroffenen Wertpapiere zu nehmen ; vgl. § 13 Abs. 1 WpHG.

das Fehlen eines die Einhaltung kontrollierenden Aufsichtsorgans keine weitreichende Akzeptanz.[195] Auch der 1995 ebenfalls von der Börsensachverständigenkommission erstellte Freiwillige Übernahmekodex hatte keine Gesetzeskraft und eher den Charakter einer Verhaltensempfehlung.[196] Seit dem 1. Januar 2002 sind die übernahmerelevanten Richtlinien im an diesem Tag in Kraft getretenen *Wertpapiererwerbs- und Übernahmegesetz* (WpÜG) geregelt, das den Freiwilligen Übernahmekodex ablöste und das Verfahren im Rahmen von öffentlichen Übernahmeangeboten am deutschen Kapitalmarkt verbindlich regelt.[197] Seine Ziele sind neben dem Schutz der Aktionäre des Zielunternehmens auch die Gewährleistung umfassender Transparenz und die Vermeidung von Verzögerungen bei Übernahmeverfahren.[198]

Bei den (im WpÜG getroffenen) Vorgaben zu den *Pflichten des Bieters* – deren Wirkung auf die Übernahmeeignung möglicher Zielunternehmen zu prüfen ist – wird zwischen Angeboten zum Erwerb von Wertpapieren, Übernahmeangeboten und Pflichtangeboten unterschieden.

Angebote zum Erwerb von Wertpapieren (§§ 10 ff. WpÜG) gelten für Angebote, bei denen der Erwerber nicht unmittelbar die Kontrolle des Zielunternehmens anstrebt, und enthalten u.a. Regelungen zu Mitteilungspflichten, Annahmefristen und Angebotsbedingungen.[199] Da solche Angebote jedoch per definitionem (siehe Kapitel I.B) keine Übernahmen im Sinne dieser Arbeit betreffen, wird auf sie nicht weiter eingegangen.

Übernahmeangebote im Sinne des WpÜG (§§ 29 ff. WpÜG) sind Angebote, die auf den Erwerb der Kontrolle eines Unternehmens ausgerichtet sind, d.h. auf das Halten von mindestens 30 % der Stimmrechte einer Gesellschaft.[200] Wesentlich ist dabei der Grundsatz der Gleichbehandlung aller Aktionäre, nach dem ein Ü-

---

195 Vgl. Schmitt/Moll (2007), S. 201.

196 Der Freiwillige Übernahmekodex beinhaltete u.a. Leitsätze zur Gleichbehandlung aller Aktionäre sowie zur Informationspflicht gegenüber den Aktionären des Zielunternehmens, der Börse und dem Bundesaufsichtsamt; vgl. ebenda, S. 201.

197 In 2006 erfuhr das WpÜG eine geringfügige Abänderung, um es der 2004 verabschiedeten europäischen Übernahmerichtlinie (Richtlinie 2004/25/EG des Europäischen Parlaments) anzupassen, die eine Vereinheitlichung der landesspezifischen Regelungen anstrebt (vgl. § 1 Übernahmerichtlinie-Umsetzungsgesetz).

198 Geltungsbereich des Gesetzes sind AGs oder KGaAs mit Sitz in Deutschland, deren Aktien an einem organisierten Markt im Sinne von § 2 Abs. 7 WpÜG notieren; vgl. Picot (2002), S. 435.

199 Vgl. ebenda, S. 436.

200 Beim Festlegen des vergleichsweise niedrigen Prozentsatzes, den das WPüG für eine Kontrollmehrheit ansetzt, hat sich der Gesetzgeber an der durchschnittlichen Präsenz auf Hauptversammlungen orientiert; vgl. Schmitt/Moll (2007), S. 202.

bernahmeangebot nach § 32 für alle Aktionäre des Zielunternehmens gelten muss.

Die Regelungen zu den sog. *Pflichtangeboten* (§§ 35 ff. WpÜG) erfassen auch Übernahmen, die nicht durch die Abgabe eines Übernahmeangebotes, sondern durch das sukzessive Aufkaufen einer Beteiligung am Kapitalmarkt entstehen. Erlangt ein Käufer auf solche Weise einen Anteil an den Stimmrechten am Zielunternehmen von mindestens 30 %, ist er zur Veröffentlichung und zur Abgabe eines Pflichtangebotes gezwungen, das sich an alle Aktionäre der Zielgesellschaft zu richten hat.[201] Auch die Mindesthöhe des Angebotspreises schreibt das WpÜG dem Käufer in der WpÜG-Angebotsverordnung vor.[202] Der Mindestpreis orientiert sich dabei am durchschnittlichen Börsenkurs der Aktie des Zielunternehmens in den drei Monaten vor der Übernahmeankündigung sowie an den gezahlten Preisen bereits früher vom Käuferunternehmen erworbener Aktien des Zielunternehmens.[203] Mit diesen Regelungen soll den Aktionären des Zielunternehmens eine für sie akzeptable Ausstiegsmöglichkeit vor dem Eingriff eines neuen Kontrollaktionärs eingeräumt werden, um sie vor einer möglichen „Ausplünderung" zu schützen.[204]

Beim Versuch der Ableitung von Charakteristika von Übernahmekandidaten aus den Pflichten des Bieters ist festzuhalten, dass der Zwang zur Abgabe bzw. Ausweitung eines Angebotes auf alle Aktionäre sowie die Regelung zum Mindestpreis aus der Sicht des Käufers prinzipiell zu einer *Verteuerung* der Übernahme führen können.[205] Jedoch wirken diese Regelungen auf alle Unternehmen des Kapitalmarktes auf ähnliche Weise. Ein Einfluss auf die *relative* Übernahmeeignung eines Unternehmens ergibt sich hieraus nicht, sodass auch keine Charakteristika von Übernahmekandidaten abgeleitet werden können. Zusätzlich wird auch davon ausgegangen, dass diese Regelungen zwar Übernahmehindernisse im Sinne der getroffenen Definition darstellen, der Einfluss der in Kapitel II.A. betrachteten Wertsteigerungspotenziale in der Wertschätzungsfunktion eines Käufers aber aus zwei Gründen eine größeren Rolle spielen dürfte: Erstens ist die Bedeutung des Zwangs zur Angebotsausweitung (und das damit verbundene Risiko, gleich das gesamte Unternehmen übernehmen zu müssen) in der Praxis dadurch geschmälert, dass der Käufer die Annahme des Pflichtangebots durch die Wahl eines am gesetzlichen Minimum liegenden An-

201 Vgl. §§ 35 WpÜG.
202 Vgl. §§ 4 ff. WpÜGAngebV.
203 Vgl. Schmitt/Moll (2007), S. 202.
204 Vgl. Wenger/Hecker (1995), S. 53 f. und S. 61 ff.
205 Vgl. Picot (2002), S. 438. Schmitt/Moll (2007), S. 207 stellen in diesem Zusammenhang auch eine Steigerung der in Deutschland gezahlten Übernahmeprämien seit der Einführung des neuen WpÜGs fest. Zur Definition einer Übernahmeprämie siehe Kapitel III.C.1.a).

gebotspreises unattraktiv erscheinen lassen kann.[206] Zweitens dürfte auch die *Höhe* des Mindestpreises meist kein zusätzliches Risiko für einen Käufer darstellen, solange dieser generell zur Übernahme weiterer Anteile bereit ist: Der Mindestpreis dürfte meist *unter* dem Preis liegen, den der Käufer für die Aktien des Zielunternehmens maximal zu zahlen bereit ist; schließlich ist davon auszugehen, dass der Käufer die Übernahme gerade deswegen anstrebte, weil ihm der Aktienkurs des Zielunternehmens der jüngsten Vergangenheit (auf dem der Mindestpreis gerade basiert) niedriger als der mit Optimierung oder Synergieerzielung erreichbare Kurs erschien.

Neben den Pflichten des Bieters sind ferner die *Abwehrmöglichkeiten* des Zielunternehmens bei einer als feindlich bewerteten Übernahme zu betrachten.[207] Solche Möglichkeiten erhöhen tendenziell den zur Überwindung des Widerstandes nötigen Kaufpreis und damit aus Sicht des Käufers die Kosten der Übernahme. Generell setzt der *Grundsatz der Neutralität* dem Vorstand des Zielunternehmens (§§ 33,39 WpÜG) bei seinen Abwehrmöglichkeiten aber enge Grenzen. Demnach darf der Vorstand keine Handlungen vornehmen, durch die der Erfolg eines Angebotes verhindert werden könnte. Ausnahmen davon umfassen Handlungen, die auch ein „gewissenhafter Geschäftsführer" einer nicht von einer Übernahme betroffenen Gesellschaft vorgenommen hätte, und Maßnahmen, zu denen der Vorstand bereits vorher von der Hauptversammlung ermächtigt worden war.[208] Auch die Suche nach einem konkurrierenden Bieter stellt eine solche Ausnahme dar.[209] Weitergehende Abwehrmaßnahmen, derer sich z.B. US-Unternehmen bei der Abwehr einer feindlichen Übernahme bedienen können, sind in Deutschland unzulässig.[210] Insgesamt sind die Möglichkeiten des von einer Übernahme betroffenen Managements in Deutschland *nach* der Offenbarung eines potenziellen Käufers daher als sehr eingeschränkt anzusehen.[211] Lediglich einige *präventive* Abwehrmaßnahmen mit dem Ziel, die Attraktivität des Übernahmeziels durch eine Verteuerung der Übernahme zu sen-

---

206 Ein Beispiel hierfür stellt die in 2007 begonnene Übernahme der Volkswagen AG durch die Porsche AG dar. Als die Porsche AG die Stimmrechtsgrenze von 30 % beim Zielunternehmen Volkswagen AG überschritt, umfasste das folgende Pflichtangebot einen Angebotspreis am gesetzlichen Minimum und wurde (wie möglicherweise von der Porsche-Führung beabsichtigt) nicht von den verbleibenden Aktionären der Volkswagen AG angenommen.

207 Zur Definition einer feindlichen Übernahme siehe Kapitel I.B.

208 Vgl. Tetzner (2004), S. 126 ff., bei dem auch eine Diskussion darüber zu finden ist, was unter diesem Grundsatz zu verstehen ist.

209 Vgl. Picot (2002), S. 440.

210 Vgl. Schanz (2000), S. 347. Zu Abwehrmaßnahmen im US-Kapitalmarkt siehe z.B. Ambrose/Meginson (1992), S. 579.

211 Vgl. Schanz (2000), S. 347.

ken, stellen demnach eigentliche Übernahmehindernisse dar.[212] So erlaubt beispielsweise die Ausgabe von Namens- statt Inhaberaktien (§10 AktG) dem Zielunternehmen, frühzeitig Veränderungen der Aktionärsstruktur zu erkennen und ggf. Abwehrmaßnahmen einzuleiten.[213] Handelt es sich um vinkulierte Namensaktien, wird bei einer Veräußerung sogar die Zustimmung des Vorstandes benötigt (§68 Abs. 2 AktG). Auch der Einsatz ähnlich wirkender Instrumente wie z.B. die Ausgabe von Wandel- und Optionsanleihen oder von Vorzugsaktien kann aus Abwehrmotiven erfolgen.[214] Die *Nichtexistenz* von solchen unternehmensspezifischen, *präventiven* Abwehrmaßnahmen kann als Charakteristikum von Übernahmekandidaten definiert werden. Dadurch, dass die Abwehrmöglichkeiten für deutsche Unternehmen aber insgesamt als beschränkt anzusehen sind und sich auf einige präventive Instrumente konzentrieren,[215] wird auch hier geschlossen, dass sie bei der Identifizierung von Übernahmekandidaten im Vergleich zu den in Kapitel II.A. beschriebenen Wertsteigerungspotenzialen von untergeordneter Bedeutung sind.[216]

Nach den *kartellrechtlichen* Regelungen, die im Gesetz gegen Wettbewerbsbeschränkungen (GWB) zu finden sind, müssen dem Bundeskartellamt alle Übernahmen, die gewisse Größenkriterien erfüllen, gemeldet werden.[217] Die Übernahme darf nicht vollzogen werden, bevor die Überprüfung durch das Bundeskartellamt abgeschlossen ist. Gegenstand der Prüfung ist dabei insbesondere, ob durch die Übernahme eine marktbeherrschende Position entsteht. Ausnahmen sind nur dann möglich, wenn gesamtwirtschaftliche Vorteile wie die Erhöhung

---

212 Vgl. Prigge/Oellermann (2005), S. 582 ff.

213 Vgl. Picot (2002), 440 f.

214 Für einen empirischen Beleg hierzu vgl. Prigge/Oellermann (2005), S. 590 f.

215 So konnte beispielsweise selbst die Existenz eines starken (wenngleich als Sonderfall anzusehenden) Abwehrinstruments wie das sog. Volkswagen-Gesetz (VWGmbHÜG) die sukzessive Übernahme der Volkswagen AG durch die Porsche AG ab 2007 nicht verhindern. Dieses Gesetz räumt dem Land Niedersachsen eine Sperrminorität in der Hauptversammlung der Volkswagen AG ein, ist jedoch spätestens seit dem Urteil des Europäischen Gerichtshofs vom 23.10.2007 rechtlich umstritten. Erst die weltweite Finanzkrise ab Mitte 2008 stellte eine tatsächliche Hürde für die geplante Übernahme einer 75%-Mehrheit dar; der Ausgang des Übernahmeversuches ist zum Zeitpunkt der Fertigstellung dieser Arbeit noch offen.

216 Zum Zeitpunkt der Erstellung dieser Arbeit plant die Bundesregierung die Einführung des neuen § 53 des Außenwirtschaftsgesetzes (AWG). Dieser sieht vor, dass die Regierung ausländischen Investoren aus Nicht-EU- oder EFTA-Staaten eine Beteiligung von mind. 25 % an einem deutschen Unternehmen untersagen kann, wenn sie die öffentliche Sicherheit und Ordnung bzw. grundlegende Interessen Deutschlands bedroht sieht. Wird diese Regelung verabschiedet, ist das Gesetz zukünftig als weiteres Hindernis für die Übernahme deutscher Unternehmen zu beachten.

217 Vgl. Dombret (2006), S. 58.

der Versorgungssicherheit überwiegen.[218] Daher können besonders *große* Unternehmen für (ebenfalls große) Käuferunternehmen aus der gleichen Branche in manchen Fällen zwar besitzenswerte Zielunternehmen darstellen, aber nicht notwendigerweise vor dem wettbewerbrechtlichen Hintergrund tatsächlich übernehmbare Ziele.[219] Das schon in Kapitel II.B.1.a) definierte Kriterium der *geringen Größe* als übernahmeerleichterndes Kriterium erfährt aus dieser Überlegung heraus eine weitere Stärkung.

2. Beschränkte Möglichkeit der Einflussnahme auf die zukünftige Geschäftspolitik

Selbst nach erfolgreicher *Durchführung* der Übernahme ist für die Realisierung vieler der diskutierten Wertsteigerungspotenziale ein Eingriff in die Entscheidungsprozesse, Strukturen und Abläufe des Zielunternehmens notwendig. Insbesondere bei feindlichen Übernahmen, bei denen der Käufer nicht auf den uneingeschränkten Kooperationswillen der Führung des Zielunternehmens setzen kann, ist er bei der Umsetzung seiner Maßnahmen vom Ausmaß seiner tatsächlichen Möglichkeiten zur Einflussnahme abhängig. Diese werden durch die jeweils gültigen Corporate-Governance-Regelungen bestimmt. Wird die Einflussnahme (und damit die Realisierbarkeit der Wertsteigerungspotenziale) durch solche Regelungen erschwert, ist davon auszugehen, dass der Käufer einen Abschlag auf die durch die Übernahme realisierbare Wertsteigerung vornimmt, was sich negativ auf die Übernahmeeignung des betreffenden Unternehmens auswirkt.

Die deutschen Corporate Governance-Regelungen unterstützen eine besonders schnelle Einflussnahme eines Käufers auf die Geschäftspolitik des Zielunternehmens tendenziell nicht. Hierbei ist insbesondere das *duale System von Vorstand und Aufsichtsrat* zu nennen.[220] Eine Einflussnahme auf die Besetzung des Vorstandes (der im Übrigen vor Ablauf seiner Amtszeit nur aus wichtigem Grunde abberufen werden darf) ist für ein übernehmendes Unternehmen nur über die Einflussnahme auf den Aufsichtsrat des Zielunternehmens möglich. Die Abwahl von Aufsichtsratmitgliedern ist jedoch meist nur mit einer ¾-Mehrheit der Stimmrechte auf der Hauptversammlung möglich.[221] Aus diesen Gründen kann sich die tatsächliche Erlangung der Kontrolle über ein Zielunternehmen

218 Vgl. § 42 Abs. 1 GWB.

219 In vielen Fällen ist eine Übernahme nicht generell unmöglich, wird aber seitens des Kartellamtes mit Auflagen (z.B. dem Verkauf einiger Geschäftsbereiche) versehen, welche die Übernahme aus Sicht des Käufers verteuern können.

220 Vgl. Picot (2002), S. 440, der das duale System auch als natürlichen Schutz gegen *feindliche* Übernahmen bezeichnet.

221 Vgl. § 103 AktG sowie Prigge/Oellermann (2005), S. 586 f.

selbst bei gewonnener Aktienmehrheit für den Käufer als sehr langwierig gestalten.

Ferner ist auch die in Deutschland ausgeprägte *Mitbestimmung der Arbeitnehmer* in den Augen möglicher Käufer ein Hindernis bei der Durchsetzung von Veränderungsmaßnahmen, mit denen dieser eine Wertsteigerung zu erzielen erhofft (wie z.B. der Abbau von Arbeitsplätzen).[222] Aus diesen Überlegungen heraus ist es nicht verwunderlich, dass Finanzinvestoren – die typischerweise auf schnelle wertschaffende Veränderungen im operativen Geschäft des Zielunternehmens setzen – in der Vergangenheit in Deutschland im Vergleich zu den USA eher eine untergeordnete Rolle gespielt haben.[223]

Während dic beschriebenen Corporate-Governance-Regelungen prinzipiell für alle deutschen börsennotierten Unternehmen in sehr ähnlicher Form gelten, kann es in der Praxis aber durchaus Unterschiede beim *Ausmaß* der Wirkung solcher hindernden Faktoren geben. Entscheidend ist, ob die nach der Übernahme verbleibenden Anteilseigner und/oder die Mitarbeiter eines Zielunternehmens ihren womöglich fortbestehenden Einfluss mit Hilfe der Corporate-Governance-Regelungen nutzen werden, um die Durchführung von Maßnahmen durch den Käufer zu blockieren. Auch der Staat könnte seinen möglicherweise bestehenden Einfluss nutzen und auf politischem Wege Druck in diese Richtung ausüben. Von einer unbehinderten Einflussnahme auf die zukünftige Geschäftspolitik kann ein potenzieller Käufer genau dann am ehesten ausgehen, wenn bei einem Unternehmen kein dauerhafter starker gewerkschaftlicher oder staatlicher Einfluss[224] existiert. Damit ist ein weiteres, die Übernahmeeignung verstärkendes Charakteristikum gefunden.

3. Integrationserschwerende Unterschiede zwischen Käufer- und Zielunternehmen

Die *Integrierbarkeit des Zielunternehmens* als Einflussfaktor der Übernahmeeignung muss berücksichtigt werden, weil die Realisierung von synergiebasierten Wertsteigerungspotenzialen eine Zusammenführung von Ressourcen und damit typischerweise auch ein Mindestmaß an *Zusammenarbeit* von Mitarbeitern von Ziel- und Käuferunternehmen erfordert. Zu den Kosten einer solchen Integration, die die Übernahme verteuern und negativ auf die Übernahmeeignung eines Unternehmens wirken, gehören Initialisierungskosten und Reibungsverluste. *Initialisierungskosten* bezeichnen sämtliche Kosten zum Erreichen der

---

[222] Zu den Inhalten des Mitbestimmungsgesetzes (MitbestG) siehe Kapitel II.A.1.a).
[223] Vgl. Schanz (2000), S. 337.
[224] Laut einer Umfrage bei Beteiligungsgesellschaften in Deutschland, Österreich und der Schweiz haben diese beispielsweise wenig Interesse an Branchen mit hohen politischen Widerständen (z.B. Luft- und Raumfahrt, Verteidigung); vgl. Bergauer (2007), S. 341.

angestrebten Integrationsform wie beispielsweise die Bindung von Ressourcen bei der Einführung neuer gemeinsamer Prozesse oder Strukturen.[225] *Reibungsverluste* beschreiben den eventuell entstehenden Leistungsrückgang nach der Integration, der beispielsweise durch Widerstände in der Belegschaft gegen Änderungen in ihrem Arbeitsalltag oder Probleme in der Anlaufphase neuer Prozesse verursacht wird.[226]

Auch wenn die Gestaltung des Integrationsprozesses von Seiten des Käufers ebenfalls eine wichtige Rolle für eine erfolgreiche Integration spielt (z.B. die Kommunikation mit der Belegschaft des übernommenen Unternehmens[227]), lassen sich dennoch Charakteristika ausmachen, die auf einen geringen Integrationsaufwand eines Zielunternehmens schließen lassen. Solche Charakteristika sind zum einen

- ein hoher *organisatorischer Fit* des Zielunternehmens zum Käuferunternehmen; zum anderen
- ein hoher *kultureller Fit* des Zielunternehmens zum Käuferunternehmen; und schließlich
- eine *geringe Größe* des Übernahmeziels.

Der *organisatorische Fit* zwischen beiden Unternehmen ist umso geringer, je unterschiedlicher die beiden bestehenden Organisationsstrukturen sind.[228] In einem solchen Fall kann sich das Zusammenlegen beider Unternehmen in eine einheitliche Organisationsstruktur als schwierig gestalten; hohe Initialisierungskosten sind die Folge.[229]

Je unterschiedlicher die beiden aus Normen und Werten bestehenden *Unternehmenskulturen* sind, desto eher drohen Reibungsverluste wie eine Verweigerungshaltung der Mitarbeiter des Zielunternehmens.[230] So sind Status und Selbstwertgefühl der Belegschaft des Zielunternehmens durch integrationsbedingte organisatorische Änderungen oder bei einer vom Käufer möglicherweise eingenommenen „Siegermentalität“[231] bedroht. Stimmen zusätzlich Werte und Normen der beiden Unternehmen nicht überein, erschwert dies eine integrationserleichternde Zusammenarbeit, eine Ausrichtung auf eine gemeinsame Stra-

225 Vgl. Perin (1996), S.32.

226 Vgl. ebenda S. 32. In Kapitel II.A.2 wurden solche Effekte auch als „Dissynergien“ bezeichnet.

227 Vgl. ebenda, S. 32.

228 Dies betrifft z.B. die Frage, ob die Organisation der beiden Unternehmen funktional, geographisch oder nach Produkten gegliedert ist.

229 Vgl. Perin (1996), S. 31.

230 Vgl. Buono/Bowitch (1989), S. 142 und S. 146. Für eine Definition des Begriffs „Unternehmenskultur“ siehe ebenda, S. 137 ff.

231 Vgl. Perin (1996), S. 31.

tegie und das Entstehen einer gemeinsamen Identität. Auch sprachliche Barrieren – wie sie aufgrund der geringeren Verbreitung der deutschen Sprache für einen ausländischen Käufer bei der Übernahme eines deutschen Unternehmens eine größere Rolle spielen dürften als z.B. bei der Übernahme eines englischen Unternehmens – können ein solches Integrationshindernis darstellen.

Auch eine geringe *Größe* eines Übernahmeziels kann den Aufwand bzw. die Integrationskosten verringern. So kann zwar die Übernahme eines *größeren* Unternehmens für einen Käufer eine mit einem Schlag zu erlangende hohe Steigerung der Marktmacht oder ein sehr hohes Potenzial zur Erzielung leistungswirtschaftlicher Synergien bedeuten. Neben dem Synergiepotenzial muss jedoch auch dessen Realisierungswahrscheinlichkeit bzw. -geschwindigkeit in die Kalkulation der tatsächlich zu erzielenden Wertsteigerung einbezogen werden. Diese Realisierungswahrscheinlichkeit ist bei der Integration *kleinerer* Unternehmen, die sich häufig als weniger komplex und zeitaufwendig gestaltet, tendenziell höher. Je geringer die Größe des Übernahmeziels, desto weniger Ressourcen bzw. Mitarbeiter müssen in die bestehenden Strukturen des Käuferunternehmens eingegliedert werden.[232] Auch die größenbedingte Dominanz einer der beiden Unternehmenskulturen – und die so ermöglichte Absorbierung der zweiten – unterstützt einen reibungslosen Integrationsprozess.

C. Begrenzte Bedeutung persönlicher Ziele des Käufers für die Übernahmeeignung

Übernahmen können auch angestrebt werden, weil das Management eines Käuferunternehmens mit ihnen persönliche Ziele verfolgt. Aus diesem Grund muss analysiert werden, welche Charakteristika solche Unternehmen auszeichnen, die sich besonders für eine Übernahme aus persönlichen Motiven eignen.

Eine Übernahme ist in solchen Fällen nicht als „Korrektiv“ von Managementwillkür zu interpretieren (welche beim Zielunternehmen vermutet wird)[233], sondern ist Ausdruck selbiger auf Seiten des Käuferunternehmens.[234] Übernahmen werden hierbei als Manifestation der Prinzipal-Agent-Problematik gesehen, nach der den Agenten durch mangelnde Kontrollmöglichkeiten seitens des Prinzipals ein Handlungsspielraum für die Maximierung ihres eigenen Nutzens zur Verfügung steht.[235] In Kapitel II.A.1.b) wurde beschrieben, wie die Manager diesen Handlungsspielraum nutzen können, indem sie den – nach Finanzierung aller zur

---

232 Vgl. Scheiter (1989), S. 125 ff.

233 Vgl. Kapitel II.A.1.a) und II.A.1.b).

234 Vgl. Delingat (1996), S. 61.

235 Die mit der Verfolgung persönlicher Motive verbundenen Probleme sind durch Überwachungs- und Incentivierungsmechanismen nur teilweise zu beheben; vgl. Morck/Shleifer/Vishny (1990), S. 32. Für eine Vertiefung zu Incentivierungsmechanismen vgl. Weilenmann (1999), S. 331.

Verfügung stehenden wertschaffenden Investitionsprojekte – übrig gebliebenen freien Cashflow in nicht wertschaffende Projekte investieren, die ihren persönlichen Nutzen steigern. Eine Übernahme kann genau ein solches nicht wertschaffendes Projekt darstellen.

Erklärungsansätze dafür, wie genau durch Übernahmen persönliche Ziele erreicht werden können, entstammen der Managementtheorie und werden in der Literatur ambivalent diskutiert.[236] Dennoch muss ihnen bei der Erklärung von Übernahmen eine gewisse Plausibilität beigemessen werden, da auch empirische Untersuchungen ihre Existenz andeuten.[237] Zwei Ansätze lassen sich unterscheiden (siehe Abbildung 5):[238] Zum einen die

- Diversifikation zur Sicherung des Arbeitsplatzes; zum anderen
- Wachstum zur Steigerung des persönlichen Einkommens[239] und zur Sicherung des Arbeitsplatzes.

---

236 Zur Kritik an Managementtheorien vgl. Kerler (1999), S. 56 f.

237 Vgl. Trautwein (1990), S. 292. Berkovitch/Narayanan (1993) 352 ff. untersuchen anhand einer Stichprobe von US-Übernahmen zwischen 1986 und 1988 die Aktienkursreaktionen des Kapitalmarktes auf die Ankündigung der Übernahme. Während die Reaktionen des Kapitalmarktes für das Zielunternehmen (gemessen anhand der Renditen der Aktienkurse der Zielunternehmen) in fast allen Fällen positiv waren, war die *gesamte* Wertschaffung durch die Übernahme (gemessen anhand der kombinierten Renditen der Aktienkurse von Ziel- und Käuferunternehmen) in etwa 25 % der Fälle negativ. Dies deutet darauf hin, dass der Kapitalmarkt die entsprechenden Übernahmen schon zum Zeitpunkt der Ankündigung als wertvernichtend einstufte und dem Käufer eine Überbezahlung des Zielunternehmens unterstellte. Dies kann als Indiz für die Existenz persönlicher Beweggründe interpretiert werden.

238 Vgl. Morck/Shleifer/Vishny (1990), S. 32 ff.

239 „Einkommen" soll hier als Summe der monetären und nicht-monetären Bestandteile der Vergütung interpretiert werden.

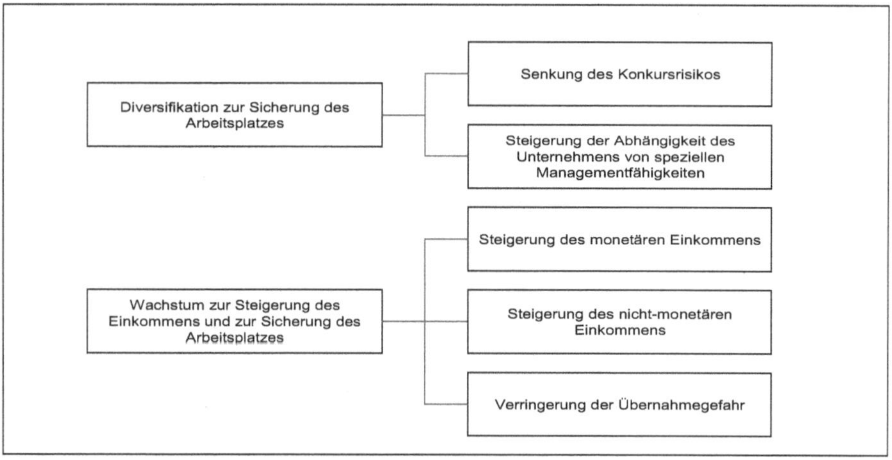

Abbildung 5: Persönliche Ziele des Managements bei Übernahmen

1. Diversifikation zur Sicherung des Arbeitsplatzes

Eine Übernahme, die für den Käufer eine *Diversifikation* darstellt, kann für dessen Management aus zwei Gründen zur Sicherung des Arbeitsplatzes beitragen und damit einen persönlichen Nutzen bedeuten. Erstens sinkt durch die geringere Varianz der Cashflows des verbundenen Unternehmens dessen Konkursrisiko.[240] Zweitens haben Manager, deren Leistung (bezogen auf die Entwicklung des von ihnen geführten Unternehmens) als schlecht beurteilt wird und deren Arbeitsplatz daher bedroht ist, einen Anreiz zur Investition in alternative Geschäftsfelder, deren Management sie (zumindest im Vergleich zu vielen anderen Arbeitnehmern des Unternehmens) besser zu beherrschen glauben.[241] Dadurch erreichen sie eine Erhöhung der Abhängigkeit des Unternehmens von ihren Fähigkeiten und sichern durch den gestiegenen Wert ihres Humankapitals ihren Arbeitsplatz.

Bei einer Analyse von Übernahmen in den USA zwischen 1975 and 1987 zeigt sich, dass gerade jene Käuferunternehmen, für welche der jeweilige Zukauf eine *Diversifikation* darstellte (und bei der folglich aus genannten Gründen auch persönlicher Nutzen für das Management geschaffen wurde), systematisch *negative* abnormale Renditen um den Zeitpunkt der Übernahmeankündigung aufweisen.[242] Wenngleich aus dieser Beobachtung nicht auf die Exklusivität persönli-

---

240 Vgl. Amihud/Lev (1981), S. 606.

241 Vgl. Shleifer/Vishny (1989), S. 123 ff.

242 Vgl. Morck/Shleifer/Vishny (1990), S. 44 ff. Zur Definition abnormaler Renditen siehe Kapitel III.C.1.a).

cher Ziele bei der Entscheidung zur Durchführung der Übernahmen geschlossen werden kann, liefert sie jedoch Hinweise darauf, dass Käufer für solche Übernahmeziele, die auch der Verfolgung ihrer persönlichen Ziele dienen, zu viel bezahlten. Dies deutet zumindest auf die Existenz solcher Ziele hin.[243]

Bei der Ableitung von Charakteristika von Übernahmekandidaten aus diesen Überlegungen ist zu beachten, dass eine Diversifikation (aus der ein Management einen persönlichen Nutzen ziehen kann) bereits als Wertsteigerungspotenzial in Form finanzwirtschaftlicher Synergien diskutiert wurde. Das an jener Stelle abgeleitete Charakteristikum einer geringen Korrelation der Einnahmenströme eines Übernahmekandidaten zu denen des Käufers wird nun in seiner Bedeutung gestärkt, da es sich aus dem Wertsteigerungsmotiv *und* aus den persönlichen Zielen des Käufermanagements ableiten lässt. Zusätzliche bzw. neuartige Erkenntnisse ergeben sich aus der Analyse dieses persönlichen Zieles des Managements allerdings nicht.

2. Wachstum zur Steigerung des monetären und nicht-monetären Einkommens und zur Sicherung des Arbeitsplatzes

Manager können Übernahmen auch als Teil einer eigennutzmaximierenden Wachstumsstrategie anstreben. Dies ergibt sich zunächst aus der Überlegung, dass das *monetäre Einkommen* der Manager häufig mit der Größe[244] des von ihnen geleiteten Unternehmens korreliert.[245] Auch *nicht-monetäre* Komponenten wie Macht und Prestige sind Teil der persönlichen Nutzenfunktion der Manager und korrelieren ebenfalls positiv mit der Größe eines Unternehmens.[246] Diesem Gedankengang folgend streben Manager Übernahmen an, um ihr Einkommen durch eine Vergrößerung des von ihnen geführten Unternehmens zu maximieren.

Eine *Wachstumsstrategie* kann auch dem Ziel der Arbeitsplatzsicherung dienen.[247] Demnach streben Manager in Fällen, in denen sie die Unabhängigkeit des von ihnen geführten Unternehmens bedroht sehen, eine Übernahme zu seiner Vergrößerung an. Größere Unternehmen weisen durch einen gestiegenen Finanzierungs- und Integrationsbedarf eine geringere Anfälligkeit für Übernahmen (bei denen der Arbeitsplatz des Managements des übernommenen Unternehmens oft gefährdet ist) auf.

---

243 Vgl. ebenda, S. 31 f.

244 Zur Frage, wie die Größe bzw. das Wachstum eines Unternehmens zu verstehen ist, vgl. Kapitel I.B.

245 Vgl. Scherer/Ross (1990), S. 46.

246 Vgl. Marris (1964), S. 47 ff; Mueller (1969), S. 644 f.

247 Vgl. Donaldson/Lorsch (1983), S. 10 ff.

Wachstum zur Maximierung des persönlichen Nutzens stellt jedoch keinerlei spezifische Anforderungen an ein Übernahmeziel; prinzipiell führt jede Übernahme zu einem Wachstum des Käuferunternehmens, sodass hieraus kein Charakteristikum abgeleitet werden kann.[248] Als Fazit bleibt, dass persönliche Motive des Managements zwar eine Rolle für die Erklärung des Zustandekommens von Übernahmen spielen, aber für die Identifizierung von Übernahmekandidaten keine zusätzlichen Erkenntnisse liefern.

Auch ein anderer Erklärungsansatz für Übernahmen aus der Management-Theorie, welcher dem Management zwar ebenfalls nicht-wertschaffendes Verhalten, aber *nicht* die Verfolgung persönlicher Ziele unterstellt, spielt für die Identifizierung von Übernahmekandidaten keine Rolle: Die *Hubris-Hypothese*[249] schließt nicht aus, dass Manager grundsätzlich im Sinne der Aktionäre handeln. Grund für die Durchführung einer Übernahme ist gemäß diesem Ansatz allerdings, dass Manager eines Käuferunternehmens ihre Fähigkeiten zur erfolgreichen Realisierung des mit einer Übernahme verbundenen Wertsteigerungspotenzials (z.B. ihre Fähigkeit zur Integration) *überschätzen*. Dies kann beispielsweise auf dem Erfolg des von ihnen geführten Unternehmens in den Jahren vor der Übernahme beruhen, den die Manager möglicherweise zu einem (zu) großen Anteil auf ihre unternehmerischen Fähigkeiten zurückführen anstatt auf gesamtwirtschaftliche Effekte oder schlicht und einfach Fortune.[250] Eine spezifische Anforderung an Übernahmekandidaten ergibt sich aus dieser Überlegung nicht, da grundsätzlich alle potenziellen Zielunternehmen in ähnlich starkem Ausmaß von einer solchen Fehleinschätzung seitens des Käufers betroffen sein können.

D. Erfordernis der Konzipierung zweier separater Identifizierungsansätze

Abbildung 6 zeigt als Zusammenfassung dieses Kapitels eine Übersicht der hergeleiteten Charakteristika von Übernahmekandidaten. Auf dieser Basis lassen sich Ansätze konzipieren, mit denen innerhalb der Gruppe der am Markt gehandelten Unternehmen solche identifiziert werden sollen, die Ziele zukünftiger Unternehmensübernahmen werden.

Ein geeigneter Ansatz muss vor allem auf die Erkennung der in Kapitel II.A. beschriebenen *Wertsteigerungspotenziale* aufbauen, auf denen die meisten der in Abbildung 6 angeführten Charakteristika basieren und die als zentrale Einflussfaktoren der Übernahmeeignung erscheinen.

---

248 Generell ist zwar umso mehr persönliche Nutzensteigerung zu erwarten, je *größer* das Zielunternehmen ist. Dieser Zusammenhang erscheint aber nicht stark genug, um hieraus ein Charakteristikum eines Übernahmekandidaten abzuleiten.

249 Vgl. Roll (1986), S. 197 ff.

250 Vgl. Hayward/Hambrick (1997), S. 107 ff.

	Einflussfaktoren auf die Übernahmeeignung	Charakteristika von Übernahmekandidaten
Optimierungs-potenziale	Erhöhung der Effizienz durch Austausch des Managements	Wirken eines ineffizienten Managements
	Disziplinierung des Management durch Erhöhung des Fremdkapitalanteils	Hohe interne liquide Mittel
		Mangel an wertschaffenden Investitionsmöglichkeiten
		Fähigkeit zur Erhöhung der Verschuldung
	Auflösung eines Diversifikationsabschlag	Diversifizierte Unternehmensstruktur und mit Diversifikationsabschlag versehene Bewertung
	Auflösung einer Fehlbewertung	Niedrige Bewertungskennzahlen
Synergie-potenziale	Marktmachtsynergien	Überschneidung von Produkten/Märkten zum Käufer
	Markterweiterungssynergien	Komplementarität von Produkten/Märkten zum Käufer
	Leistungswirtschaftliche Synergien	Überschneidungen der Wertschöpfungsketten zum Käufer
		Überschneidungen von Produkten/ Produktionsverfahren/Märkten zum Käufer
	Finanzwirtschaftliche Synergien	Geringe Korrelation der Einkommensströme
		Steuerlich ungenutzte Verlustvorträge und stille Reserven
Übernahme-hindernisse	Durchführbarkeit der Transaktion	Geringe Größe
		Nichtexistenz präventiver Abwehrinstrumente
		Hoher Anteil der Aktien im Streubesitz
	Möglichkeit der Einflussnahme auf die zukünftige Geschäftspolitik	Geringer gewerkschaftlicher und staatlicher Einfluss
	Integrierbarkeit des Zielunternehmens	Hoher organisatorischer Fit zum Käufer
		Hoher kultureller Fit zum Käufer
		Geringe Größe

Abbildung 6: Charakteristika von Übernahmekandidaten

Aus *persönlichen Zielen* des Managements des Käufers ließen sich keine weiteren Charakteristika von Übernahmekandidaten ableiten. Auch wenn sie eine gewisse Rolle im Kalkül des Käufers zu spielen scheinen, ist nicht davon auszugehen, dass sie dessen Übernahmeentscheidungen *dominieren*: Die Rechtfertigung einer Übernahme (gegenüber Anteilseignern oder Fremdkapitalgebern) dürfte sich ohne jegliche nachvollziehbare Wertschaffung (zumindest bei börsennotierten Käuferunternehmen) als schwierig erweisen. Aus diesen Gründen sind persönliche Ziele nicht Basis eines Identifizierungsansatzes.

Aus *Übernahmehindernissen* ergeben sich einige Charakteristika, die bei der Modellierung zu berücksichtigen sind, da sie die Übernahme zumindest einiger Unternehmen verhindern dürften. Angesichts der Tatsache, dass aber nicht jedes ohne größere Hindernisse übernehmbare Unternehmen auch übernommen wird, erscheinen diese Charakteristika eher als notwendige denn als hinreichende Voraussetzung einer Übernahme und sollen zwar Bestandteil, aber nicht Basis hier zu entwickelnder Identifizierungsansätze sein.

Aus diesen Überlegungen heraus werden die in Kapitel III und IV vorgeschlagenen Ansätze auf den *Wertsteigerungspotenzialen* basieren. Dabei erscheint eine getrennte Betrachtung (und Modellierung) von Optimierungs- und Synergiepotenzialen als sinnvoll. Die Menge der sich aus ihnen ergebenden Charakteristika ist angesichts deren Unterschiedlichkeit (in einigen Fällen auch deren Widersprüchlichkeit) nicht als ein sich ergänzendes, gesamtheitliches Profil, sondern als Vermengung von *alternativen* Profilen *unterschiedlicher* Typen von Übernahmekandidaten zu interpretieren. Dafür spricht auch die unterschiedliche Art der Voraussetzungen, die die beiden Gruppen von Potenzialen an geeignete Zielunternehmen stellen: Während Optimierungspotenziale keinerlei spezifische Anforderungen an den Käufer stellen, ergeben sich Synergiepotenziale erst aus der sinnvollen Kombination der Ressourcen von Käufer und Zielunternehmen. Daher werden im Folgenden zwei *unterschiedliche, zugeschnittene* Identifizierungsansätze konzipiert: einerseits für Übernahmen, bei denen die Realisierung von Optimierungspotenzialen im Vordergrund steht (Kapitel III), anderseits für solche, bei denen die Realisierung von Synergiepotenzialen Hauptmotiv ist (Kapitel IV).

III. SELEKTION OPTIMIERUNGSGEEIGNETER UNTERNEHMEN DURCH KENNZAHLEN

A. Fundierung eines kennzahlenbasierten Ansatzes

1. Idee der Modellierung der Optimierungseignung mittels Kennzahlen

Ein Identifizierungsansatz für Übernahmekandidaten, bei denen die Realisierung von *Optimierungspotenzialen* im Vordergrund steht, muss auf das Erkennen der entsprechenden Charakteristika bei zu untersuchenden Unternehmen abzielen. Dies würde eine Selektion solcher Unternehmen erlauben, welche ein entsprechendes Wertsteigerungspotenzial aufweisen und dadurch attraktive Zielobjekte darstellen. Der Grundgedanke des in diesem Kapitel konzipierten Ansatzes ist es, optimierungsbasierte Charakteristika durch eine Analyse ausgewählter *Kennzahlen* zu erkennen, die im Jahresabschluss des jeweiligen Unternehmens ablesbar sind. Entscheidend für die Frage, ob ein Unternehmen ein bestimmtes Charakteristikum aufweist, ist dabei die relative Ausprägung dieser Kennzahlen im Vergleich zu anderen Unternehmen.[251] Mit einer solchen Modellierung können die am Markt befindlichen Unternehmen auf ihre Übernahmeeignung hin bewertet und ggf. als Übernahmekandidaten klassifiziert werden.[252]

Der erste Vorteil eines solchen Ansatzes – der eine quantitative Modellierung darstellt – liegt in seiner einfachen Anwendbarkeit. Der vom Anwender zu betreibende Aufwand für das Sammeln und Auswerten von Unternehmenskennzahlen und der Einspeisung in ein statistisches Modell ist als begrenzt anzusehen und lässt sich durch den Einsatz geeigneter Software begrenzen. Ein zweiter Vorteil betrifft die vergleichsweise hohe Objektivität des Ansatzes. Der subjektive Anteil bei seiner Anwendung beschränkt sich im Wesentlichen auf die Auswahl der Kennzahlen. Eine qualitative, subjektive Einschätzung der Übernahmeeignung ist nicht erforderlich.

Ein kennzahlenbasierter Ansatz erscheint bei Optimierungspotenzialen aus zwei Gründen als besonders geeignet. Erstens berücksichtigt ein solcher Ansatz zwar nicht die Eigenschaften des jeweiligen *Käufers,* der die Übernahme anstrebt. Stattdessen wird eine autonome Betrachtung potenzieller Zielunternehmen vorgenommen. Eine *gemeinsame* Betrachtung von „zueinander passenden“ Käufern *und* Zielunternehmen ist bei Optimierungspotenzialen jedoch gar nicht nötig, da der Käufer zu ihrer Realisierung keinerlei Ressourcen in die Übernahme ein-

---

251 Vgl. Dietrich/Sorensen (1984), S. 394 f.; Stevens (1973), S. 157.

252 Die Idee einer kennzahlenbasierten Modellierung eines unternehmensspezifischen Ereignisses stammt aus der Insolvenzprognose; vgl. Altmann (1968), S. 590 ff.; Edmister (1972), S. 1479 ff.

bringen muss. Spezifische Anforderungen an den Käufer ergeben sich nicht; generell kann jeder Käufer eine entsprechende Wertsteigerung anstreben.

Zweitens lässt ein solcher Ansatz (der einer immer gleichen Auswahl von Kennzahlen eine bestimmte Aussagekraft unterstellt) zwar die zu einer gewissen *Zeit* in bestimmten Branchen vorherrschende wirtschaftliche bzw. wettbewerbliche Situation unberücksichtigt. Im Hinblick auf die sich schnell ändernden ökonomischen und rechtlichen Begebenheiten – die auch Einfluss auf Motive potenzieller Käufer haben könnten – erscheint es zunächst fraglich, ob sich die Übernahmeeignung mittels einer „Durchschnittsbetrachtung" (über alle Zeiträume und Branchen hinweg) einschätzen lässt. Mit der Realisierung von Optimierungspotenzialen seitens des Käufers sind jedoch typischerweise keinerlei Ziele verbunden, die stark von seiner aktuellen wettbewerblichen Situation abhängen würden. Daher kann die „Eignung" eines Unternehmens für eine wertsteigernde *Optimierung* (z.B. durch Ersetzen eines ineffizienten Managements) als unabhängig davon betrachtet werden, in welcher Branche sich das Unternehmen befindet oder welcher Zeitraum betrachtet wird: Die gleichen Kennzahlen, die in einer Branche in einem Zeitraum auf ein Optimierungspotenzial hinweisen, können dies auch in einer anderen Branche in einem anderen Zeitraum tun. Eine differenzierte Betrachtung erscheint daher nicht zwingend notwendig.

Für den US-amerikanischen und den britischen Kapitalmarkt existieren bereits einige solcher Versuche, Übernahmekandidaten anhand ihrer Kennzahlen zu identifizieren.[253] Die Ursache dafür darf vor allem in der größeren Zahl von Übernahmen in diesen Ländern vermutet werden, die in den letzten Jahrzehnten stattgefunden haben. Dies rückte nicht nur die wissenschaftliche Auseinandersetzung mit Übernahmen in diesen Ländern früher in den Fokus der Forschung, sondern erleichterte auch das Zusammensetzen von ausreichend großen Stichproben zur Durchführung empirischer Arbeiten. Aus zwei Gründen erscheint aber trotz der vorhandenen Versuche die Konzeption eines solchen Modells auch für den deutschen Kapitalmarkt gerechtfertigt. Zum einen erscheint die Übertragbarkeit der in den USA und in Großbritannien gewonnenen Erkenntnisse auf den deutschen Kapitalmarkt fraglich. Während bei Optimierungsmotiven zwar argumentiert wurde, dass keine Differenzierung nach der *Branche* des Zielunternehmens oder nach *zeitlichen* Gesichtspunkten vorgenommen werden muss, kann aber nicht davon ausgegangen werden, dass Optimierungsmotive in verschiedenen *Kapitalmärkten* eine ähnlich starke Rolle im Entscheidungskalkül von Käufern spielen. Selbst wenn eine zunehmende Internationalisierung der M&A-Märkte – und damit ähnlicher werdende Motive von Käufern – unterstellt

---

253 Vgl. z.B. Dietrich/Sorensen (1984), S. 393 ff.; Palepu (1986), S. 3 ff.; Barnes (1990), S. 73 ff.; Ambrose/Meginson (1992), S. 575 ff.; Meador/Church/Rayburn (1996), S. 11 ff.; Powell (1997), S. 1009 ff.; Espahbodi/Espahbodi (2003), S. 549 ff.

werden kann, lassen sich Optimierungspotenziale nicht unbedingt in gleicher Weise realisieren: Dies hängt auch von den jeweils vorherrschenden rechtlichen und ökonomischen Begebenheiten ab. Die (Nicht-)Identifzierbarkeit von optimierungsbasierten Übernahmezielen anhand von Kennzahlen in dem einen Kapitalmarkt erlaubt daher keine Aussagen über ihre Identifzierbarkeit in anderen Kapitalmärkten.

Zum anderen kommen die existierenden Versuche, ein solches Modell zu generieren, zu widersprüchlichen Ergebnissen hinsichtlich ihrer Fähigkeit, Übernahmeziele frühzeitig zu erkennen.[254] Aus diesen beiden Gründen bedarf es für den deutschen Kapitalmarkt einer eigenen und speziell zugeschnittenen Untersuchung. Daher wird in diesem Kapitel der Versuch unternommen, ein statistisches Klassifikationsmodell (auf Basis von Kennzahlen) für den deutschen Kapitalmarkt zu konzipieren und auf seine Eignung zur Früherkennung von Übernahmezielen zu prüfen.

Dieser Versuch bietet auch die Möglichkeit, die Sinnhaftigkeit der Anlagestrategie vieler der in Kapitel I.A erwähnten Zertifikate zu überprüfen, welche Investoren an der Wertentwicklung von (teils deutschen) Übernahmekandidaten teilhaben lassen. Die Kriterien zur Auswahl der ins Portfolio aufzunehmenden Unternehmen sind laut den Prospekten dieser Zertifikate eben solche kennzahlenbasierte „Kriterien".[255]

Während ein kennzahlenbasierter Ansatz für optimierungsbasierte Charakteristika passend erscheint, können aus anderen Einflussfaktoren der Übernahmeeignung abgeleitete Charakteristika dagegen nur eingeschränkt durch Kennzahlen abgebildet werden. Eine Wertsteigerung durch *Synergiepotenziale* lässt sich nur dann erzielen, wenn der Käufer „passende" Ressourcen in den Unternehmensverbund mit einbringt. Anders als die optimierungsbasierten Charakteristika, die in vielen Fällen lediglich eine leistungsfähigere bzw. wertschaffendere *Unternehmensführung* erfordern, stellen diese Motive damit hohe Anforderungen an Eigenschaften des jeweiligen Käufers. Bei einer autonomen Betrachtung eines potenziellen Übernahmekandidaten – wie sie der kennzahlenbasierte Ansatz darstellt – können synergiebasierte Charakteristika nicht erkannt werden. Es ließen sich zwar einige quantitative Indikatoren definieren, die bei einem gegebenen

---

254 Die Unterschiede können sich z.B. durch die Wahl der untersuchten Kennzahlen, der Stichproben (Land, Zeitraum) sowie der angewandten statistischen Methodik erklären.

255 Beispiele liefern der Prospekt des „M&A-Index"-Zertifikats (WKN SG63FU) der Société Générale (der Umsatz, Eigenkapitalrendite, Kurs-Gewinn-Verhältnis und die erwartete Gewinnentwicklung als Kennzahlen nennt) und der Prospekt des „Private Equity und M&A Targets Index"-Zertifikats (WKN AA0F9A) von ABN Amro (der EBITDA-Stabilität, Fremdkapital/Gesamtkapital, Enterprise Value/EBITDA und Kurs-Buchwert-Verhältnis als Kennzahlen nennt).

Unternehmen zumindest auf das Vorliegen eines gewissen Synergiepotenzials hindeuten. Dazu gehören beispielsweise die Höhe etwaiger Überkapazitäten (zur Erzielung von Redundanzeffekten) oder vergleichsweise hohe Einkaufspreise für gewisse Materialgruppen (zum Erzielen von Marktmachtsynergien). Solche – wenngleich quantitative Informationen – sind jedoch nicht im Jahresabschluss ablesbar. Dadurch entziehen sie sich nicht nur einer jahresabschlussorientierten Kennzahlenanalyse, sondern erfordern oft (z.B. im Falle der Überkapazitäten) eine subjektive Einschätzung.

Obwohl er auf die Erkennung von Optimierungpotenzialen zugeschnitten ist, bietet ein kennzahlenbasierter Ansatz jedoch die Möglichkeit, zusätzlich einige der aus *Übernahmehindernissen* abgeleiteten Charakteristika mit einzubeziehen. Voraussetzungen dafür sind allerdings zum einen, dass ein entsprechendes Charakteristikum keine Berücksichtigung von Zielunternehmen *und* Käufer erfordert, zum anderen, dass sich geeignete Kennzahlen im Jahresabschluss finden lassen, die auf seine Existenz hindeuten. Während für einige der Charakteristika die erste Voraussetzung nicht erfüllt ist (um einen kulturellen und organisatorischen Fit festzustellen, müssen beide involvierte Unternehmen betrachtet werden), für andere hingehen die zweite (das Fehlen von präventiven Abwehrmaßnahmen, das Bestehen eines schwachen gewerkschaftlichen bzw. staatlichen Einflusses[256] und die Existenz einer übernahmebegünstigenden Aktionärsstruktur[257] sind nicht an Kennzahlen ablesbar), kann die *Größe* des Übernahmeziels einbezogen werden. Eine geringe Größe beeinflusst sowohl die *Durchführbarkeit der Übernahme* als auch die *Integrierbarkeit des Übernahmeziels* positiv und ist daher von hoher Bedeutung für die Übernahmeeignung.

Notwendige Voraussetzung für eine erfolgreiche „Früherkennung“ zukünftiger Übernahmeziele ist bei einem kennzahlenbasierten Ansatz, dass im deutschen Kapitalmarkt Optimierungspotenziale eine nicht zu vernachlässigende Rolle im

---

256 Basis einer komplementären Untersuchung könnte sein, das Vorliegen solcher Charakteristika für jedes Unternehmen qualitativ zu analysieren und in Form einer sog. Dummy-Variable einer quantitativen Analyse zugänglich zu machen. Eine Dummy-Variable würde in diesem Fall z.B. die Existenz bzw. Nicht-Existenz von präventiven Abwehrmaßnahmen binär mit „0“ bzw. „1“ kodieren und so eine quantitative Analyse ermöglichen. Versuche der Operationalisierung der Existenz von Abwehrmaßnahmen durch Dummy-Variablen bei US-Übernahmen finden sich bei Espahbodi/Espahbodi (2003), S. 560 ff. und Ambrose/Meginson (1992), S. 579 ff., jedoch kann kein Zusammenhang zur Übernahmeeignung nachgewiesen werden.

257 In der für die Datensammlung verwendeten Datenbank („Thomson Financial Worldscope“) existiert zwar ein von den Betreibern der Datenbank angelegtes Datenfeld für den Anteil der Aktien im Streubesitz, jedoch ist dieses für die meisten deutschen Unternehmen nicht gefüllt. Während Song/Walkling (1993), S. 450 ff. für US-Unternehmen einen signifikanten Einfluss dieser Variable auf die Übernahmeeignung nachweisen, gelingt dies Ambrose/Meginson (1992), S. 578 f. nicht.

Entscheidungskalkül von Käufern spielen. Spielen sie dagegen keine Rolle, so ist nicht zu erwarten, dass Übernahmeziele die entsprechenden Charakteristika aufweisen bzw. im Vorhinein an diesen erkannt werden können. Ob diese Vorausetzung für den deutschen Kapitalmarkt erfüllt ist, kann nicht angenommen oder unterstellt werden, sondern soll gerade Ergebnis des empirischen Teils dieser Arbeit sein. Bevor aber ein solches Modell zur Früherkennung konzipiert wird, das Erwartungen über die Zukunft anstellt, erfolgt zunächst eine Überprüfung, ob ein Blick in die Vergangenheit die Verfolgung eines solchen Ansatzes *rechtfertigt*. Lassen sich Übernahmeziele tatsächlich anhand von Kennzahlen erkennen, die auf Optimierungspotenziale hinweisen, müssten sich auch schon in der Vergangenheit entsprechende Unterschiede in den Kennzahlen von Übernahmezielen und nicht übernommenen Unternehmen entdecken lassen. Um dies empirisch zu validieren, werden für jedes Charakteristikum *Hypothesen* über die relative Ausprägung ausgewählter Kennzahlen bei Übernahmezielen gebildet (Kapitel III.A.2). Die Überprüfung der Hypothesen erfolgt anhand eines Vergleichs von deutschen Übernahmezielen der Vergangenheit mit nicht übernommenen deutschen Unternehmen (Kapitel III.A.3). Nur wenn sich die beiden Gruppen in den Ausprägungen (zumindest einiger) der ausgewählten Kennzahlen unterscheiden – und damit ein „kennzahlenbasiertes Profil" deutscher Übernahmeziele existiert – scheint die darauf basierende Konzipierung eines klassifizierenden Modells zur ihrer Früherkennung gerechtfertigt.

2. Operationalisierung der Charakteristika von Übernahmekandidaten

Zur Bildung von Hypothesen ist für jedes Charakteristikum nicht nur die *Wahl einer bzw. mehrerer Kennzahlen* als Indikator nötig, sondern auch eine *Vermutung über deren relative Ausprägung* bei Übernahmezielen im Vergleich zu Nicht-Übernahmezielen (d.h. das Vorzeichen des Unterschiedes der Mittelwerte der beiden Gruppen). Bei der konkreten Auswahl der Kennzahlen wurden diejenigen herangezogen, die in der Literatur typischerweise zur Feststellung einer bestimmten unternehmensspezifischen Eigenschaft (z.B. „Effizienz") vorgeschlagen werden. Bieten sich *mehrere* Kennzahlen zur Abbildung eines bestimmten Charakteristikums an, werden auch mehrere in die Bildung einer Hypothese miteinbezogen, solange sie nicht als äquivalent zu bewerten sind.[258]

[258] Mit „äquivalenten" Kennzahlen sind solche gemeint, die sich direkt ineinander überleiten lassen; in solchen Fällen bringt die Aufnahme mehr als einer Kennzahl keine weiteren Erkenntnisse. Beispiele hierfür sind Fremdkapitalquote, Eigenkapitalquote und das Verhältnis von Fremd- zu Eigenkapital: Da das Gesamtkapital aus der Summe aus Eigen- und Fremdkapital besteht, sind alle drei Kennzahlen äquivalent. Das mit der Wahl mehrerer ähnlicher Kennzahlen verbundene Problem der Multikollinearität der Kennzahlen wird erst in der multivariaten Modellierung der Übernahmeeignung in Kapitel III.B zu beachten sein.

Da der Vergleich von Kennzahlen mit absoluter Skalierung durch den starken Einfluss der Unternehmensgröße wenig aussagekräftig ist, dienen als Kennzahlen vor allem Verhältniszahlen.[259]

Für die kennzahlenbasierte Beurteilung der *Ineffizienz des Managements* (Kapitel II.A.1.a) eines Unternehmens erscheint nicht etwa eine unter den Erwartungen der Anleger bleibende Entwicklung des Aktienkurses maßgeblich, da das Management auf diesen nur indirekten Einfluss hat. Da Effizienz hier als optimale Nutzung des zur Verfügung stehenden Kapitals durch das Management definiert wird, erscheint die *Gesamtkapitalrentabilität* – als zentrale Größe des Wertmanagements – als maßgebliche Kennzahl.[260] Als Gewinngrößen, die bei der Bildung dieser Kennzahl zur Kapitalbasis ins Verhältnis gesetzt werden, dienen der *operative* Gewinn (EBIT) und der *operative* Cashflow, um den Einfluss von unternehmensspezifischen Einmaleffekten oder Bilanzgestaltungsmaßnahmen zu minimieren.[261] Um die Interpretationsmöglichkeiten der Analyse zu verbessern, werden ebenfalls die beiden Kennzahlen *Kapitalumschlag*[262] (als Verhältnis von Umsatz zum Gesamtkapital) und die als *Umsatzrendite*[263] gemessene Profitabilität eines Unternehmens (als Verhältnis von EBIT bzw. Jahresüberschuss zum Umsatz) herangezogen, in die sich die Kapitalrentabilität zerlegen lässt.[264] Diese beiden sind (neben der Kapitalrentabilität) in der Praxis zur Beurteilung der „Leistung" eines Unternehmens gängig. Als Hypothesen ergeben sich:

---

259 Eine Ausnahme hiervon ist die Unternehmensgröße, welche durch absolute Kennzahlen gemessen wird.

260 Zur Definition vgl. Ossola-Haring (2006), S. 88 oder Gladen (2005), S. 65. Rendite- bzw. Rentabilitätskennziffern messen die Vorteilhaftigkeit von Investitionsvorhaben relativ zum eingesetzten Kapital; vgl. Schirmeister (2007), S. 58. Mit Vorteilhaftigkeit ist dabei die „Leistungsfähigkeit" und das Potenzial zur Gewinnerzielung des Kapitals gemeint, vgl. Schirmeister (1990), S. 306. Hier sollen Rentabilitätskennzahlen als Maß für die effiziente Verwendung des *in das Unternehmen* eingesetzten Kapitals verstanden werden; das Unternehmen stellt in diesem Sinne selbst ein Investitionsvorhaben dar.

261 Vgl. Healy/Palepu/Ruback (1997), S. 47. Zur Definition des EBIT vgl. Meyer (2007), S. 134. Zur Definition von Cashflow vgl. Meyer (2007) S. 127 f. Zur Definition der Kapitalrentabilität bezogen auf den operativen Gewinn vgl. Weber (2001), S. 82. Zur Definition der Kapitalrentabilität bezogen auf den Cashflow vgl. Meyer (2007), S. 136 oder Weber (2001), S. 94.

262 Vgl. Weber (2001), S. 84.

263 Vgl. ebenda, S. 83; Ossola-Haring (2006), S. 87; Meyer (2007), S. 136; Barnes (1999), S. 290; Stevens (1973), S. 151.

264 Vgl. Meyer (2007), S. 140.

H1: Das Management von Übernahmezielen ist ineffizienter als das von unabhängig gebliebenen Unternehmen. Erstere weisen daher im Durchschnitt *niedrigere* Werte bei folgenden Kennzahlen auf:

- EBIT/Gesamtkapital (H1a)
- Operativer Cashflow/Gesamtkapital (H1b)
- Umsatz/Gesamtkapital (H1c)
- EBIT/Umsatz (H1d)
- Jahresüberschuss/Umsatz (H1e)

Das Optimierungspotenzial einer *Disziplinierung des Managements zur Reduzierung der Agency-Kosten* erfordert neben einer Fähigkeit zur Erhöhung der Verschuldung auch die Verfügbarkeit hoher, zur Eigenfinanzierung heranziehbarer liquider Mittel bei gleichzeitig geringen wertschaffenden Wachstumsmöglichkeiten.

Für die Einschätzung der Fähigkeit zur Erhöhung der Verschuldung kann zunächst ein hoher Anteil des Eigenkapitals am Gesamtkapital[265] (gleichbedeutend mit einer geringen Fremdkapitalquote) und ein hoher Deckungsgrad A[266] als Kennzahlen herangezogen werden; beide dienen in der Praxis als Indikatoren für eine „solide" Finanzierung. Um den Spielraum für eine Erhöhung der zu bedienenden Schuldenlast einzuschätzen, kann darüber hinaus eine hohe Zinsdeckungsquote[267] als Kennzahl dienen.

Die Verfügbarkeit hoher interner Mittel wird anhand der bereits in der letzten Hypothese verwendeten Kennzahl des Verhältnisses des Cashflows zum Gesamtkapital sowie anhand der kurzfristigen Deckungsrelation[268] (Verhältnis des Umlaufvermögens zu den kurzfristigen Verbindlichkeiten) gemessen, die ebenfalls ein Indikator der Möglichkeit zur Eigenfinanzierung sein kann.

---

[265] Vgl. Ossola-Haring (2006), S. 21; Meyer (2007), S. 123; Weber (2001), S. 75; Barnes (1999), S. 290; Stevens (1973), S. 151.

[266] Der Deckungsgrad A setzt Eigenkapital und Anlagevermögen eines Unternehmens ins Verhältnis und gibt damit Auskunft darüber, inwieweit das Anlagevermögen durch das Eigenkapital gedeckt ist. Die Bedeutung der Kennzahl basiert auf der in der Praxis häufig verwandten Faustregel, dass langfristiges Vermögen auch langfristig finanziert sein sollte; vgl. Ossola-Haring (2006), S. 11; Weber (2001), S.77; Meyer (2007), S. 129.

[267] Die Zinsdeckungsquote soll als Verhältnis EBIT/Zinsausgaben gemessen werden; vgl. Ossola-Haring (2006), S. 79.

[268] Vgl. Meyer (2007), S. 129; Weber (2001), S. 68; Ossola-Haring (2006), S. 54 f.; Powell (1997), S. 1014.

Mangelnde wertschaffende Wachstumsmöglichkeiten werden – obgleich sie nur schwer durch Kennzahlen abbildbar sind – durch wertvernichtendes Wachstum in der *Vergangenheit* operationalisiert. Dieses wird konkret an einem *Wachstum* des Umsatzes bei gleichzeitigem *Rückgang* der operativen Cashflows seit dem letzten Geschäftsjahr festgemacht.[269]

Für die Möglichkeit der wertschaffenden *Auflösung eines Diversifikationsabschlages* ist neben einer diversifizierten Unternehmensstruktur auch eine mit einem solchen Abschlag versehene Bewertung als Charakteristikum definiert worden. Das Erkennen Ersterer wäre über eine konstruierte Kennzahl – etwa die Existenz dreier verschiedener Geschäftsbereiche mit einem Mindestumsatzanteil von jeweils 10 % – denkbar; die Schwierigkeit besteht jedoch darin, zu überprüfen, ob die Geschäftsbereiche auch so unterschiedlich sind, dass es sich um ein diversifiziertes Unternehmen handelt.[270] Darüber hinaus finden sich im Jahresabschluss keinerlei Kennzahlen, die über eine etwaige Existenz eines Diversifikationsabschlages Auskunft geben, dem die Bewertung der betreffenden Aktie unterliegt. Seine Feststellung müsste über einen Vergleich des theoretischen (bei Aufspaltung erzielbaren) Unternehmenswertes mit der gegenwärtigen Marktkapitalisierung eines Unternehmens erfolgen.[271] Ein solcher Versuch wäre allerdings stark subjektiv geprägt. Aus diesen beiden Gründen wird dieses Charakteristikum nicht in die Kennzahlenanalyse mit einbezogen.

---

269 Diese Kennzahl ist zwar – obwohl zur Einschätzung von Wachstumssaussichten herangezogen – vergangenheitsorientiert, aber potenzielle Käufer könnten die Wachstumsaussichten eines möglichen Übernahmeziels in Ermangelung besserer Daten ebenfalls anhand des Wachstums in der Vergangenheit beurteilen.

270 Geschäftsbereichspezifische Kennzahlen lassen sich meist im Segmentbericht finden, allerdings ist deren Abgrenzung oft organisatorisch bedingt und entspricht nicht derjenigen, die für eine „Diversifikation“ angesetzt wurde. Beispielsweise finden sich im Geschäftsbericht 07/08 der ThyssenKrupp AG im Segmentbereicht Kennzahlen zu einzelnen Geschäftsbereichen wie „Stahl“ oder „Rostfrei“. Die beiden Segmente können jedoch kaum als unterschiedlich genug für eine Diversifikation angesehen werden.

271 Zu solchen Modellen vgl. z.B. Campa/Kedia (2002), S. 1738 oder Glaser/Müller (2006), S. 13 ff.

H2: Übernahmeziele weisen hohe Agency-Kosten und einen Spielraum zu deren Reduzierung auf. Sie weisen daher eine Verschuldungsfähigkeit auf, hohe interne Mittel und einen Mangel an wertschaffenden Investitionsmöglichkeiten. Sie weisen im Vergleich zu unabhängig gebliebenen Unternehmen bei folgenden Kennzahlen Unterschiede auf:

- Eigenkapitalquote (höher, H2a)
- Zinsdeckungsquote (höher, H2b)
- Deckungsgrad A (höher, H2c)
- Operativer Cashflow/Gesamtkapital (höher, H2d)
- Kurzfr. Deckungsrelation (höher, H2e)
- Umsatzwachstum seit Vorjahr (höher, H2f)
- Cashflow-Wachstum seit Vorjahr (niedriger, H2g)

Eine *Fehlbewertung* wird anhand vergleichsweise niedriger Bewertungskennzahlen gemessen. Solche „Multiples“ messen den relativen Preis einer Aktie bezogen auf einen Basiswert.[272] Da jedes einzelne Multiple nur begrenzte Aussagekraft besitzt, werden mehrere Basiswerte (und damit mehrere Multiples) in die Untersuchung einbezogen. Die in der Praxis der Unternehmensbewertung gängigsten Basiswerte sind dabei der Gewinn, der Umsatz und der Buchwert des Unternehmens. Die sich so ergebenden Multiples sind das Kurs-Gewinn-Verhältnis, das Verhältnis von Markt- zu Buchwert des Eigenkapitals sowie das Verhältnis des Unternehmenswertes zum EBIT bzw. zum Umsatz.[273]

H3: Übernahmeziele weisen *niedrigere* Bewerungskennzahlen als unbhängig gebliebenen Unternehmen auf. Dazu gehören

- Kurs-Gewinn-Verhältnis (H3a)
- Markt-zu-Buchwert-Verhältnis (H3b)
- Unternehmeswert/EBIT (H3c)
- Unternehmenswert/Umsatz (H3d)

---

[272] Vgl. Ossola-Haring (2006), S. 130; Weber (2001), S. 118 f.

[273] Vgl. Ossola-Haring (2006), S. 129 f.; Powell (1997), S. 1013; Barnes (1999), S. 290.

Das Charakteristikum der geringeren *Größe* wird durch den Jahresumsatz, die Summe der Aktiva und die Marktkapitalisierung untersucht (bei Übernahmezielen jeweils als geringer vermutet).[274]

> **H4**: Übernahmeziele weisen eine geringere Größe auf als unabhängig gebliebene Unternehmen. Sie weisen daher im Durchschnitt *niedrigere* Werte bei folgenden Kennzahlen auf:
>
> - Umsatz (H4a)
> - Summe der Aktiva (H4b)
> - Marktkapitalisierung (H4c)

Abbildung 7 zeigt zusammenfassend eine Übersicht der vermuteten Unterschiede in den Kennzahlen von Übernahmezielen und Nicht-Übernahmezielen.

	Charakteristikum	Kennzahl	Erwarteter Mittelwert-unterschied*	Hypothese
Erhöhung der Effizienz durch Austausch des Managements	Wirken eines ineffizienten Managements	Kapitalrentabilität		
		• EBIT/Gesamtkapital	-	1a
		• Operativer Cashflow/Gesamtkapital	-	1b
		Kapitalumschlag		
		• Umsatz/Gesamtkapital	-	1c
		Umsatzrendite		
		• EBIT/Umsatz	-	1d
		• Jahresüberschuss/Umsatz	-	1e
Disziplinierung des Management durch Erhöhung des Fremdkapitalanteils	Fähigkeit zur Erhöhung der Verschuldung	Eigenkapitalquote	+	2a
		Zinsdeckungsquote (EBIT/Zinsausgaben)	+	2b
		Deckungsgrad A	+	2c
	Hoher interne liquide Mittel	Operativer Cashflow/Gesamtkapital	+	2d
		Kurzfr. Deckungsrelation (Umlaufvermögen/ kurzfr. Verbindlichkeiten)	+	2e
	Mangel an wertschaffenden Investitionsmöglichkeiten	Umsatzwachstum (seit Vorjahr)	+	2f
		Cashflow-Wachstum (seit Vorjahr)	-	2g
Auflösung einer Fehlbewertung	Niedrige Bewertungskennzahlen	Kurs-Gewinn-Verhältnis	-	3a
		Markt-zu-Buchwert-Verhältnis	-	3b
		Unternehmeswert/EBIT	-	3c
		Unternehmenswert/Umsatz	-	3d
Durchführbarkeit der Transaktion/ Integriebarkeit	Geringe Größe	Umsatz (Mio. €)	-	4a
		Summe der Aktiva (Mio. €)	-	4b
		Marktkapitalisierung (Mio. €)	-	4c

* Ein "+" bedeutet dabei, dass der Mittelwert der Kennzahl bei den Übernamzielen als höher vermutet wird

Abbildung 7: Hypothesen über Kennzahlenunterschiede zwischen Übernahmezielen und Nicht-Übernahmezielen

3. Das Kennzahlenprofil deutscher Übernahmeziele

a) Zusammenstellung einer geeigneten Untersuchungsstichprobe

Die zur Überprüfung der Hypothesen benötigte Stichprobe soll zum einen aus deutschen Übernahmezielen bestehen, zum anderen aus unabhängig gebliebenen deutschen Unternehmen („Nicht-Übernahmezielen"). Dies erlaubt einen Ver-

274 Vgl. Barnes (1999), S. 290.

gleich der beiden Gruppen anhand ihrer Kennzahlen. Für die Wahl der in die Stichprobe aufzunehmenden Übernahmeziele ist zunächst die Bestimmung verschiedener Abgrenzungsparameter wichtig. Dazu gehören vor allem die *Art der einzubeziehenden Übernahmen*, der zu betrachtende *Zeitraum* und die einzubeziehenden *Branchen*.

Es werden nur Übernahmen von *börsennotierten* Zielunternehmen betrachtet. Diese Einschränkung ist in der höheren Datenverfügbarkeit börsennotierter Unternehmen begründet, die aus deren ausgeprägteren Publikationspflichten resultieren. Sie ermöglicht auch die Einbeziehung von börsenkursabhängigen Kennzahlen wie der Marktkapitalisierung oder des Kurs-Gewinn-Verhältnisses. Darüber hinaus kann so untersucht werden, ob mit einer Investition in vom Modell identifizierte Übernahmekandidaten eine positive abnormale *Rendite* erzielt werden kann.[275] Mit dieser Einschränkung fallen Transaktionen, bei denen das Übernahmeziel keiner eigenen Bewertung durch den Kapitalmarkt unterliegt (z.B. Spin-offs von Konzernteilen), aus der Betrachtung heraus. Aufgrund der problematischen Abgrenzung von freundlichen und feindlichen Übernahmen werden beide Arten von Übernahmen einbezogen.[276]

Neben *abgeschlossenen* Übernahmen werden auch Ziele *schwebender* Übernahmeverfahren (bei denen ein Übernahmeangebot zwar bereits erfolgt, die Übernahme aber noch nicht abgeschlossen ist) und *gescheiterte* Übernahmeversuche einbezogen. Hinter der Einbeziehung *gescheiterter* Übernahmeangebote steckt die Annahme, dass solche häufig deswegen scheitern, weil sich der Verkäufer (aus persönlichen Gründen oder um einen höheren Kaufpreis zu erzielen) so lange wehrt, bis der Käufer die Übernahme abbricht. Jedoch lässt bereits die *Abgabe* eines Übernahmeangebots Rückschlüsse auf unausgeschöpfte Potenziale beim Zielunternehmen zu, sodass auch diese durchaus das Profil eines übernahmegeeigneten Unternehmens aufweisen können. Insofern würde eine Nichteinbeziehung solcher Übernahmeversuche den (unnötigen) Verzicht auf wertvolle, die Stichprobe anreichernde Datenpunkte bedeuten.[277] Eine Nichteinbeziehung würde die betreffenden Unternehmen implizit als „Nicht-Übernahmeziele“ klassifizieren, was unter den beiden Alternativen die weniger vorteilhafte dar-

---

275 Zur Definition der abnormalen Rendite siehe Kapitel III.C.1.a).

276 Eine Unterscheidung zwischen freundlichen und feindlichen Übernahmen würde die Analyse verfeinern, da sich möglicherweise das finanzwirtschaftliche Profil der jeweiligen Übernahmeziele unterscheidet. Jedoch sind freundliche und feindliche Übernahmen schwer zu unterscheiden: Viele zunächst feindliche Angebote werden nach Erhöhung des Gebotes freundlich; viele eigentlich als freundlich empfundene Angebote werden aus verhandlungstaktischen Gründen zunächst als feindlich erklärt, um den Preis hochzutreiben; vgl. Schwert (2000), S. 2599 f. oder Powell (1997), S. 1017.

277 Vgl. Thomas (1997), S. 1034.

stellt.[278] Während die abgeschlossenen Übernahmen mit 77 % die überwiegende Mehrheit der in die Stichprobe eingeflossenen Übernahmen stellen, ist die Bedeutung der schwebenden Übernahmen (20 %) und der gescheiterten Übernahmen (3 %) deutlich geringer.

Ferner werden nur Transaktionen betrachtet, bei denen der Käufer anstrebt, *mindestens 75 % der Anteile am Zielunternehmen zu halten.*[279] Dies liegt in der Definition einer Übernahme begründet, die in Kapitel 1.B. getroffen wurde. Diese erfordert einen Wechsel der *Kontrolle über ein Unternehmen vom Verkäufer auf einen Käufer*, um die zukünftige Ausübbarkeit eines maßgeblichen Einflusses auf die Unternehmenspolitik durch den Käufer sicherzustellen. Für die Definition der Übernahme spielte der exakte Anteil der Aktien, die vom Käufer nach der Transaktion besessen werden müssen, zwar keine Rolle. Jedoch ist in Transaktionsdatenbanken keinerlei Information darüber hinterlegt, ob bei einer bestimmten Transaktion ein Kontrollwechsel stattfand und ein maßgeblicher Einfluss durch den Käufer ausgeübt werden kann. Durch die Einschränkung bei der angestrebten Beteiligungsquote von mind. 75 % kann aber sichergestellt werden, dass dies bei den (allermeisten) der betrachteten Übernahme auch der Fall war (vgl. die Diskussion in Kapital 1.B). In der Praxis ist in vielen Fällen schon bei einer geringen Beteiligungsquote von einer Realisierbarkeit zumindest einiger der angeführten Wertsteigerungspotenziale auszugehen. Dennoch betonen einige Autoren die Wichtigkeit der Überschreitung der Anteilsgrenze von 75 %, da für viele grundlegende unternehmenspolitische Entscheidungen eine Dreiviertelmehrheit der Stimmen in der Hauptversammlung (und das damit einhergehende Ausschalten einer Sperrminorität, die die Realisierung einiger der Wertsteigerungspotenziale behindern kann[280]) notwendig ist.[281] Ohne diese Einschränkung könnten folglich Transaktionen Eingang in die Stichprobe finden, bei denen ein Käufer in seinem Wirken eingeschränkt war; dies würde eine Verzerrung bedeuten.

---

278 Vgl. Bartley/Boardman (1990), S. 60.

279 Bei einer Herabsetzung des Mindestwertes auf z.B. 50 % wäre die Zahl der Übernahmeziele in der Stichprobe um etwa ein Drittel höher gewesen.

280 Von einer Sperrminorität wird gesprochen, wenn ein Aktionär bzw. eine Gruppe von Aktionären einen Anteil zwischen 25 % und 50 % der Stimmrechte auf sich vereinen kann; vgl. Abbildung 2.

281 Vgl. Lucks/Meckl (2002), S. 27. Zu solchen grundlegenden Entscheidungen gehören z.B. Satzungsänderungen (§ 179 Abs. 2 AktG), Beherrschungs- und Gewinnabführungsverträge oder auch bedingte Kapitalerhöhungen. Auch die Abwahl von Mitgliedern des Aufsichtrates ist nur mit einer ¾-Mehrheit der Stimmen in der Hauptversammlung möglich. Anhand einiger dieser Kriterien wird auch im HGB (§ 290 Abs. 2) bei den Richtlinien zur Konzernbilanzierung das Vorliegen eines beherrschenden Einflusses festgemacht (vgl. Kapitel I.B).

Ferner werden Übernahmen ausgeschlossen, bei denen (trotz Überschreitens der 75 %-Schwelle) weniger als 25 % der Unternehmensanteile im Rahmen der Übernahme an den Käufer transferiert wurden. Diese Einschränkung dient der Vermeidung des mehrfachen Eingangs eines Übernahmeziels in die Stichprobe in Fällen einer gestaffelten (d.h. einer in mehreren kleineren Schritten erfolgenden) Übernahme.[282]

Aus Gründen der Datenverfügbarkeit werden nur Übernahmeziele einbezogen, die im Jahr der Übernahme einen Umsatz von mindestens 50 Mio. € aufwiesen. Eine Festsetzung eines Mindesttransaktionswertes wird dagegen nicht vorgenommen, um nicht Übernahmen von z.B. (beinahe) insolventen und daher zu einem geringen Preis veräußerten Unternehmen auszuschließen.

Unternehmen der *Finanzdienstleistungsbranche* werden nicht mit einbezogen. Deren Ausschluss liegt in einigen Besonderheiten der Branche begründet, die eine Analyse verzerren würden. Dazu gehören zum einen die in ihr vorherrschenden starken wettbewerbsrechtlichten Restriktionen, die hohe Übernahmehindernisse darstellen, und eine Identifizierung anhand von Charakteristika, die aus Optimierungsmotiven abgeleitet wurden, wenig sinnvoll erscheinen lassen. Zum anderen ist die mangelnde Vergleichbarkeit von Bilanzkennzahlen von insb. Banken zu denen von Unternehmen anderer Branchen zu nennen.[283]

Bei der Festlegung des dritten Abgrenzungsparameters, des *Untersuchungszeitraumes,* muss ein Kompromiss gefunden werden zwischen einer aussagekräftigen Mindestgröße der Stichprobe (was eher für einen langen Zeitraum spricht) und einem möglichst geringen Einfluss durch sich im Zeitablauf ändernde ökonomische oder rechtliche Bedingungen (was eher für einen kurzen Zeitraum

---

282 Diese Einschränkung ist auch dann sinnvoll, falls mit der Identifizierung von Übernahmekandidaten das Ziel verbunden sein soll, mit der Investition in Übernahmekandidaten eine positive abnormale Rendite zu erzielen (siehe Kapitel III.C). Ein sprunghafter Anstieg des Aktienkurses eines Übernahmeziels bei Ankündigung der Übernahmeabsicht eines Käufers ist eher dann zu erwarten, wenn die Kontrollmehrheit auf einen Käufer übergeht, der vorher nicht bereits einen Mehrheitsanteil besaß. In diesem Fall könnte der Kapitalmarkt eher umfassende (und potenziell wertsteigernde) Änderungen in der Geschäftspolitik des Zielunternehmens erwarten (und entsprechend im Aktienkurs berücksichtigen), als wenn ein bereits existierender Mehrheitsaktionär seinen Anteil lediglich von z.B. 70 % auf 80 % ausweitet.

283 Zum einen sind bei Banken einige Bilanzpositionen risikokorrigiert, zum anderen findet ein oft hoher Anteil des Geschäfts von Banken außerhalb der Bilanz statt (z.B. bei Derivaten). Zur Sonderrolle von Unternehmen der Finanzdienstleistungsbranche vgl. Dombret (2006), S. 165. Die gleiche Einschränkung der betrachteten Branchen nehmen auch vergleichbare Ansätze aus den USA oder Großbritannien vor; vgl. z.B. Powell (1997), S. 1017, Trimbath/Frydman/Frydman (2001), S. 400; Hasbrouck (1985), S. 355, Ambrose/Meginson (1992), S. 577; Bartley/Boardman (1990), S. 56.

spricht).[284] Gravierende Änderungen solcher Bedingungen könnten möglicherweise zu einer gewissen *zeitlichen* Abhängigkeit der Kennzahlen-Profile von Übernahmekandidaten führen, was eine Verzerrung der Analyse darstellen würde (selbst wenn dieses Risiko im Falle von Optimierungspotenzialen aufgrund deren unterstellter starker Zeitstabilität als geringer einzustufen ist).[285] Letztlich bietet es sich an, den Untersuchungszeitraum sukzessive auszuweiten, bis eine ausreichend groß erscheinende Stichprobengröße gebildet werden kann.[286] Für den Zweck dieser Untersuchung wurden gemäß dieser Vorgehensweise solche Übernahmen in die Untersuchung einbezogen, bei denen das Datum der Ankündigung der Übernahme in den Zeitraum vom 1.1.1997 bis zum 31.12.2006 fiel.[287] Nach Abfrage der Datenbank „ThomsonOneBanker" wurden unter Anwendung aller erwähnten Filterkriterien 132 Übernahmeziele in die Untersuchungsstichprobe aufgenommen.[288]

Die Gruppe der Übernahmeziele wird anhand ihrer Kennzahlen mit einer Gruppe von Nicht-Übernahmezielen verglichen. Basis dieser „*Kontrollgruppe*" sind dabei alle börsennotierten deutschen Unternehmen, die im Untersuchungszeitraum nicht Ziel einer Übernahme wurden. Elementar für einen möglichst verzerrungsfreien Vergleich ist, dass die Kontrollgruppe aus zu den Übernahmezielen möglichst *vergleichbaren* Unternehmen besteht. Jedweder festgestellte Unterschied in den Kennzahlen beider Gruppen kann prinzipiell auf eine Vielzahl unterschiedlicher Einflussfaktoren zurückgeführt werden. Um aber gerade Unterschiede in den Kennzahlen bzw. den dahinter stehenden Charakteristika als maßgeblichen Einflussfaktor der Klassifikation eines Unternehmens als Übernahmeziel bzw. Nicht-Übernahmeziel auszumachen, müssen möglichst viele solcher alternativen Einflussfaktoren eliminiert werden.[289] Dies geschieht, indem jedem der 132 Übernahmeziele ein jeweils passendes, als *„Partnerunternehmen"* zu bezeichnendes Nicht-Übernahmeziel zugeordnet werden soll, das

---

[284] Für eine vertiefende Diskussion der Abwägung zwischen einer möglichst großen Stichprobe und den verzerrenden Zeiteffekten siehe Bartley/Boardman (1990), S. 59 f.

[285] Ein Beispiel ist das Charakteristikum der *geringen* Größe eines Übernahmekandidaten, das, wie in Kapitel II.B.1.a) beschrieben, in Zeiten günstiger Finanzierungsmöglichkeiten eine geringere Rolle spielen könnte.

[286] Vgl. Espahbodi/Espahbodi (2003), S. 554.

[287] Der Tag der *Ankündigung* der Übernahme (anstatt des Tages der *Durchführung* der Übernahme) ist deswegen entscheidend, da der Käufer seine Entscheidung zur Abgabe eines Übernahmeangebots letztlich auf Basis des ihm am Ankündigungstag vorliegenden Bildes des Zielunternehmens getroffen hat.

[288] Verwendet wurde das „Deals"-Modul der Datenbank ThomsonOneBanker.

[289] Vgl. Espahbodi/Espahbodi (2003), S. 554.

Ersterem in möglichst vielerlei Hinsicht gleicht.[290] Erst wenn sich die Kennzahlen von Übernahmezielen und Partnerunternehmen trotz einer hohen

Filterkriterium	Beschränkung	Begründung	Verbleibende Anzahl an Übernahmezielen
Zeitraum	Ankündigung der Übernahme zwischen 1.1.1997 und 31.12.2006	Kompromiss zwischen nötiger Stichproben-Mindestgröße und möglichst geringen zeitlichen Effekten	57802*
Branche	Keine Unternehmen der Finanzdienstleistungs-Branche	Fehlende Vergleichbarkeit der Kennzahlen; Verzerrung durch starke wettbewerbliche Restriktionen	52.917
Art	Börsennotiert	Datenverfügbarkeit	2.746
Angestrebter Anteilsbesitz des Käufers nach Übernahme	mind. 75% Besitz nach Übernahme, dazu mind. 25% transferiert	Optimierungspotenziale sollen umsetzbar sein	2.134
Herkunft des Übernahmeziels	Deutschland	Fokus dieser Arbeit	254
Korrektur	Eliminierung von doppelt vorhandenen Unternehmen, Übernahmegerüchten, zeitlichen Fehlzuordnungen	Vermeidung von Verzerrungen	214
Fehlende Daten	Eliminierung von Übernahmezielen mit fehlenden Basisdaten (z.B. Umsatz)	Datenverfügbarkeit	188
Mindestumsatz des Übernahmeziels	Mind. 50 Mio.€ (letzter Abschluss vor Übernahme)	Datenverfügbarkeit	132

*Überhameankündigungen in Westeuropa (Deutschland, Frankreich, Italien, Spanien, Großbritannien), davon 48104 abgeschlossene Übernahmen, 8631 schwebende Übernahmen, 1067 zurückgezogene Übernahmeversuche

Tabelle 1: Auswirkungen der Filterkriterien auf die Stichprobengröße

geschaffenen Vergleichbarkeit systematisch unterscheiden, können die hinter den Kennzahlen stehenden Charakteristika als Grund für die Gruppenzugehörig-

290 Dass jedem Zielunternehmen nur ein Partnerunternehmen zugeordnet wird (und nicht etwa zwei oder mehr), ergibt sich aus den später erläuterten *Anforderungskriterien* für die in Frage kommenden Partnerunternehmen, welche die Zahl der potenziellen Partner für einzelne Übernahmeziele stark einschränken. Allerdings entspricht das Verhältnis zwischen Übernahmezielen und Partnerunternehmen (50:50) in der Stichprobe so nicht annähernd dem Verhältnis der beiden Gruppen in der Grundgesamtheit. Auch die selektierte Auswahl von Partnern führt dazu, dass die Zusammenstellung der Stichprobe ein nichtzufälliges Verfahren darstellt. Zu den daraus folgenden methodologischen Schwierigkeiten in einem multivariaten Kontext siehe Kapitel III.B.2.

keit vermutet werden und ein kennzahlenbasiertes Profil von Übernahmezielen abgeleitet werden. Zur Schaffung der Vergleichbarkeit der beiden Gruppen werden zweierlei Auswahlkriterien für die Wahl eines Partnerunternehmens definiert. Erstens werden Brancheneffekte eliminiert, indem einem Übernahmeziel ein Partnerunternehmen *aus der gleichen Branche* gegenübergestellt wird. Hierdurch wird sichergestellt, dass die Zusammensetzung der beiden Gruppen von der Branchenstruktur her identisch ist. Eine unterschiedliche Branchenzusammensetzung der beiden Gruppen könnte die Analyse dahingehend verzerren, dass Unternehmen in manchen Branchen (die vielleicht in einer der beiden Gruppen zufälligerweise überrepräsentiert sind) *generell* hohe Ausprägungen bei einigen Kennzahlen aufweisen.[291]

Aus einer ähnlichen Überlegung heraus werden zweitens auch *zeitliche Effekte* eliminiert, indem die Kennzahlen von Übernahmezielen und Partnerunternehmen aus gleichen Jahren verglichen werden. Dementsprechend kommen als Partner für ein gegebenes Übernahmeziel nur solche Unternehmen in Frage, die im betreffenden Jahr an einer deutschen Börse notiert waren.[292]

Eine Eliminierung auch von *Größenunterschieden* zwischen Ziel- und Partnerunternehmen erfolgt nicht.[293] Auch wenn die Größe eines Unternehmens möglicherweise Einfluss auf die Ausprägung mancher der untersuchten Kennzahlen hat[294] – und damit einen verzerrenden Faktor darstellen kann –, soll beim Charakteristikum der „Größe" gerade ein möglicher Einfluss auf die Gruppenzugehörigkeit untersucht werden.[295] Ziel ist die Überprüfung der in Kapitel II.B.1.a) aufgestellten Hypothese, dass eine geringe Größe eines Unternehmens Einfluss auf seine Übernahmeeignung hat.

Unter Anwendung dieser Vergleichskriterien wird aus der Liste aller börsennotierten deutschen Nicht-Übernahmeziele für jedes der 132 Übernahmeziele eine Liste mit *potenziell in Frage kommenden* Partnerunternehmen zusammengestellt. Hierzu wird eine Abfrage börsennotierter Unternehmen bei der Datenbank „Orbis" durchgeführt und mit entsprechenden Listen der Deutschen Börse AG abgeglichen. Dabei werden jeweils *jahresaktuelle* Listen abgefragt und zusam-

291 Vgl. Barber/Lyon (1996), S. 365.

292 Branchen- und Zeiteffekte werden typischerweise als die größten verzerrenden Einflussfaktoren auf die Kennzahlen eines Unternehmens angesehen und daher in den meisten ähnlichen Untersuchungen für den US- bzw. britischen Kapitalmarkt eliminiert; vgl. z.B. Espahbodi/Espahbodi (2003), S. 554.

293 Partnerunternehmen müssen (wie auch schon die Zielunternehmen) mindestens 50 Mio. € Umsatz im untersuchten Jahr aufweisen, um Eingang in die Stichprobe zu finden.

294 Vgl. Barber/Lyon (1996), S. 366.

295 So auch bei Espahbodi/Espahbodi (2003), S. 555; Hasbrouck (1985), S. 356; Bartley/Boardman (1990), S. 58; Meador/Church/Rayburn (1996), S. 12; Powell (1997), S. 1014.

mengesetzt. Eine Abfrage von *heute* an der Börse notierten Unternehmen hätte den Verzicht auf Unternehmen bedeutet, die (z.B. aufgrund einer Insolvenz) nicht mehr an der Börse notiert sind. Dies hätte eine Verzerrung bedeutet (sog. „survivorship bias").[296] Von der so gewonnenen Gesamtliste werden Unternehmen, die sich bereits in der Gruppe der Zielunternehmen wiederfinden, eliminiert, um sicherzustellen, dass sich nur unabhängig gebliebene Unternehmen in der Liste befinden.

Um die Branchengleichheit der potenziellen Partnerunternehmen zu einem Übernahmeziel sicherzustellen, wird der in der verwendeten Datenbank zur Spezifizierung einer Branche verwendete vierstellige „ICB-Code" herangezogen.[297] Kann für ein gegebenes Übernahmeziel kein einziges potenzielles Partnerunternehmen aus der exakt gleichen Branche (d.h. mit genauer Übereinstimmung des ICB-Codes) gefunden werden, wird die Branche des Zielunternehmens nach und nach ausgeweitet, bis ein Partnerunternehmen gefunden wird.[298] Die konkrete Auswahl des Partners eines Übernahmeziels aus der Liste der potenziellen Partner erfolgt durch einen Zufallsalgorithmus.[299]

Um den Einfluss einzelner Unternehmen auf die Untersuchungsergebnisse möglichst gering zu halten, wird die generierte Liste der ausgewählten Partner von gleich mehrfach ausgesuchten Partnern (Doppelten) befreit. Dies geschieht algorithmisch, indem den betreffenden Übernahmezielen so lange alternative (zufällig ausgesuchte) mögliche Partner zugeordnet werden, bis keine Doppelten mehr auftreten. Letztlich finden dadurch 132 verschiedene Partnerunternehmen Eingang in die Stichprobe (siehe Tabelle 2).

---

296 Vgl. Powell (1997), S. 1017.

297 Ähnlich wird es in US-Studien gemacht (vgl. z.B. Esphabodi S. 554), wobei hier der SIC-Code als Kriterium dient.

298 Die erste Stelle des Codes bestimmt eine grobe Einordnung der Branche. Mit den weiteren Stellen ergibt sich eine fortschreitende Konkretisierung der Branche eines Unternehmens. Konnte für ein gegebenes Zielunternehmen kein einziger möglicher Partner mit überein-stimmenden vierstelligem ICB-Code gefunden werden, wurden als nächstes Partnerunternehmen mit Übereinstimmung in den ersten drei Stellen des Codes gesucht, dann mit Übereinstimmung in den ersten zwei Stellen usw. In der hier zusammengestellten Stichprobe stammen von den 132 zugeordneten Partnerunternehmen 111 aus der exakt gleichen Branche wie die zugehörigen Übernahmeziele; bei 19 musste eine dreistellige ICB-Code-Übereinstimmung genügen, bei 2 Unternehmen eine zweistellige. Vgl. hierzu auch Barber/Lyon (1996), S. 365, der den nötigen Kompromiss zwischen möglichst exakter branchenmäßiger Übereinstimmung der Gruppen und einer ausreichenden Zahl von Unternehmen in der Stichprobe beschreibt.

299 Der Algorithmus wurde in ViusalBasic programmiert und ordnete jedem potenziellen Partner eine gleiche Wahrscheinlichkeit zu, als Partnerunternehmen ausgewählt zu werden.

❶ Verteilung nach Branchen

Branche	Übernahmeziele Anzahl	Nicht-Übernahmeziele Anzahl	%
Industriegüter u. -dienstleistungen	40	40	30,3%
Konsumgüter	31	31	23,5%
Hardware, Software, Telekommunikation	15	15	11,4%
Pharma und Chemie	10	10	7,6%
Handel	8	8	6,1%
Bauwirtschaft	7	7	5,3%
Versorger	7	7	5,3%
Immobilien	6	6	4,5%
Medien	5	5	3,8%
Rohstoffgewinnung u.- verarbeitung	3	3	2,3%
Summe	**132**	**132**	**100%**

❷ Verteilung nach Jahren

Jahr	Übernahmeziele Anzahl	Nicht-Übernahmeziele Anzahl	%
1997	12	12	9,1%
1998	14	14	10,6%
1999	14	14	10,6%
2000	22	22	16,7%
2001	8	8	6,1%
2002	17	17	12,9%
2003	13	13	9,8%
2004	9	9	6,8%
2005	8	8	6,1%
2006	15	15	11,4%
Summe	**132**	**132**	**100%**

Tabelle 2: Zusammensetzung der Stichprobe

b) Methodik eines kennzahlenbasierten Vergleichs von Übernahmezielen und Nicht-Übernahmezielen

Der Vergleich zwischen Übernahmezielen und Nicht-Übernahmezielen erfolgt anhand eines *Vergleichs der beiden Mittelwerte* $\overline{X}_{ÜZ}$ (für die Gruppe der Übernahmeziele) und $\overline{X}_{KG}$ (für die Kontrollgruppe der Nicht-Übernahmeziele), die sich jeweils für jede einzelne der betrachteten Kennzahlen errechnen lassen.[300]

Zur Generierung des aus Kennzahlen bestehenden Datensatzes werden für jedes in der Stichprobe befindliche Unternehmen die zu ihrer Bildung notwendigen Basisdaten abgefragt.[301] Sowohl für jedes Übernahmeziel als auch jedes zugeordnete Partnerunternehmen werden dabei die Basisdaten des *letzten vor der Ankündigung der Übernahme des Zielunternehmens zu Ende gegangenen Geschäftsjahres* herangezogen.[302] Folglich werden Kennzahlen für jedes Unter-

300 Im Folgenden soll die Kodierung „ÜZ“ die Gruppe der Übernahmeziele und „KG“ die Kontrollgruppe der Nicht-Übernahmeziele bezeichnen.

301 Quelle für die Unternehmensdaten war die Datenbank „Thomson Financial Worldscope“.

302 Da keine Quartalsdaten, sondern Jahresabschlussdaten verwendet wurden, umfasste die Zeitspanne zwischen dem Ende des Geschäftsjahres und der Ankündigung der Übernahme mitunter mehrere Monate. Da aber zu vermuten ist, dass Übernahmen in den meisten Fällen lange vor der Ankündigung beschlossen werden – auf Basis der dann aktuellen

nehmenspaar nur aus einem einzigen Jahr betrachtet. Alternativ wäre denkbar, die durchschnittlichen Ausprägungen der Kennzahlen aus mehreren Jahren vor Ankündigung der Übernahme einzubeziehen und damit zu analysieren, ob sich ein Übernahmeziel *langfristig* von vergleichbaren unabhängig gebliebenen Unternehmen unterscheidet.[303] Es ist aber davon auszugehen, dass sich ein potenzieller Käufer bei seiner Einschätzung des Optimierungspotenzials (das durch die gewählten Kennzahlen erkannt werden soll) eines Zielunternehmens vor allem an den aktuellsten zur Verfügung stehenden Unternehmensdaten orientierten dürfte, sodass diesen zumindest ein stärkeres Gewicht eingeräumt werden sollte. Auch kann sich eine Veränderung der wirtschaftlichen Lage eines Unternehmens – die es möglicherweise erst zum Übernahmekandidaten werden lässt – durchaus innerhalb weniger Monate ergeben. Aus diesen Überlegungen heraus werden jeweils nur die Kennzahlen des letzten Geschäftsjahres vor der Ankündigung der Übernahme betrachtet.[304]

Vor der Durchführung der eigentlichen Kennzahlenvergleiche ist aus zwei Gründen eine *Aufbereitung des Datensatzes* erforderlich:

- dem Fehlen einzelner Werte im Datensatz und
- Verzerrungen der Analyse durch Ausreißer.

In der verwendeten Datenbank sind nicht für alle Unternehmen sämtliche notwendigen Basisdaten verfügbar, um die zu untersuchenden Kennzahlen zu bilden. Zum Umgang mit einem fehlenden Wert wäre die Eliminierung des betreffenden Unternehmens aus der Untersuchung insgesamt (d.h. auch für andere Kennzahlenvergleiche) oder die Eliminierung der betroffenen Kennzahl aus der Untersuchung (d.h. auch für andere Unternehmen) denkbar. Da es sich bei den meisten fehlenden Werten aber um Einzelfälle handelt (d.h. für ein gegebenes Unternehmen kann eine einzelne Kennzahl nicht, wohl aber alle anderen Kennzahlen gebildet werden), würde eine Eliminierung des betreffenden Unternehmens oder der Kennzahl aus der Gesamtuntersuchung gleichzeitig auch den Verlust nutzbarer vorhandener Daten bedeuten. Aus diesem Grund wird zum Umgang mit fehlenden Werten das folgende Verfahren gewählt: Einige Größen werden als „unverzichtbar" definiert, da sie gleich zur Bildung mehrerer Kennzahlen benötigt werden.[305] Fehlen für ein Unternehmen Werte bei diesen „un-

---

Unternehmensdaten –, soll dies nicht als gravierendes Problem angesehen werden; vgl. dazu auch Kapitel III.B.3.

303 Vgl. Espahbodi/Espahbodi (2003), S. 556.

304 Eine Ausnahme stellen die Wachstumskennzahlen dar, die eine Veränderung von Umsatz bzw. Gewinn bezogen auf das Vorjahr ausdrücken. Bei ihnen sind zu ihrer Bildung zwangsläufig auch die Daten des Vorjahres heranzuziehen.

305 Als „unverzichtbar" wurden auf diese Weise die Kennzahlen Umsatz, EBIT, Jahresüberschuss, Gesamtkapital und Operativer Cashflow definiert.

verzichtbaren" Größen, findet es keinen Eingang in die Analyse und wird dementsprechend auch für keinen der anderen Kennzahlenvergleiche berücksichtigt: Es hätte ansonsten nur bei sehr wenigen Kennzahlenvergleichen einbezogen werden können. Fehlende Werte bei *anderen* Größen führen dagegen *nicht* zum Ausschluss des entsprechenden Unternehmens gleich für sämtliche Kennzahlenvergleiche; dies minimiert den Verlust von Datenpunkten. Die Konsequenz dieser Vorgehensweise ist, dass bei einigen Kennzahlenvergleichen nicht alle 264 Unternehmen einbezogen wurden; im Schnitt waren es aber 258 Unternehmen und damit nur unwesentlich weniger.[306] Trotz dieser geringfügig unterschiedlichen Stichprobengrößen wurde aber sichergestellt, dass bei einem gegebenen Kennzahlenvergleich exakt gleich viele Übernahmeziele wie Partnerunternehmen betrachtet wurden, um das Prinzip der Eliminierung von Branchen- und zeitlichen Effekten aufrechtzuerhalten. Zu diesem Zwecke wurde im Falle einer Eliminierung eines Unternehmens aus einem bestimmten Kennzahlenvergleich auch das zugehörige Partnerunternehmen aus demselben Vergleich eliminiert.

Eine zweite Maßnahme zur Aufbereitung des Datensatzes betrifft den *Umgang mit Ausreißern.* Die meisten der gebildeten Kennzahlen sind Verhältniszahlen, die teilweise aus (absolut gesehen) sehr kleinen Werten gebildet werden. Dadurch weisen diese Kennzahlen einen hohen Wertebereich auf und neigen bereits bei kleinen Änderungen von Zähler oder Nenner zu großen Veränderungen.[307] Diese Schwankungsanfälligkeit mancher Kennzahl resultiert in der Existenz von einigen extremen Ausreißerwerten, deren Einfluss die Untersuchungsergebnisse stark beeinflussen können. Anstatt die Verzerrung in Kauf zu nehmen – oder solche Werte gänzlich zu eliminieren –, werden solche extremen Ausreißerwerte, die um mehr als die zweifache Standardabweichung vom Mittelwert der jeweiligen Verteilung abwichen,[308] auf die Grenzen dieses Intervalls gelegt.[309] Mit diesem Vorgehen – das einen Kompromiss zwischen der Akzeptanz der Verzerrung und der Eliminierung der Werte darstellt – können die betreffenden Werte zumindest noch einen Teil ihres Einflusses auf den Mittelwert der Stichprobe geltend machen.[310] Von den 258 Werten, die bei einem Kennzah-

306 Die Kennzahlen Deckungsgrad A sowie das Verhältnis des kurzfristigen Umlaufvermögens zu den kurzfristigen Verbindlichkeiten wiesen mit 248 Unternehmen (statt maximal 264) die geringste Stichprobengröße auf. Die für einen bestimmten Kennzahlenvergleich einbezogene Anzahl von Unternehmen ist in Tabelle 3 aufgeführt.

307 Als Beispiel kann die Kennzahl Unternehmenswert/EBIT angeführt werden. Bei EBIT-Werten um die Null herum bewirkt jede minimale Veränderung des EBIT eine große Veränderung der Kennzahl.

308 Bei einer normalverteilten Zufallsvariable weichen 95,45 % der Werte um weniger als die zweifache Standardabweichung vom Mittelwert ab.

309 Ähnlich geht z.B. Powell (2004), S. 46 vor.

310 Zur Diskussion über den Umgang mit Ausreißern vgl. auch Powell (1997), S. 1028.

lenvergleich durchschnittlich einbezogen wurden, wurden durchschnittlich zehn mit dieser Methode angepasst.[311]

Mit dem so angepassten Datensatz wird für jede Kennzahl der Mittelwert der Gruppe der Übernahmeziele mit dem Mittelwert der Gruppe der Partnerunternehmen verglichen. Geprüft wird, ob der beobachtete Unterschied der Mittelwerte signifikant von null verschieden ist (weil die Höhe des Mittelwertes systematisch von der Gruppenzugehörigkeit abhängt) oder nur dem Zufall unterliegt. Ein geeignetes statistisches Verfahren hiefür stellt der *t-Test für zwei unabhängige Stichproben* dar. Dieser überprüft mit Hilfe einer Testgröße (bzw. eines „Prüfwertes") auf einem vorab gewählten Signifikanzniveau[312], ob die unbekannten Mittelwerte (hier $\mu_{ÜZ}$ und μ_{KG}) eines metrischen und normalverteilten Merkmals aus zwei disjunkten statistischen Grundgesamtheiten übereinstimmen.[313] Als parametrisches Testverfahren erfordert der t-Test neben einem *metrisch* skalierten Merkmal insbesondere auch die *Normalverteilung* des Merkmals sowie die *Homogenität der Varianzen* der Werte der beiden Gruppen. Der t-Test ist jedoch gegenüber Verletzungen der *Normalverteilungsannahme* robust und kann nach dem zentralen Grenzwertsatz (zumindest approximativ) immer dann angewandt werden, wenn die Anzahl der Elemente (wie im vorliegenden Fall) in jeder der beiden Stichproben größer als 50 ist.[314] Um die Annahme der *Varianzhomogenität* zu überprüfen, wurde vor der Anwendung eines jeden t-Tests (d.h. für jeden Kennzahlenvergleich) der sog. Levene-Test auf die Gleichheit der Varianzen in den beiden Gruppen durchgeführt. Wird dabei für einen Kennzahlenvergleich die Hypothese der Gleichheit der Varianzen (H_0: $\sigma^2_{ÜZ} = \sigma^2_{KG}$) abgelehnt, wurde die Testgröße für den t-Test einer dann notwendigen geringfügigen Modifikation unterzogen (Welch-Modifikation).[315]

Jeder Kennzahlenvergleich erfordert einen eigenen, wenngleich methodisch exakt gleich ablaufenden t-Test. Zunächst ist jeweils die Bildung einer geeigneten

---

311 Die meisten Anpassungen (14) erfuhr die Kennzahl Deckungsgrad A.

312 Das Signifikanzniveau entspricht der maximalen Wahrscheinlichkeit für einen Fehler erster Art (d.h. eine zutreffende Nullhypothese fälschlicherweise abzulehnen).

313 Vgl. Anderson/Sweeney/Williams (2005), S. 402 f.; Hays (1981), S. 284 f. In einer umfassenderen Definition dient der t-Test allgemein zur Überprüfung von Hypothesen über die zwei unbekannten Mittelwerte, nicht unbedingt zur Überprüfung von deren Gleichheit; vgl. dazu Eckstein (2000), S. 135.

314 Vgl. Eckstein (2000), S. 136. Soll die Verteilung der Stichprobe dennoch auf die Normalverteilungsannahme hin überprüft werden, kann der Kolmogorov-Smirnov-Anpassungs-Test angewandt werden. Mit diesem kann auf einem gewählten Signifikanzniveau getestet werden, ob eine vermutete Verteilungsfunktion als geeignetes Verteilungsmodell für ein untersuchtes Merkmal angesehen werden kann; vgl. auch Eckstein (2000), S. 107 ff.

315 Für die Welch-Modifikation nach Anwendung des Levene-Tests vgl. Eckstein (2000), S. 135.

Nullhypothese notwendig. Für jeden t-Test wird $H_0 : \mu_{ÜZ} - \mu_{KG} = 0$ als Nullhypothese definiert. Abzulehnen ist die Nullhypothese genau dann, wenn der in der Stichprobe beobachtete Unterschied der Mittelwerte der beiden Gruppen deutlich vom vermuteten Unterschied (null) abweicht. Um hierüber eine Aussage treffen zu können, ist ein Testwert erforderlich, der den unbekannten Parameter ($\mu_{ÜZ} - \mu_{KG}$) enthält und dessen Verteilung bekannt ist, sodass die Wahrscheinlichkeit der Beobachtung der konkreten Testgröße eingeschätzt werden kann.

$\bar{X}_{ÜZ} - \bar{X}_{KG}$ (die Differenz der in der *Stichproben* beobachteten Mittelwerte) dient als Punktschätzer für den gesuchten Unterschied der Mittelwerte der beiden Gruppen in der *Grundgesamtheit* und ist normalverteilt mit:[316]

- Erwartungswert

$$(7)\quad E(\bar{X}_{ÜZ} - \bar{X}_{KG}) = \mu_{ÜZ} - \mu_{KG}$$

- Standardabweichung

$$(8)\quad \sigma_{\bar{X}_{ÜZ} - \bar{X}_{KG}} = \sqrt{\frac{\sigma^2_{ÜZ}}{n_{ÜZ}} + \frac{\sigma^2_{KG}}{n_{KG}}}$$

Als standardnormalverteilte Testgröße kann aus dieser Überlegung heraus der Quotient aus der Differenz des Punktschätzers zum laut Nullhypothese vermuteten Wert des Parameters (Null) und der Standardabweichung des Punktschätzers dienen.[317]

$$(9)\quad z = \frac{(\bar{x}_{ÜZ} - \bar{x}_{KG})}{\sqrt{\frac{\sigma_{ÜZ}{}^2}{n_{ÜZ}} + \frac{\sigma_{KG}{}^2}{n_{KG}}}}$$

Da die Varianzen der beiden Gruppen in der Grundgesamtheit unbekannt sind, werden sie durch die Stichprobenvarianzen $s_{ÜZ}{}^2$ und $s_{KG}{}^2$ ersetzt.[318]

$$(10)\quad z = \frac{(\bar{x}_{ÜZ} - \bar{x}_{KG})}{\sqrt{\frac{s_{ÜZ}{}^2}{n_{ÜZ}} + \frac{s_{KG}{}^2}{n_{KG}}}}$$

Würde vorab ein bestimmtes Signifikanzniveau α gewählt, ergäbe sich durch Errechnen der zugehörigen Quantile der Standardnormalverteilung ein Intervall, in das die Testgröße T bei Gültigkeit der Nullhypothese mit einer Wahrscheinlichkeit von 1-α fällt. Fällt die Testgröße dagegen in den außerhalb der Inter-

---

316 $n_{ÜZ}$ und n_{KG} bezeichnet die Anzahl der Übernahmeziele bzw. der Partnerunternehmen in der Stichprobe.

317 Vgl. Hays (1981), S. 279 und S. 282; Anderson/Sweeney/Williams (2005), S. 403.

318 Vgl. Hays (1981), S. 283 f.; Anderson/Sweeney/Williams (2005), S. 404.

vallgrenzen befindlichen kritischen Bereich K_α (ein Ereignis, das bei Gültigkeit der Nullhypothese mit einer Wahrscheinlichkeit kleiner gleich α eintritt), müsste aufgrund des Stichprobenbefundes die Hypothese über die Gleichheit der Mittelwerte verworfen werden;[319] es gilt:

$$(11) \quad P(T \varepsilon K_\alpha) \leq \alpha$$

Anstatt ein geeignetes Signifikanzniveau zu wählen, die Grenzen des kritischen Bereiches zu errechnen und die Testgröße mit diesen Grenzen zu vergleichen, wird hier jedoch ein alternatives (aber für empirische Untersuchungen typisches) Vorgehen zur Darstellung der Ergebnisse verwendet: Der p-Wert („probability value“) ist eine Überschreitungswahrscheinlichkeit und entspricht gerade demjenigen Signifikanzniveau, bei dem die Testgröße auf die Grenzen des kritischen Bereiches fallen würde. Der p-Wert markiert daher die Grenze zwischen dem Nicht-Ablehnungs- und dem Ablehnungsbereich. Durch den Ausweis des p-Wertes ist damit direkt ablesbar, ob die Nullhypothese bei einem gegebenen Signifikanzniveau abgelehnt werden kann. Aus diesem Grund wird in Tabelle 3 für jede Kennzahl der jeweilige p-Wert ausgewiesen. Die Entscheidungsregel lautet dann: lehne H_0 ab, falls p-Wert < α.

c) Ineffizienz und negative Gewinnentwicklung als Merkmale von Übernahmezielen

Tabelle 3 gibt die Ergebnisse der mit dem Statistik-Programm SPSS durchgeführten t-Tests wieder. Bei der Interpretation der Ergebnisse ist zu beachten, dass die von SPSS ausgewiesenen und in Tabelle 3 übernommenen p-Werte sich auf *zweiseitige* t-Tests beziehen. Es können bei einem verwendeten Signifikanzniveau von 5% jene Mittelwertunterschiede als signifikant angesehen werden, deren p-Wert laut Tabelle unter 0,05 liegt.

Bei einem Blick auf die Untersuchungsergebnisse fällt auf, dass die p-Werte der unterschiedlichen Kennzahlen, die zu ein und demselben Charakteristikum gehören, teilweise ähnliche Größenordnungen aufweisen. Dies kann einerseits die Sicherheit erhöhen, mit der Schlüsse über Übernahmeziele gezogen werden, da gleich mehrere (oder sogar alle) der zur Abbildung eines Charakteristikums herangezogenen Kennzahlen in die gleiche Richtung deuten, sodass sich eine einheitliche Tendenz ergibt. Andererseits sind in vielen Fällen die Kennzahlen, die zu einer Hypothese gehören, untereinander korreliert, sodass in solchen Fällen ähnliche p-Werte nicht überraschend sind.[320]

---

319 Vgl. Hays (1981), S. 277; Anderson/Sweeney/Williams (2005), S. 346 ff.

320 Zum Problem der Multikollinearität bei einer multivariaten Regression siehe Kapitel III.B.2..

Charakteristikum		Kennzahl	Erwarteter Mittelwert-unterschied[1]	Hypothese	Anzahl Beobachtungen		Übernahmeziele		Nicht-Übernahmeziele		Signifikanz (p-Wert)
					$n_{ÜZ}$	n_{KG}	Mittelwert	Standard-abweichung	Mittelwert	Standard-abweichung	
Erhöhung der Effizienz durch Austausch des Managements	Wirken eines ineffizienten Managements	Kapitalrentabilität									
		• EBIT/Gesamtkapital	-	1a	132	132	3,9%	11,0%	6,5%	8,1%	0,031*
		• Operativer Cashflow/Gesamtkapital	-	1b	132	132	6,4%	9,7%	7,8%	6,6%	0,191
		Kapitalumschlag									
		• Umsatz/Gesamtkapital	-	1c	132	132	1,39	0,67	1,30	0,61	0,227
		Umsatzrendite									
		• EBIT/Umsatz	-	1d	132	132	4,1%	11,5%	6,4%	8,2%	0,070(*)
		• Jahresüberschuss/Umsatz	-	1e	132	132	0,2%	9,9%	2,1%	6,4%	0,070(*)
Disziplinierung des Managements durch Erhöhung des Fremdkapitalanteils	Fähigkeit zur Erhöhung der Verschuldung	Eigenkapitalquote	+	2a	132	132	29,6%	20,0%	31,9%	18,0%	0,348
		Zinsdeckungsquote (EBIT/Zinsausgaben)	+	2b	125	125	3,49	8,26	5,18	9,41	0,133
		Deckungsgrad A (Eigenkapital/Anlagevermögen)	+	2c	124	124	0,76	0,62	0,89	0,70	0,130
	Hohe interne liquide Mittel	Operativer Cashflow/Gesamtkapital	+	2d	132	132	6,4%	9,6%	7,8%	6,6%	0,191
		Kurzfr. Deckungsrelation (Umlaufvermögen/ kurzfr. Verbindlichkeiten)	+	2e	124	124	1,73	0,89	1,73	0,84	0,980
	Mangel an wertschaffenden Investitionsmöglichkeiten	Umsatzwachstum (seit Vorjahr)	+	2f	130	130	11,6%	40,1%	9,7%	25,4%	0,647
		Cashflow-Wachstum (seit Vorjahr)	-	2g	126	126	-17,9%	142,0%	15,9%	144,2%	0,062(*)
Auflösung einer Fehlbewertung	Niedrige Bewertungskennzahlen	Kurs-Gewinn-Verhältnis	-	3a	130	130	19,4	32,5	17,5	29,1	0,608
		Markt-zu-Buchwert-Verhältnis	-	3b	130	130	2,6	3,0	2,1	2,4	0,115
		Unternehmeswert/EBIT	-	3c	126	126	9,8	19,6	8,9	14,8	0,706
		Unternehmenswert/Umsatz	-	3d	126	126	1,0	1,2	1,0	1,3	0,883
Durchführbarkeit der Transaktion/ Integrierbarkeit	Geringe Größe	Umsatz (Mio. €)	-	4a	132	132	1.474	3.740	2.248	6.707	0,249
		Summe der Aktiva (Mio. €)	-	4b	132	132	1.358	4.113	3.430	16.211	0,157
		Marktkapitalisierung (Mio. €)	-	4c	132	132	1.033	4.041	1.289	4.330	0,622

1) Ein "+" bedeutet dabei, dass der Mittelwert der Kennzahl bei den Übernahmezielen als höher vermutet wird
* p-Wert niedrig genug, um Nullhypothese bei einem Signifikanzniveau von 5% abzulehnen
(*) p-Wert nur annähernd niedrig genug, um Nullhypothese bei einem Signifikanzniveau von 5% abzulehnen

Tabelle 3: Ergebnisse der univariaten t-Tests

Bei den Kennzahlen, die zur Einschätzung der *Ineffizienz des Managements* in die Untersuchung aufgenommen wurden, weisen die Übernahmeziele aus der Stichprobe *niedrigere* Mittelwerte auf als die in der Stichprobe befindlichen Nicht-Übernahmeziele. Dies gilt vor allem für das Verhältnis des EBITs zum Gesamtkapital (H1a), für das der durchschnittliche absolute Niveauunterschied der Unternehmen beider Gruppen so groß ist, dass er bei einem Signifikanzniveau von 5 % als signifikant von null verschieden gedeutet werden kann. Auch bei der *Umsatzrendite* (operative Umsatzrendite sowie Umsatzrendite nach Steuern, d.h. H1d und H1e) ist der Mittelwert bei Übernahmezielen geringer, wenngleich die p-Werte die zur Ablehnung der zugehörigen Nullhypothesen notwendigen Schwelle nur annähernd erreichen. Der Unterschied des Verhältnisses des Cashflows zum Gesamtkapital (H1b) und des Kapitalumschlags (H1c) ist auf diesem Niveau *nicht* signifikant. Während die Mittelwerte bei H1c ähnliche Werte aufweisen, deuten die geringe Höhe des p-Wertes und das Vorzeichen des Mittelwertunterschiedes bei H1b zumindest an, dass auch diese Kennzahl dem generellen Trend der höheren Ineffizienz von Übernahmezielen folgt.

Es bietet sich zunächst an, diese Ergebnisse als Hinweis dafür zu interpretieren, dass das vorhandene Optimierungspotenzial bei der Übernahmeentscheidung des Käufers eine Rolle gespielt hat. Jedoch ist auch nach alternativen Interpretationsmöglichkeiten der beobachteten Ergebnisse zu suchen, da sie auch Ausdruck anderer kausaler Zusammenhänge zwischen Ausprägung der Kennzahl und Gruppenzugehörigkeit sein könnten. Eine solche alternative Interpretationsmöglichkeit besteht in der Überlegung, dass die geringe Effizienz eines Unternehmens nicht direkt als „Optimierungspotenzial" das Interesse möglicher Käufer geweckt hat, sondern die geringe Effizienz dazu führte, dass dem Unternehmen in einem womöglich sich konsolidierenden Markt nicht die notwendigen Ressourcen zur Verfügung gestanden haben, um *selbst* zum Käuferunternehmen zu werden. Häufig wird zu mindest ein Teil des Kaufpreises bei Übernahmen aus internen Mitteln in Form von freiem Cashflow finanziert. Niedrige Effizienzkennzahlen würden (zumindest falls sie längerfristig zu beobachten sind) demnach die Nichtexistenz überschüssiger, zur Übernahmefinanzierung zur Verfügung stehender Mittel andeuten. Auch der externe Teil der Übernahmefinanzierung gestaltet sich umso leichter, je eher Kapitalgeber davon überzeugt werden können, dass das Management nach der Übernahme die zur Rückzahlung des Fremdkapitals erforderlichen Einzahlungsüberschüsse erwirtschaften kann. Genau diese Überzeugungsarbeit dürfte Unternehmen, die ihre Leistungsfähigkeit bzw. hohe Effizienz bewiesen haben, leichter fallen. Schließlich ist auch denkbar, dass Unternehmen mit niedriger Effizienz ganz unabhängig von den bisher genannten Gründen ihr Augenmerk auf interne operative Verbesserungsmaßnahmen legen und dadurch zu sehr mit sich selbst beschäftigt sind, um sich über Übernahmestrategien Gedanken zu machen – sodass solche Unternehmen immer eher als Übernahmeziel denn als Käufer erscheinen. In der Praxis dürften alle diese Gründe eine gewisse Rolle bei der Erklärung des erkannten Zusammenhanges zwischen Effizienzkennzahlen und Gruppenzugehörigkeit spielen. Ob eine dieser alternativen Erklärungen die zunächst vermutete (die Bedeutung von Optimierungsmotiven auf Seiten der Käufer) in ihrer Wichtigkeit überwiegt, ist für die Konzeption eines auf Kennzahlen basierenden statistischen Modells jedoch von zweitrangiger Bedeutung; solange ein statistischer Zusammenhang zwischen einer Kennzahl und der Gruppenzugehörigkeit existiert, erscheint der Versuch, die entsprechenden Kennzahlen als Selektionskriterium für Übernahmekandidaten zu verwenden, gerechtfertigt.

Es lassen sich *keine* Belege dafür finden, dass das Potenzial *einer Disziplinierung des Managements durch Erhöhung des Fremdkapitalanteils* eine bedeutende Rolle bei den untersuchten Übernahmen spielte. Zunächst geben die Untersuchungsergebnisse zu H2g und H2f zwar einen *Hinweis auf die Existenz hoher Agency-Kosten* bei Übernahmezielen. Während Letztere im Jahr vor der Übernahme mit durchschnittlich 11,6 % stark wuchsen (wenngleich nicht signifikant stärker als vergleichbare Nicht-Übernahmeziele, siehe H2f), ging dieses Wachstum offensichtlich mit einem starken *Rückgang* des operativen Cashflows einher: Der p-Wert beim Cashflow-Wachstum (H2g) deutet auf eine vergleichsweise schlechte Gewinnentwicklung bei Übernahmezielen hin (wenngleich er die zur Ablehnung der Nullhypothese notwendige Schwelle nur bei einem einseitigen Test überschreiten würde). Dieses Ergebnis gibt somit zunächst einen (schwachen) Hinweis auf eine nicht-wertschaffende Verwendung liquider Mittel bzw. auf einen Mangel an wertschaffenden Wachstumsmöglichkeiten bei Übernahmezielen. Allerdings weisen diese wider Erwarten *keine* höheren überschüssigen Mittel als vergleichbare nicht-übernommene Unternehmen auf: Die zu H2d und H2e gehörigen Nullhypothesen können nicht abgelehnt werden.

Darüber hinaus gibt es *keine* Anhaltspunkte, von einem höheren Spielraum zur Reduzierung der Agency-Kosten bei Übernahmezielen auszugehen; die zu H2a, H2b und H2c gehörigen Nullhypothesen können nicht abgelehnt werden. Während die Fremdkapitalquoten von Übernahmezielen und nicht-übernommenen Unternehmen beinahe identisch sind (H2a), deuten die Vorzeichen der Mittelwertunterschiede entgegen den Erwartungen sogar eher auf eine *geringere* Zinsdeckung (H2b) und einen *niedrigeren* Deckungsgrad A (H2c) von Übernahmezielen hin. Damit ist in Summe bei Übernahmezielen sogar, wenn überhaupt, eher von einem *geringeren* Spielraum zur Erhöhung der Verschuldung auszugehen.

Bei Betrachtung der Ergebnisse zu diesem Charakteristikum fällt auf, dass die Kennzahlen, welche die niedrigsten p-Werte aufweisen (Cashflow/Gesamtkapital, Zinsdeckung, Deckungsgrad A) – und bei denen die Richtung des Unterschiedes den ursprünglichen Vermutungen widerspricht –, ebenso gut als Kennzahlen für die *Ineffizienz des Managements* herangezogen werden könnten (das Gleiche gilt für den starken Rückgang des Cashflows). Ebenso muss beachtet werden, dass sich das vermutete Charakteristikum der Ineffizienz des Managements mit dem der optimierbaren Kapitalstruktur teilweise *widerspricht*: So gehen z.B. eine hohe Liquidität und eine hohe Zinsdeckung tendenziell mit einem effizienten, Gewinne erwirtschaftenden Unternehmen und einem effizient handelnden Management einher. Aus dieser Überlegung heraus wird ersichtlich, dass es nicht verwunderlich ist, wenn nur eines dieser beiden Charakteristika empirisch bestätigt werden kann. Das Potenzial der Reduzierung von Agency-Kosten wird – sofern es überhaupt im deutschen Kapitalmarkt eine bedeutende Rolle spielt – offensichtlich von dem des ineffizienten Managements dominiert.

Sämtliche zur *Fehlbewertung* von Übernahmezielen gebildeten Nullhypothesen (H3a, H3b, H3c, H3d) können nicht abgelehnt werden, da bei allen vier Bewertungskennziffern die Unterschiede der empirischen Verteilungen nicht groß genug sind und das falsche Vorzeichen aufweisen. Angesichts der Ergebnisse bei den Effizienzkennzahlen wäre eher zu erwarten gewesen, dass Übernahmeziele im Schnitt mit einem geringeren *Vielfachen des Umsatzes* bewertet wurden. Die Untersuchungsergebnisse zeigen jedoch, dass sich die durchschnittlichen Umsatz-Multiples der beiden Gruppen ähneln. Auch die Ergebnisse zu den Bewertungskennziffern auf Basis des *Gewinns* sind konträr zu den Erwartungen. Indem sie die Bewertung als Vielfaches des Jahresgewinns darstellen, beziehen diese Kennzahlen eine geringe Profitabilität eines Unternehmens bereits mit ein. Aus diesem Grund wäre zu erwarten gewesen, dass beide Gruppen zumindest mit einem *ähnlichen* Kurs-Gewinn-Verhältnis bzw. EBIT-Multiple bewertet werden; um fehlbewertet zu erscheinen, wären auf der Seite der Übernahmeziele sogar niedrigere Gewinn-Multiples zu erwarten gewesen. Stattdessen zeigen aber die Ergebnisse, dass die Übernahmeziele auf Basis ihres Gewinns sogar leicht höher bewertet wurden als die Nicht-Übernahmeziele. Zwar können auch abweichende Gewinn-Multiples fundamental gerechtfertigt sein – z.B. aufgrund etwaiger höherer Wachstumssaussichten –, doch die bisherigen Erkenntnisse zu den Übernahmezielen (z.B. der nicht signifikante Unterschied beim Umsatzwachstum) erlauben keine solche Erklärung. Eine mögliche Deutung der Ergebnisse zu den Umsatz- und Gewinnmultiples ist, dass bei einigen der Übernahmeziele bereits die Erwartung einer Übernahme (und die damit verbundene Hoffnung auf eine Wertsteigerung) den Kurs höher steigen ließ, als es auf Basis von Umsatz und Gewinn gerechtfertigt gewesen wäre. Festzuhalten ist jedoch, dass (mit Ausnahme der Kennzahl Marktwert zu Buchwert des Eigenkapitals) keinerlei Belege für eine Fehlbewertung von Übernahmezielen gefunden werden konnten. Es kann aus den Ergebnissen auch gefolgert werden, dass Bewertungskennzahlen – die mancher Käufer als Indiz einer Fehlbewertung interpretieren könnte – kein explizites Auswahlkriterium bei der Suche nach geeigneten deutschen Übernahmezielen gespielt haben dürfte, sondern dass andere Charakteristika wichtiger waren.

Die Ergebnisse beim Charakteristikum der *Größe von Übernahmezielen* stützen nur tendenziell die Vermutung, dass Übernahmeziele im Durchschnitt kleiner waren. Eine geringere Größe von Übernahmezielen war aus drei unterschiedlichen Überlegungen heraus vermutet worden:

- der Finanzierbarkeit der Übernahme kleinerer Unternehmen selbst bei nicht optimalen wirtschaftlichen Rahmenbedingungen,
- der geringeren Wahrscheinlichkeit von kartellrechtlichen Problemen bei Übernahmen kleinerer Unternehmen sowie
- der leichteren Integrierbarkeit von kleineren Übernahmezielen.

Die Kennzahlen *Umsatz* (H4a) sowie *Summe der Aktiva* (H4b) weisen entsprechend diesen Überlegungen niedrigere Mittelwerte bei Übernahmezielen auf. Dass die Schwelle, ab welcher dieser Unterschied als signifikant bezeichnet werden kann, nicht ganz erreicht wird, ist auf die sehr hohe Streuung dieser beiden absoluten Kennzahlen bei den untersuchten Unternehmen zurückzuführen. Diese geht in den Nenner der Testgröße z ein und sorgt selbst bei hohen Mittelwertunterschieden für eher geringe Werte der Testgröße. Die *Marktkapitalisierung* (H4c) weist hingegen nichtmal annähernd einen signifikanten Unterschied der Mittelwerte auf. Auch hier ist wie schon bei den Bewertungskennziffern denkbar, dass die Marktkapitalisierung von Übernahmezielen durch eine enthaltene Spekulation auf ein solches Ereignis gesteigert ist.

Zusammenfassend ist festzuhalten, dass nur einige wenige Aussagen über die typische Ausprägung einzelner Kennzahlen von Übernahmezielen getroffen werden können. Dazu gehören insbesondere einige Kennzahlen zur Ineffizienz (z.B. EBIT/Gesamtkapital) und mit Einschränkungen auch die negative Gewinnentwicklung von Übernahmezielen (Cashflow-Wachstum seit Vorjahr).[321] Dass eine Früherkennung von Übernahmezielen durch eine Analyse dieser Kennzahlen möglich ist, lässt sich anhand der Ergebnisse dieses Abschnittes aber zumindest nicht widerlegen und muss in einem multivariaten Kontext untersucht werden. Aus diesem Grund erscheint der Versuch der Konzipierung eines auf solchen Kennzahlen basierenden *Klassifikationsmodells zur Identifizierung von Übernahmekandidaten* gerechtfertigt.

---

321 Eine Überprüfung der Mittelwert-Unterschiede nur für *Teile* des Gesamtzeitraums (z.B. nur 2001-2006) zeigte zwar bei einigen Kennzahlen eine leichte absolute Niveauverschiebung für die Gesamtgruppe (die vor allem durch wirtschaftliche Entwicklung zu erklären ist), jedoch kaum Unterschiede in der *Differenz* der Mittelwerte der beiden Gruppen. Dies liegt vor allem daran, dass zeitliche Einflüsse durch den Vergleich von Übernahmezielen und Partnerunternehmen aus dem jeweils gleichen Jahr weitestgehend eliminiert wurden. Insofern ist nicht davon auszugehen, dass die Wahl der Länge des Zeitraumes von 10 Jahren entscheidenden Einfluss auf die gezeigten Ergebnisse hat.

B. Eingeschränkte Eignung kennzahlenbasierter Identifizierungsmodelle für den deutschen Kapitalmarkt

I. Die binäre Logit-Regression als Modell zur Klassifizierung von Unternehmen

Mittels einer kennzahlenbasierten Modellierung der Übernahmeeignung soll eine Voraussage darüber getroffen werden, ob ein Unternehmen innerhalb eines gewissen Zeitraums zum Übernahmeziel wird und damit schon im Vorhinein (auf Basis des Analyseergebnisses) als „Übernahmekandidat" bezeichnet werden kann. Aufgrund der Struktur eines solchen Ansatzes rücken quantitative Prognosemodelle als unterstützende Methoden ins Blickfeld.[322] Mit diesen können aus der Beobachtung von Elementen und einer Analyse ihrer Zusammenhänge durch eine geeignete quantitative Modellierung Aussagen über bestimmte Eigenschaften *neuer* Elemente getroffen werden. [323]

Für eine solche Modellierung bieten sich zunächst *Regressionsmodelle* an. Mit ihnen würde der Zusammenhang zwischen der abhängigen Variable (der Übernahmeeignung) und den unabhängigen Variablen (der Kennzahlen) in Form einer mathematischen Funktion modelliert werden, welche die Berechnung von geschätzten Werten der Übernahmeeignung für neue Unternehmen mit bekannten Kennzahlenwerten ermöglicht. Im klassischen Fall der *linearen Regression* ist diese Funktion eine Linearkombination von Kennzahlen, deren Koeffizienten dabei so bestimmt werden, dass die Summe der quadrierten Residuen minimiert wird.[324] Ein Problem für die Anwendung in diesem Kontext besteht aber darin, dass die Übernahmeeignung der Unternehmen, die zur Schätzung der Gleichung herangezogen werden könnten, nicht beobachtbar ist. Beobachtbar ist lediglich die *Klassenzugehörigkeit* der betrachteten Unternehmen. Letztlich ist aber auch nicht die Errechnung eines (ohnehin schwer interpretierbaren) Wertes für die Übernahmeeignung das Ziel des Modells, sondern eine Aussage darüber, ob das gegebene Unternehmen ein Übernahmekandidat im Sinne der angeführten Definition darstellt oder nicht. Daher wird die abhängige Variable Y (die Übernahmeeignung) nicht kontinuierlich, sondern diskret modelliert:

---

322 Die Unterteilung von Prognosemodellen erfolgt klassischerweise in *qualitative* und *quantitative* Instrumente; vgl. Welge/Al-Laham (2008), S. 414.

323 Vgl. Mauthe (1984), S. 269. Für eine Übersicht quantitativer Prognosemodelle siehe Welge/Al-Laham (2008), S. 415.

324 Vgl. Eckstein (2000), S. 217.

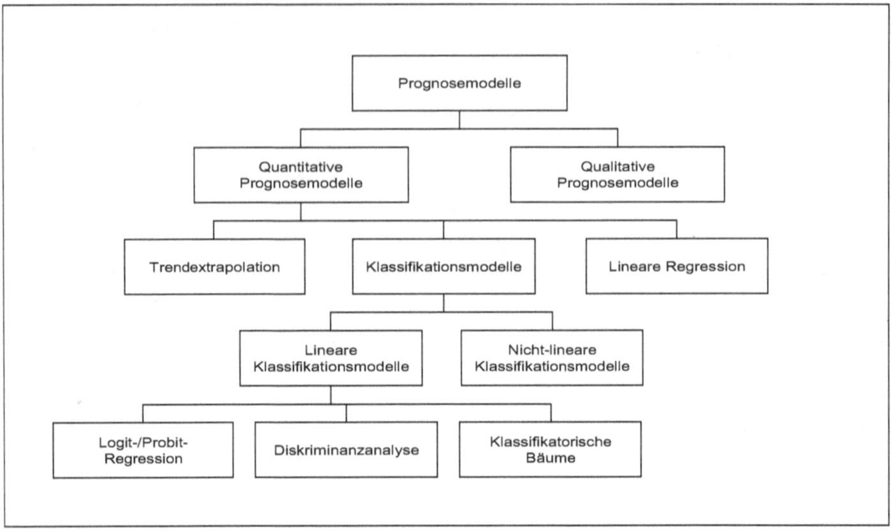

Abbildung 8: Einordnung des verwendeten Modells in die Gruppe der Prognosemodelle

- y=1: das Ereignis der Übernahme tritt in Zeitraum t ein
- y=0: das Ereignis der Übernahme tritt in Zeitraum t nicht ein

Die klassische lineare Regression ist für eine solche diskrete Modellierung der abhängigen Variablen und damit als Klassifizierungsansatz ungeeignet. Hauptursache dafür ist die Verletzung einiger ihrer wesentlichen Annahmen im Falle von diskret modellierten abhängigen Variablen. So kann ein Modell mit binär kodierten[325] Variablen beispielsweise niemals frei von Heteroskedastizität sein.[326] Besser geeignet sind in einem solchen Fall sog. lineare *Klassifikationsmodelle*, die Unternehmen mit ähnlichen quantitativen „Eigenschaften" (bzw. Werten der unabhängigen Variablen) der gleichen Gruppe zuordnen.

Zur Modellierung bieten sich drei Klassifikationsmodelle an:

---

325 Auch eine multinomiale Kodierung wäre möglich, z.B. wenn eine zusätzliche Aufsplittung in Übernahmekandidaten für „freundliche" und „unfreundliche" Übernahmen erfolgt; vgl. hierzu Powell (1997), S. 1024 ff. Da zwischen unfreundlichen und freundlichen Übernahmen aber oft nicht trennscharf unterschieden werden kann, soll eine solche Unterteilung in dieser Arbeit nicht vorgenommen werden; vgl. dazu auch Espahbodi/ Espahbodi (2003), S. 550, sowie Thomas (1997), S. 1034 oder auch Kapitel I.B dieser Arbeit.

326 Durch die binäre Kodierung wird die Kovarianz zwischen den Residuen – welche die Differenzen der Schätzwerte zu 0 bzw. zu 1 darstellen – sehr groß. Darüber hinaus werden die Residuenwerte mit steigendem Wert der abhängigen Variablen systematisch größer bzw. kleiner; damit herrscht Heteroskedastizität; vgl. Urban (1989), S. 4 f.

- die binäre Logit-Regression (bzw. die sehr ähnliche Probit-Regression),
- die Diskriminanzanalyse sowie
- klassfikatorische Bäume.

Da die binäre Logit-Regression– wie im Folgenden argumentiert – unter den Klassifikationsmodellen für diesen Anwendungskontext als besonders geeignet erscheint, kommt sie im nächsten Kapitel zur Anwendung. Ähnlich wie bei Regressionsmodellen wird auch bei ihr aus beobachtbaren Elementen eine lineare Funktion zur Modellierung einer abhängigen Variablen geschätzt. Grundidee ist es aber, nicht mehr die abhängige Variable y direkt zu modellieren, sondern die (bedingte) *Wahrscheinlichkeit* $P(y_i = 1 | x_i^{'})$ dafür, dass y bei einem Unternehmen i mit dem Variablenvektor $x_i^{'}$ den Wert 0 bzw. 1 annimmt.[327]

Diese Wahrscheinlichkeit nun durch eine lineare Regression zu bestimmen, würde aber bedeuten, dass Werte außerhalb des für P zulässigen Wertebereiches von 0 bis 1 geschätzt würden. Die Logit-Regression löst dieses Problem durch eine geeignete Transformation der abhängigen Variablen $P(y_i = 1)$ und sorgt so für einen kontinuierlichen Wertebereich der abhängigen Variablen. Um die obere Schranke der Werte der abhängigen Variable $P(y_i = 1)$ aufzuheben, wird der Prozentwert $P(y_i = 1)$ dabei zunächst durch seine Differenz zu 1 geteilt:[328]

$$(12) \quad \frac{P(y_i = 1)}{1 - P(y_i = 1)}$$

Die sich so ergebende Verhältniszahl (deren Wertebereich zwischen 0 und unendlich liegt) ist als auch als „Gewinnquote“ interpretierbar.[329] Durch Logarithmieren dieser Größe wird auch die untere Schranke des Wertebereichs der abhängigen Variable aufgehoben, sodass der Wertebereich der neuen abhängigen Variable Z_i zwischen minus unendlich und unendlich liegt.[330] Z_i (der sog. „Logit-Wert“) wird dann durch eine lineare Funktion des Eingangsvektors (mit den Koeffizienten B_j) modelliert.[331]

$$(13) \quad Z_i = \log(\frac{Pi}{1 - P_i}) = B_0 + B_1 X_1 + B_2 X_2 + ... + B_n X_n$$

Die Koeffizienten B_j – die mit der Methode der kleinsten Quadrate geschätzt werden – messen den Effekt einer Änderung der zugehörigen unabhängigen Va-

327 Vgl. ebenda, S. 16.
328 Vgl. ebenda, S. 9.
329 Vgl. Anderson/Sweeney/Williams (2005), S. 680 f.
330 Vgl. Urban (1989), S. 10.
331 Vgl. Anderson/Sweeney/Williams (2005), S. 683.

riable (Kennzahl) auf die Logit-Werte. Nach einer Umstellung nach P_i zur besseren Interpretierbarkeit ergibt sich:[332]

$$(14)\quad P_i = F(Z_i) = \frac{1}{1+e^{-Z_i}},\ \text{wobei}\ Z_i = x_i'B$$

Das Logit-Regressionsmodell ordnet damit im konkreten Anwendungsfall jedem Unternehmen – basierend auf einer Linearkombination seiner Kennzahlen – eine Zahl P_i zu, die als „Eignung" dafür interpretiert werden kann, in einem bestimmten Zeitraum zum Übernahmeziel zu werden. Anhand dieser Werte lassen sich verschiedene Unternehmen gemäß ihrer Übernahmeeignung ordnen.[333] Geschätzte Werte der Übernahmeeignung ergeben sich aus

$$(15)\quad P_i = F(z) + e$$

e ist als Störterm zu interpretieren und bezieht andere, nicht in den ausgewählten Kennzahlen gemessene Einflüsse auf die Übernahmeeignung ein.[334]

Eine Entscheidung darüber, ab welcher Höhe ein Unternehmen als Übernahmekandidat klassifiziert werden soll, muss erst im konkreten Anwendungsfall getroffen werden. Der Vorteil der Logit-Regression im Vergleich zur linearen Regression liegt insbesondere darin, dass Erstere nicht die Annahme der linearen Beziehung zwischen unabhängiger und abhängiger Variable benötigt. Ebenso wenig wird die Normalverteilung der abhängigen Variablen oder Homoskedastizität verlangt.[335] Benötigt wird nur die Unabhängigkeit der einzelnen Elemente voneinander sowie eine lineare Beziehung zwischen unabhängigen Variablen und den *Logit-Werten* der abhängigen Variablen. Die Logit-Regression wurde bereits einige Male für die Identifizierung von Übernahmekandidaten im angelsächsischen Bereich angewendet.[336]

Ein der Logit-Regression sehr ähnlicher Ansatz, der Elemente ebenfalls auf Basis einer Linearkombination ihrer quantitativen Eigenschaften klassifiziert, ist die *Probit-Regression.* Der wesentliche Unterschied besteht in der Annahme über die Verteilung der abhängigen Variable. Während das Logit-Modell eine logistische Verteilung unterstellt, ist es beim Probit-Modell eine Standard-Normalverteilung.

Auch bei der *Diskriminanzanalyse* findet die Klassenzuteilung auf Basis einer Linearkombination (hier „Diskriminanzfunktion") quantitativer Eigenschaften

---

332 Vgl. Urban (1989), S. 12.

333 Vgl. Dietrich/Sorensen (1984), S. 398.

334 Vgl. Dietrich, S. 394.

335 Vgl. Zanakis/Zopounidis (1997), S. 680 f.

336 Vgl. Dietrich/Sorensen (1984), S. 393 ff.; Hasbrouck (1985), S. 351 ff.; Palepu (1986), S. 3 ff.; Meador/Church/Rayburn (1996), S. 11 ff.; Powell (1997), S. 1009 ff. und 2004, S. 35 ff.; Barnes (1990), S. 73 ff.; und 1998, S. 573 ff.

eines Unternehmens statt, deren Koeffizienten aus Daten von Unternehmen mit bekannter Klassenzugehörigkeit geschätzt wurden.[337] Anders als bei der Logit-Regression ist dabei das Ziel aber nicht das Errechnen eines konkreten, interpretierbaren *Wertes* einer abhängigen Variable (z.B. der „Übernahmeeignung") für Elemente mit bekannten unabhängigen Variablenwerten, sondern lediglich die Bestimmung der *Zugehörigkeit eines neuen Elementes zu einer bestimmten Klasse.* Die Koeffizienten B_j dieser Diskriminanzfunktion der Form

(16) $Z = B_0 + B_1X_1 + B_2X_2 + ... + B_nX_n$

werden dabei zunächst so geschätzt, dass sich möglichst hohe Unterschiede in den Werten der abhängigen Variable Z zwischen Elementen der einen Gruppe und Elementen der anderen Gruppe ergeben.[338] Das bei der Schätzung hierfür konkret verwendete Kriterium ist die Maximierung des Verhältnisses von der Varianz innerhalb der gebildeten Gruppen und der Varianz zwischen den Gruppen. Durch Anwendung dieser Methodik erhalten jene Eingangsvariablen höhere Gewichte, welche – da ihre Mittelwerte bei den beiden Gruppen eine hohe Differenz aufweisen – mehr zur Unterscheidung der Gruppen beitragen. Letztlich wird durch dieses Verfahren genau jene Linearkombination von Eingangsvariablen geschätzt, welche eine Gruppe von Elementen „bestmöglich" in zwei vorgegebene Klassen aufteilt.[339] Diese Klassenzugehörigkeit eines Elementes wird schließlich mit Hilfe der Diskriminanzfunktion und einer Klassifikationsregel bestimmt: Ordne das Objekt der Gruppe I zu, wenn der Wert der abhängigen Variable z einen kritischen Wert z_c überschreitet.[340] Die Diskriminanzanalyse wurde ebenfalls bereits einige Male im Kontext der Identifizierung von Übernahmekandidaten im angelsächsischen Bereich verwendet.[341] Sie weist den Nachteil auf, dass die Methodik die restriktive Annahme erfordert, dass die Daten multivariat normalverteilt und die Kovarianz-Matrizen gleich sind.[342] Das Logit-Modell hingegen stellt keine solche Annahme.[343] Zu seinen Vorteilen im

337 Die Diskriminanzanalyse wurde von Fisher (1936), S. 179 ff. vorgestellt.

338 Für eine Vertiefung der Schätzmethodik in der Diskriminanzanalyse, vgl. McLachlan (2004), S. 52 ff.

339 Vgl. Zanakis/Zopounidis (1997), S. 680.

340 Vgl. Espahbodi/Espahbodi (2003), S. 551. Diese Klassifikationsregel kann auch so interpretiert werden: „Ordne das Objekt der Gruppe I zu, wenn die Distanz des Objektes zur Gruppe I kleiner ist als zur Gruppe II."

341 Vgl. Bartley/Boardman (1990), S. 55 ff.; Barnes (1990), S. 78; Espahbodi/Espahbodi (2003), S. 551 ff.

342 Vgl. Dietrich/Sorensen (1984), S. 398 und auch Zanakis/Zopounidis (1997), S. 680 f. Für eine weiterführende Diskussion der Nachteile der Diskriminanzanalyse vgl. Eisenbeis (1977), S. 875 ff.

343 Vgl. Meador/Church/Rayburn (1996), S. 17. Barnes (1998), S. 582 führt an, dass die Kennzahlen von Unternehmen tatsächlich nicht als normalverteilt angesehen werden

Vergleich zur Diskriminanzanalyse gehört auch die bessere Möglichkeit zur Interpretation der Koeffizienten des geschätzten Modells.[344]

Das einzige statistische Klassifizierungsmodell, das ohne eine lineare Funktion zur Klassifizierung auskommt und schon zur Identifizierung von Übernahmekandidaten verwendet wurde, ist die nicht-parametrische Methode der *klassifikatorischen Bäume*.[345] Ein klassifikatorischer Baum stellt eine Menge von hierarchisch verknüpften „Regeln" dar, deren schrittweise Abarbeitung eine Ausgangsfrage (hier: „Ist ein Unternehmen ein Übernahmekandidat oder nicht?") beantwortet.[346] Die „Regeln" sind in diesem Kontext Abfragen darüber, ob bestimmte Kennzahlen des untersuchten Unternehmens über oder unter gewissen Trennwerten liegen.[347] Bei der „Kalibrierung" des Baumes, die wiederum anhand einer Stichprobe aus bekannten Übernahmezielen und Nicht-Übernahmezielen der Vergangenheit erfolgt, werden neben den an einzelnen Knoten des Baumes abzufragenden *Kennzahlenwerten* auch die *Trennwerte* bestimmt.[348] Die Kalibrierungsmethodik bedient sich dabei der Regelinduktion, bei der eine Menge von Unternehmen mit bekannter Klassenzugehörigkeit durch den Baum läuft (beginnend an der Spitze). An jedem Knotenpunkt (d.h. bei jeder Kennzahl) wird ein optimaler Trennwert bestimmt, mit dessen Hilfe die Gruppe bestmöglich in zwei Teilgruppen zerlegt wird. Kriterium für die Wahl eines optimalen Trennwertes ist dabei die maximale Heterogenität der zu bildenden neuen Klassen.[349] Sind alle Trennwerte bestimmt, lässt sich die Klassenzugehörigkeit eines neuen Unternehmens unbekannter Gruppenzugehörigkeit durch einen Durchlauf durch den Baum bestimmen, der stets an einem Blatt des Baumes („Übernahmekandidat" oder „nicht Übernahmekandidat") endet. Zu den Vorteilen der klassifikatorischen Bäume gehört wie auch bei der Logit-Regression, dass keine Annahmen über die Verteilung der Variablen getroffen werden müssen. Anders als beim Logit-Modell müssen die Variablen aber nicht transformiert werden; darüber hinaus wirken sich fehlende Daten oder Ausreißer weniger stark aus.[350] Allerdings hat diese Methode gegenüber dem Logit-Modell den Nachteil, dass kein kontinuierlicher Wert der Übernahmeeignung ausgegeben wird, sondern nur eine Klassenzugehörigkeit. Die Erstellung einer Rangfolge

können, und begründet damit die Überlegenheit der Logit-Regression gegenüber der Diskriminanzanalyse.

344 Vgl. Eisenbeis (1977), S. 883.

345 Vgl. Espahbodi/Espahbodi (2003), S. 552 ff.

346 Vgl. Lusti (2002), S. 290 ff.

347 Zu den verschiedenen Möglichkeiten, solche Trennregeln in einem klassifikatorischen Baum festzulegen, vgl. Breiman et al. (1984), S. 93 ff.

348 Vgl. ebenda, S. 20 ff.

349 Ein mögliches Maß der Heterogenität ist dabei die informationstheoretische Entropie; vgl. Lusti (2002), S. 304 f.

350 Vgl. Espahbodi/Espahbodi (2003), S. 553.

der Unternehmen nach ihrer Übernahmeeignung (die z.B. auch für eine Investitionsstrategie notwendig wäre, die eine Investition in Unternehmen mit einer besonders hohen Übernahmeeignung vorsieht) ist damit unmöglich. Auch ist eine sehr große Stichprobe für die Kalibrierung eines klassifikatorischen Baumes nötig.[351]

Aus den vorgestellten Ansätzen kommt lediglich *eines* – das binäre Logit-Modell – zur Anwendung. Dieses weist gegenüber den anderen Modellen die angeführten Vorteile der weniger restriktiven Annahmen, der besseren Interpretierbarkeit der Koeffizienten bzw. der Möglichkeit der Bildung einer Reihenfolge der Elemente in Bezug auf ihre Übernahmeeignung auf. [352] Darüber hinaus steht in dieser Arbeit nicht ein Vergleich zwischen den (strukturell ohnehin sehr ähnlichen) angeführten statistischen Klassifikationsmodellen untereinander im Vordergrund, sondern eine Einschätzung ihrer generellen Eignung zur Bestimmung der Übernahmeeignung. Ferner konnte bei einem Vergleich der hier vorgestellten Modelle in Bezug auf ihre Eignung zur Modellierung der Übernahmeeignung festgestellt werden, dass sie sich in ihrer Fähigkeit, Übernahmekandidaten für den US-Markt zu identifizieren, stark ähneln.[353]

2. Geringe Klassifikationskraft eines Logit-Regressions-Modells

Für die konkrete Konzipierung des Klassifikationsmodells wird die bereits für die univariaten Mittelwert-Vergleiche verwendete Stichprobe herangezogen. Ziel des Modells ist es jedoch nicht nur, Unternehmen korrekt zu klassifizieren, die schon für die durchzuführende *Schätzung* der (für die Klassifizierung nötigen) Logit-Regressions-Gleichung herangezogen werden und deren Klassenzugehörigkeit dem Modell daher bereits bekannt ist. Stattdessen muss auch überprüft werden, inwieweit es mit Hilfe des Modells gelingen kann, *zukünftige*[354] Übernahmeziele zu erkennen, deren (erst in der Zukunft bestimmte) Klassenzugehörigkeit zum Zeitpunkt seiner Anwendung unbekannt ist. Aus diesem Grund wird der bei den univariaten Tests verwendete Zeitraum in einen *Schätzzeitraum* (1997-2004), welcher der Schätzung der Koeffizienten der Logit-Regressionsgleichung dient, und in einen *Prognosezeitraum* (2005-2006) unterteilt. Getestet wird, ob ein aus dem Schätzzeitraum gewonnenes Modell in der Lage ist, aus der Gesamtheit aller börsennotierten deutschen Unternehmen des Prognosezeitraumes diejenigen anhand ihrer Kennzahlen aus dem Jahresabschluss von 2004 zu erkennen, die im Prognosezeitraum tatsächlich übernommen wurden – und

---

351 Zu diesen und anderen Nachteilen von klassifikatorischen Bäumen siehe ebenda, S. 553 f.

352 Zu den spezifischen Nachteilen von Logit-Modellen (die für den hier diskutieren Anwendungskontext aber keine Rolle spielen) siehe Urban (1989), S. 39 ff.

353 Vgl. Espahbodi/Espahbodi (2003), S. 564 ff.

354 „Zukünftig“ meint hier bezogen auf den Zeitpunkt der Anwendung des Modells.

daher an der zeitlichen Schnittstelle der beiden Zeiträume (dem Zeitpunkt der Modellanwendung) als „Übernahmekandidaten“ bezeichnet werden konnten (siehe Abbildung 9). Als „Nicht-Übernahmekandidaten“ werden im Folgenden Unternehmen bezeichnet, welche durch das Modell nicht als Übernahmekandidaten klassifiziert wurden. Die Begriffe „Übernahmeziel“ und „Nicht-Übernahmeziel“ bezeichnen im Folgenden weiterhin nicht das Ergebnis einer Modellklassifikation, sondern den *tatsächlichen* Status eines betrachteten Unternehmens am Ende des gesamten in dieser Arbeit betrachteten Zeitraums.

Die Wahl der *Länge des Prognosezeitraumes* (2 Jahre) stellt einen Kompromiss aus zwei Überlegungen dar. Zum einen wird ein kürzerer Prognosezeitraum von *einem Jahr* (der bei den existierenden angelsächsischen Versuchen gewählt wird) nach Meinung des Autors nicht der Tatsache gerecht, dass von der Entscheidung des Käufers für eine Übernahme bis zu deren tatsächlichen Ankündigung viel Zeit vergehen kann.[355] Insofern sollte die Modellierung berücksichtigen, dass ein Unternehmen, das mit dem Jahresabschluss 2004 das Profil eines Übernahmekandidaten aufweist, auch später als innerhalb der folgenden 12 Monate übernommen werden kann.[356] Anderseits würde die Wahl eines noch längerer Zeitraums (> 2 Jahre) bedeuten, dass die zur Klassifikation herangezogenen Kennzahlen des Jahresabschlusses aus 2004 immer weniger die jeweils aktuelle wirtschaftliche Lage des Unternehmens widerspiegeln. Neu publizierte Quartals- oder Jahresabschlüsse (die auch von potenziellen Käufern bei der Beurteilung eines möglichen Übernahmeziels herangezogen werden dürften) würden die Aussagekraft des im Modell verwendeten Abschlusses von 2004 nach und nach mindern, sodass der Erfolg einer Klassifizierung auf Basis immer aussageschwächer werdender Daten fraglich erschiene.

Von den ursprünglich 132 Übernahmezielen wurden 104 (all jene, bei denen zwischen 1997 und 2004 eine Übernahme angekündigt wurde) der „*Schätzstichprobe*“ zugeordnet. Zusammen mit den zugehörigen 104 als Partnerunternehmen fungierenden Nicht-Übernahmezielen besteht sie aus 208 Unternehmen. Es ist jedoch wiederum das Problem fehlender Werte zu beachten, welches bei der Schätzung der Logit-Regressionsgleichung noch stärkeren Einfluss als im univariaten Kontext hat: Bei Letzterem konnten einzelne Unternehmen, die bei *einzelnen* Kennzahlen keinen Wert aufweisen konnten, einfach aus dem *jeweiligen* t-Test eliminiert werden. Bei der Schätzung eines Logit-Modells wird jedoch ein gänzlich vollständiger Datensatz benötigt. Daher mussten alle Unternehmen, die nicht bei *jeder* Kennzahl einen Wert aufwiesen, aus der Stichprobe eliminiert

---

355 Dazu gehört z.B. die für das Sammeln des notwendigen Kapitals benötigte Zeit.

356 Vgl. Bartley/Boardman (1990), S. 59.

werden; dies betraf 18 der 208 Unternehmen aus der *Schätzstichprobe* (jeweils 9 Übernahmeziele und Nicht-Übernahmeziele).[357]

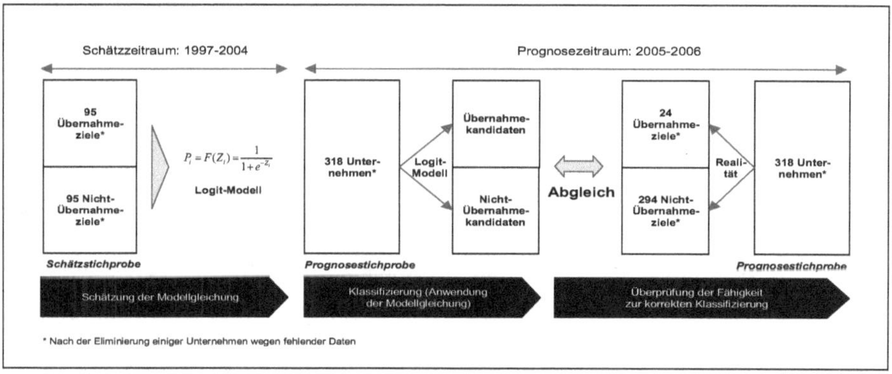

Abbildung 9: Klassifizierung der Unternehmen des Prognosezeitraumes

Die dann aus 190 Unternehmen bestehende Schätzstichprobe (siehe Abbildung 9) weist weiterhin ein ausgeglichenes Verhältnis zwischen Übernahmezielen und Nicht-Übernahmezielen auf. Eine solche Zusammensetzung der Stichprobe des Schätzzeitraumes, die nicht dem Verhältnis der beiden Gruppen in der Grundgesamtheit entspricht, stellt jedoch keine Zufallsstichprobe mehr dar und führt daher in einem Logit-Regressionsmodell zu einer Verzerrung der Standardfehler der Koeffizienten.[358] Jedoch betrifft diese Verzerrung nur die Konstante der geschätzten Modellgleichung, während die Koeffizienten und die Reihenfolge der Unternehmen bezüglich der Werte der abhängigen Variable unverändert bleiben.[359] Die Verzerrung kann dadurch mit einer simplen Anpassung der Konstante oder alternativ durch eine Anpassung der des sog. *Trennwertes* (der Wert der abhängigen Variable, ab dem ein Unternehmen als Übernahmekandidat bezeichnet wird) ausgeglichen werden.[360]

Für die Übernahmeziele des *Prognosezeitraumes* – die vom Modell als Übernahmekandidaten klassifiziert werden sollen – erfolgt keine Zuordnung von Partnerunternehmen (durch welche im univariaten Teil ein ausgeglichenes Verhältnis zwischen Übernahmezielen und Nicht-Übernahmezielen geschaffen wurde). Die Klassenzugehörigkeit der Unternehmen dieses Zeitraumes soll dem Modell bzw. seinem Anwender gerade unbekannt sein. Stattdessen umfasst die

---

[357] Musste ein Zielunternehmen aus diesen Gründen eliminiert werden, wurde das zugehörige Partnerunternehmen zur Wahrung der gleichen Branchenzusammensetzung zwischen Übernahmezielen und Nicht-Übernahmezielen ebenso eliminiert (und umgekehrt).

[358] Vgl. Palepu (1986), S. 6 ff.; Kieschnick (1998), S. 189.

[359] Vgl. Barnes (1990), S. 76.

[360] Vgl. Espahbodi/Espahbodi (2003), S. 552, Fußnote 3 und S. 554, Fußnote 5.

Stichprobe des Prognosezeitraumes die *Gesamtheit* aller deutschen börsennotierten Unternehmen dieses Zeitraums, um eine möglichst realitätsnahe Prüfung der Prognosefähigkeit des Modells vornehmen zu können. Zu den 28 Übernahmezielen aus den Jahren 2005 und 2006 kamen somit 337 Nicht-Übernahmeziele.[361] Es mussten 4 der 28 Übernahmeziele sowie 43 der 337 Nicht-Übernahmeziele aufgrund fehlender Werte eliminiert werden, sodass insgesamt 318 Unternehmen die „*Prognosestichprobe*" bildeten (siehe Abbildung 9).

Aufgrund der zu erwartenden Multikollinearität[362] können aus den Ergebnissen der *univariaten* Mittelwertvergleichtests – wenngleich letztere für die Konzipierung des anzuwendenden Klassifikationsmodelles als Vorarbeit dienten – keine direkten Aussagen über die Signifikanz einzelner Kennzahlen in einem hier verwandten *multivariaten* Modell getroffen werden.[363] Aus diesem Grund müssen zunächst auch die im univariaten Kontext *nicht* signifikanten Kennzahlen bei der Überlegung, welche von ihnen Eingang ins Logit-Modell finden sollen, einbezogen werden. Eine Modellierung der Übernahmeeignung unter Berücksichtigung *aller* vorgeschlagenen Kennzahlen bietet sich jedoch nicht an. Zum einen nimmt die Multikollinearität tendenziell zu, je mehr Variablen Eingang ins Modell finden, was die Stabilität der geschätzten Koeffizienten schwächt.[364] Zum anderen droht in einem solchen Fall eine Überanpassung der Modellgleichung an die zur Schätzung des Modells verwendete Stichprobe, bei der dann neben den Beziehungen zwischen den Kennzahlen und der abhängigen Variable ungewollt auch die Störterme modelliert würden; dies würde die Fähigkeit des Modells zur Beurteilung der Übernahmeeignung anderer Unternehmen beeinträchtigen.[365] Ein leistungsfähiges Logit-Modell besteht daher aus wenigen, erklärungskräftigen und miteinander weitestgehend unkorrelierten Kennzahlen.[366]

Um diesem Ziel gerecht zu werden, wird der Modellschätzung eine *Hauptkomponentenanalyse* zur Reduzierung der Multikollinearität der Kennzahlen vorge-

---

361 Beim Sammeln der Nicht-Übernahmeziele für die Prognosestichprobe wurden die bereits aus Kapitel III.A.3.a) bekannten Kriterien angewandt (z.B. keine Finanzdienstleister, Umsatz >50 Mio. € etc.).

362 Ein gewisses Maß an Multikollinearität ist schon deswegen zu erwarten, weil einige der Charakteristika durch gleich mehrere, teilweise recht ähnliche Kennzahlen operationalisiert wurden.

363 Nur bei Unkorreliertheit der Kennzahlen ist ein Übereinstimmen der uni- und multivariaten Ergebnisse hinsichtlich der Signifikanz einzelner Kennzahlen zu erwarten; vgl. Espahbodi/Espahbodi (2003), S. 570 f.

364 Vgl. Barnes (1998), S. 578.

365 Vgl. Mahmood/Lawrence (1987), S. 308 ff.

366 Vgl. Barnes (1999), S. 289 f.

schaltet.[367] Dabei werden korrelierte Kennzahlen zu einigen wenigen, miteinander möglichst unkorrelierten Komponenten zusammengeführt, die Linearkombinationen der Kennzahlen darstellen und den größten Teil der in den Kennzahlen beobachteten Varianz erklären können.[368] Dadurch können mit Hilfe von SPSS sieben Komponenten extrahiert werden.[369] Um die Interpretierbarkeit der Modellkoeffizienten zu erhöhen, werden aber nicht die *Komponenten* selbst, sondern die wichtigsten zur Erklärung der abhängigen Variablen dienlichen *Kennzahlen* ins Logit-Modell einbezogen. Zu diesem Zweck wird aus der Komponentenmatrix für jede einzelne Komponente diejenige Kennzahl ausgewählt, die die höchste Korrelation (d.h. die höchste Ladung) mit ihr aufweist.[370]

Die so gewonnenen Kennzahlen sind: Umsatz, EBIT/Umsatz, Deckungsgrad A, Umsatzwachstum, Kapitalumschlag, KGV, Markt-zu-Buchwert.

Wie schon bei den univariaten Tests wurden die Daten von extremen Ausreißern befreit, indem diese auf Werte angepasst wurden, die einen Abstand von der zweifachen Standardabweichung vom Mittelwert der jeweiligen Verteilung aufwiesen. Tabelle 4 zeigt die geschätzten Modellkoeffizienten und ihre Standardfehler.[371]

Zur Beurteilung der Signifikanz einzelner Koeffizienten kann die jeweils in der vierten Spalte angegebene *Wald-Statistik* herangezogen werden, die sich als quadriertes Verhältnis aus Koeffizient und dessen Standardfehler ergibt und als Teststatistik für den sog. *Wald-Test* dient.[372] Zur Überprüfung der Nullhypothese dieses Tests, dass der Wert eines Koeffizienten gleich null ist (und die zugehörige Kennzahl damit nicht zur Erklärung der abhängigen Variablen beiträgt), kann analog zum Vorgehen bei den univariaten Tests der jeweilige p-Wert mit einem gewählten Signifikanzniveau (z.B. 5 %) verglichen werden.[373] Als Kenn-

---

367 Eine alternative Methode zur Reduzierung der Multikollinearität wäre es gewesen, mit Hilfe einer Analyse der Korrelationsmatrix diejenigen Variablen auszuschließen, die bei den Korrelationskoeffizienten eine bestimmte Schwelle überschreiten; vgl. dazu Barnes (1998), S. 579.

368 Zum Vorgehen bei der Hauptkomponentenanalyse vgl. Mulaik (1972), S. 103 ff.

369 Extrahiert wurden mit der Extrationsmethode der *Hauptkomponentenanalyse* all jene Komponenten, die einen Eigenvektor-Wert von größer als eins aufwiesen; dieses Kriterium stellt eine typische Auswahlregel dar; vgl. Zanakis/Zopounidis (1997), S. 682. Letztlich konnten so 76 % der Varianz erklärt werden.

370 Ein solches Vorgehen wählen auch Barnes (1990), S. 78, Zanakis/Zopounidis (1997), S. 682 f. und Stevens (1973), S. 152 ff.

371 Zur Interpretation von Koeffizienten einer Logit-Regressionsgleichung im Allgemeinen siehe Menard (2002), S. 41 ff.

372 Vgl. Agresti (2002), S. 11.

373 Obwohl in SPSS die Wald-Statistik zur Überprüfung der Signifikanz einzelner Koeffizienten ausgegeben wird, betonen einige Autoren die Vorteile des alternativen Likelihood-Verhältnis-Tests, da der Wald-Test bei hohen Logit-Koeffizienten und überhöhten

zahlen mit der höchsten Signifikanz erweisen sich demnach die Umsatzrendite, der Deckungsgrad A, das KGV sowie das Verhältnis von Markt-zu-Buchwert.

Kennzahl	Koeffizient	Standardfehler	Wald-Statistik	Signifikanz
Konstante	-0,231	0,458	0,254	0,615
Umsatz	0,000	0,000	0,928	0,335
Umsatzrendite (EBIT/Umsatz)	-4,027	1,935	4,331	0,037
Deckungsgrad A	-0,355	0,269	1,742	0,187
Umsatzwachstum (seit Vorjahr)	-0,048	0,463	0,011	0,918
Kapitalumschlag (Umsatz/Gesamtkapital)	0,296	0,279	1,123	0,289
Kurs-Gewinn-Verhältnis	0,007	0,005	1,813	0,178
Markt-zu-Buchwert-Verhältnis	0,092	0,065	1,993	0,158

Signifikanz des Chi-Quadrat-Tests	0,052
Signifikanz des Hosmer-Lemeshow-Tests	0,456
R^2 von Nagelkerke	0,094

Tabelle 4: Koeffizienten der Logit-Regressions-Gleichung

Zur Beurteilung der Tauglichkeit des Modells als Ganzes bieten sich verschiedene Qualitätsindikatoren an, die sich in zwei Obergruppen zusammenfassen lassen:

- Indikatoren, die die Fähigkeit der Modellgleichung beurteilen, die Zusammenhänge in den Daten der Schätzstichprobe im statistischen Sinne gut zu beschreiben, sowie
- Indikatoren, die die Fähigkeit der Modellgleichung bewerten, im Schätzzeitraum – aber vor allem auch im Prognosezeitraum – Übernahmeziele

Standardfehlern niedrige Werte annimmt und fälschlicherweise die Nicht-Signifikanz einzelner Koeffizienten anzeigen könnte; vgl. Menard (2002), S. 43.

und Nicht-Übernahmeziele korrekt zu klassifizieren (d.h. *Übernahmeziele* korrekterweise als *Übernahmekandidaten* und *Nicht-Übernahmeziele* korrekterweise als *Nicht-Übernahmekandidaten*).

Zur ersten Gruppe von Qualitätsindikatoren gehört das Ergebnis des *Chi-Quadrat-Tests* von 0,052, welches anzeigt, dass das Modell insgesamt signifikant ist.[374] Der Chi-Quadrat-Test basiert auf dem sog. „Likelihood-Verhältnis" des Modells, das die Bedeutung der durch das Modell unerklärten Streuung der abhängigen Variable misst.[375] Getestet wird dabei, ob die Chi-Quadrat-verteilte Differenz des Likelihood-Verhältnisses des geschätzten Modells zum Likelihood-Verhältnis eines Basismodells – welches nur die Konstante und keinerlei Kennzahlen enthält – signifikant von null verschieden ist. Da diese Differenz im vorliegenden Fall signifikant ist, lässt dies den Schluss zu, dass die Veränderung des Likelihood-Verhältnisses vom Basismodell zum hier geschätzten Modell auf *die Aufnahme der Koeffizienten* zurückzuführen ist und diese damit bei der Schätzung der abhängigen Variable nicht vernachlässigbar sind.[376] Mit dem Chi-Quadrat-Test ist jedoch nicht die Signifikanz aller einzelnen Koeffizienten nachgewiesen, sondern nur die des Modells als Ganzes.

Die Güte der Anpassung der Schätzwerte der abhängigen Variablen an die tatsächlichen Werte misst der *Hosmer-Lemeshow-Test*.[377] Dessen Nullhypothese postuliert, dass es keinerlei Unterschiede zwischen den Schätzwerten des Modells und den tatsächlichen Werten der abhängigen Variable gibt. Im geschätzten Modell kann diese Nullhypothese aufgrund eines p-Wertes von 0,456 nicht verworfen werden; dies ist als Indiz dafür zu interpretieren, dass das geschätzte Modell zumindest eine gewisse Anpassungsgüte an die beobachteten Werte der abhängigen Variable erreicht.

Sog. „Pseudo-R^2" erlauben (analog zum R^2 der linearen Regression) eine Abschätzung des Anteils der mit dem Modell erklärten Streuung an der Gesamtstreuung der abhängigen Variable.[378] Solche Größen messen nicht die Anpassungsgüte eines Modells, sondern die Stärke des Zusammenhangs zwischen den unabhängigen und der abhängigen Variable. Aus der Reihe der möglichen R^2-ähnlichen Maßzahlen[379] wird hier das in SPSS ausgegebene *R^2 von Nagelkerke*

---

374 Zur Anwendung des Chi-Quadrat-Tests vgl. Andreß (1997), S. 285 f.

375 Das Likelihood-Verhältnis ist ähnlich wie die Summe der quadrierten Residuen in der linearen Regression zu interpretieren.

376 Vgl. Hays (1981), S. 536 ff.

377 Vgl. Hosmer/Lemeshow (2000), S. 147 ff.

378 Vgl. Andreß (1997), S. 287; Urban (1989), S. 34 f.

379 Zu den alternativen R^2-Maßzahlen siehe Aldrich/Nelson (1984), S. 57 ff.

verwendet.[380] Das vom Modell erreichte R^2 von Nagelkerke von 0,094 erscheint sehr niedrig; angesichts fehlender Vergleichsmöglichkeiten ist eine genauere Interpretation jedoch schwierig.

Die zweite Gruppe der Qualitätsindikatoren beinhaltet die Klassifikationsfähigkeit der beiden geschätzten Modelle. Indikatoren für die Klassifikationsfähigkeit sind das Ausmaß zweierlei „Trefferquoten“:

- der Anteil der Übernahmeziele, die vom Modell auch als Übernahmekandidat klassifiziert wurden (jeweils Schätz- und Prognosezeitraum), sowie
- der Anteil der Nicht-Übernahmeziele, die vom Modell auch nicht als Übernahmekandidat klassifiziert wurden (jeweils Schätz- und Prognosezeitraum).

Die Klassifikationsmatrix (Tabelle 5) gibt Auskunft über diese beiden „Trefferquoten“ der beiden Modelle sowie über die jeweils zugehörigen Fehlerquoten, die den Anteil der falsch klassifizierten Unternehmen messen. Ein Modell mit maximaler Klassifikationsfähigkeit würde Trefferquoten von 100 % bzw. Fehlerquoten von 0 % aufweisen. Die in Tabelle 5 gezeigte Klassifikationsmatrix ergibt sich bei der (zunächst willkürlichen) Wahl von 0,5 als Trennwert der abhängigen Variable, ab dem ein Unternehmen vom Modell als Übernahmekandidat klassifiziert werden soll.[381]

Das Modell klassifiziert im *Schätzzeitraum* 56 % aller Übernahmeziele und auch 56 % aller Nicht-Übernahmeziele korrekt. Im *Prognosezeitraum* klassifiziert das Modell 190 von 294 Nicht-Übernahmezielen und damit 65 % auch korrekterweise als Nicht-Übernahmekandidaten. Von den 24 Übernahmezielen im Prognosezeitraum klassifiziert das Modell 12 korrekterweise als Übernahmekandidaten und 12 fälschlicherweise als Nicht-Übernahmekandidaten, sodass dort die Trefferquote 50 % beträgt.

---

380 Das R^2 von Nagelkerke stellt eine Modifikation des R^2 von Cox/Snell (1989), S. 69 ff. dar und hat – da sein Wertebereich zwischen 0 und 1 liegt – gegenüber diesem den Vorteil der leichteren Interpretierbarkeit; vgl. Nagelkerke (1991), 691 f.

381 Klassifikationsmatrizen sind allerdings nicht als Kriterium der Anpassungsgüte des Modells zu verwenden, da sie keine Auskunft darüber geben, wie *nah* die geschätzten Werte der abhängigen Variablen an 0 oder 1 (bzw. den beobachteten Werten) sind (im Idealfall erreichen alle Übernahmeziele Werte nahe 1 und alle Nicht-Übernahmeziele Werte nahe 0). Betrachtet werden bei Klassifikationsmatrizen stattdessen nur Über- und Unterschreitungen des kritischen Wertes: So kann auch ein Modell, bei dem alle Werte um z.B. 0,5 schwanken, gute Klassifikations-Trefferquoten erreichen.

	Schätzzeitraum				Prognosezeitraum			
		Klassifikationsergebnis				Klassifikationsergebnis		
	Anzahl Unternehmen	Übernahmekandidat	Nicht-Übernahmekandidat	Trefferquote	Anzahl Unternehmen	Übernahmekandidat	Nicht-Übernahmekandidat	Trefferquote
Übernahmeziele	95	53	42	56%	24	12	12	50%
Nicht-Übernahmeziele	95	42	53	56%	294	104	190	65%
Gesamt-Trefferquote*				56%				64%

in grau hinterlegt: korrekte Klassifizierungen
** berechnet sich als: korrekte Klassifizierzungen / Gesamtzahl der Unternehmen*

Tabelle 5: Klassifikationsmatrix

Die konkreten Trefferquoten sind jedoch abhängig von der Wahl des Trennwertes der abhängigen Variable (bzw. der Übernahmeeignung), ab dem ein Unternehmen vom Modell als Übernahmekandidat klassifiziert wird.[382] Je *höher* der kritische Wert gesetzt wird, desto *weniger* Nicht-Übernahmeziele überschreiten diesen und werden dann (korrekterweise) auch als Nicht-Übernahmekandidaten klassifiziert. Gleichzeitig ist aber auch damit zu rechnen, dass einige der Übernahmeziele den erhöhten Trennwert nicht länger übersteigen und fehlklassifiziert werden. Die Wahl eines Trennwertes, der diese Austauschbeziehung optimiert, ist von der mit der Identifizierung verbundenen Zielsetzung abhängig und wird in Kapitel III.C bei der Diskussion der Erzielbarkeit einer positiven abnormalen Rendite näher diskutiert. Unabhängig davon, wie hoch der Trennwert gesetzt wird, erscheint aber eine Betrachtung der Verteilung der abhängigen Variablen (der Übernahmeeignung) bei Übernahmezielen und Nicht-Übernahmezielen sinnvoll.

Nur falls es dem Modell gelingt, Übernahmezielen und Nicht-Übernahmezielen deutlich unterschiedliche Werte für die Übernahmeeignung (d.h. tendenziell kleine Werte für Nicht-Übernahmeziele und tendenziell hohe Werte für Übernahmeziele) zuzuordnen, erlaubt eine Erhöhung des Trennwertes eine Auflösung des Austauschproblems und eine Verbesserung der Trefferquoten. Abbildung 10 zeigt zu diesem Zwecke den Anteil von Übernahmezielen und Nicht-Übernahmezielen des Schätzzeitraumes, die in die verschiedenen Werteabschnitte der abhängigen Variablen fallen.

---

382 Die Werte der Indikatoren, die die Fähigkeit der Modellgleichung beurteilen, die Zusammenhänge in den Daten der Schätzstichprobe im statistischen Sinne gut zu beschreiben, werden dagegen *nicht* von der Wahl des Trennwertes beeinflusst.

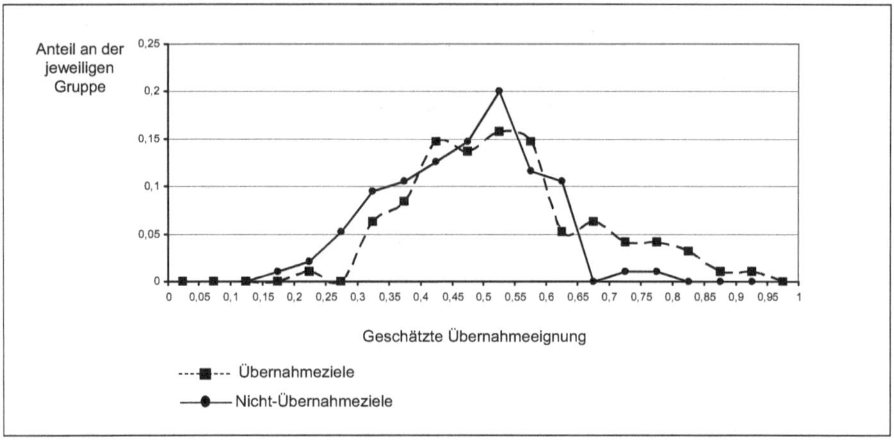

Abbildung 10: Verteilung der geschätzten Übernahmeeignung für die Schätzstichprobe

Auch wenn die Kurve der Übernahmeziele – da sie einen höheren Anteil von Unternehmen mit sehr hohen Werten für die Übernahmeeignung aufweisen kann – sich wie erwartet rechtsschiefer als die Kurve der Nicht-Übernahmeziele darstellt, erscheint das Modell insgesamt nicht trennscharf genug. Im Bereich sehr hoher Werte der abhängigen Variablen befindet sich immer noch ein gewisser (wenngleich kleiner) Prozentsatz von *Nicht-Übernahmezielen*, die daher selbst bei der Wahl eines hohen Trennwertes als Übernahmekandidat (fehl)klassifiziert werden. Durch die sehr hohe *absolute* Zahl an Nicht-Übernahmezielen ergibt sich folgendes Problem: In der Gruppe der vom Modell vorgeschlagenen Übernahmekandidaten im Prognosezeitraum werden bei der Wahl eines jedweden Trennwertes diese (fehlklassifizierten) Nicht-Übernahmeziele die Gruppe der (korrekt klassifizierten) Übernahmeziele dominieren. Wählt man z.B. 0,63 als Trennwert, so würden nur noch 31 Nicht-Übernahmeziele, aber auch nur noch 5 Übernahmeziele im Prognosezeitraum als Übernahmekandidaten klassifiziert werden. Damit würden lediglich ca. 14 % der Unternehmen, die das Modell als Übernahmekandidaten identifiziert, auch tatsächlich im Prognosezeitraum übernommen werden. Nur mit einem Modell, das Übernahmezielen und Nicht-Übernahmezielen durchweg stark unterschiedliche Werte der Übernahmeeignung zuweist, ließe sich der Anteil der Übernahmeziele in der vom Modell zusammengestellten Gruppe an Übernahmekandidaten signifikant erhöhen.

Nur im Vergleich zur Ausgangsposition, bei der sich der (modelllose) Anwender beim Identifizieren von Übernahmekandidaten auf bloßes Raten verlassen müsste, stellt die festgestellte Klassifikationskraft (bei der willkürlichen Wahl von 0,5 als Trennwert) eine Verbesserung dar.[383] Beim Raten hätte der Anwender bei der Auswahl eines beliebigen Unternehmens eine Chance von 7,5 %, aus der Gruppe der börsennotierten Unternehmen ein Übernahmeziel zu ziehen, da in der Prognosestichprobe 24 von 318 Unternehmen zu Übernahmezielen wurden (siehe Tabelle 5). Unter Anwendung des Modells erhöht der Anwender seine Trefferwahrscheinlichkeit auf 10,3 %, da er bei 12 der 116 als Übernahmekandidat klassifizierten Unternehmen richtig läge.

Insgesamt können bei der Beurteilung der Qualität des Logit-Modells folgende Schlüsse gezogen werden

- Das Modell ist im statistischen Sinne signifikant.
- Der Unterschied der Klassifikationsfähigkeit des Modells im Schätzzeitraum und seiner Klassifikationsfähigkeit im Prognosezeitraum erscheint gering; dies spricht für die Stabilität des Modells im Zeitablauf.[384]
- Die Mehrheit der Unternehmen des Schätz- und Prognosezeitraums wird vom Modell korrekt klassifiziert (da die Trefferquote durchweg mindestens 50 % beträgt).
- Betrachtet man aber die Gruppe der vom Modell vorgeschlagenen Übernahmekandidaten, so wird diese Gruppe durch die sehr hohe Anzahl von Nicht-Übernahmezielen im Prognosezeitraum und die mangelnde Klassifizierungskraft des Modells immer von Nicht-Übernahmezielen dominiert sein (selbst wenn nur ein geringer *Anteil* der Nicht-Übernahmeziele den Trennwert überschreitet).

3. Untergeordnete Bedeutung von Optimierungsmotiven als Grund der eingeschränkten Anwendbarkeit

Die Klassifikationskraft des in dieser Arbeit für den deutschen Kapitalmarkt geschätzten Modells (56 % für den Schätzzeitraum, 64 % für den Prognosezeitraum) reiht sich am unteren Rand der Bandbreite der Ergebnisse von Modellen ein, die für den US- oder den britischen Kapitalmarkt errechnet wurden.[385] Aus den Trefferquoten dieser Studien lässt sich eine durchschnittliche Klassifikationskraft für den Schätzzeitraum von 73,3 % (bei einer Bandbreite von 65 %-92,5 %) und von durchschnittlich 64,6 % (bei einer Bandbreite von 46 %-75,6

---

383 Dass die Modellergebnisse mit dieser „Zufallschance" verglichen werden müssen, beschreibt Barnes (1998), S. 587 und 1999, S. 288 f.

384 Vgl. Barnes (1999), S. 287.

385 Als Klassifikationskraft wird hier die durchschnittliche Trefferquote bei Übernahmezielen und Nicht-Übernahmezielen eines Modells für entweder den Schätz- oder Prognosezeitraum bezeichnet.

%) für den Prognosezeitraum errechnen.[386] Die Unterschiedlichkeit der Ergebnisse erklärt sich vor allem durch die Unterschiedlichkeit der herangezogenen Stichproben (Land, Zeitraum) sowie durch die Wahl des angewandten statistischen Klassifikationsmodells und des Trennwertes.

Gründe zur Erklärung der empirischen Ergebnisse dieser Arbeit lassen sich in zwei Obergruppen unterteilen (siehe Abbildung 11):

- eine fehlerhafte Umsetzung bzw. Anwendung eines ansonsten validen Modellierungs-Ansatzes und
- die Nicht-Erfüllung der fundamentalen Annahmen des Modellansatzes.

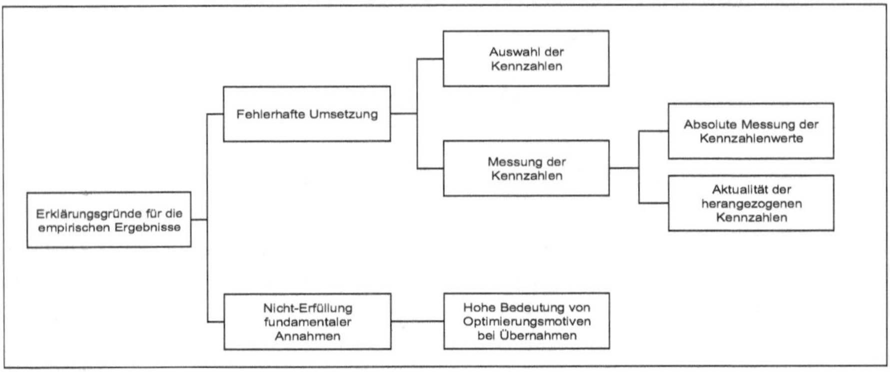

Abbildung 11: Erklärungsgründe für die empirischen Ergebnisse

Da in letzterer Gruppe die Hauptursache für die empirischen Ergebnisse vermutet wird, wird nach einer kurzen Diskussion der *umsetzungsorientierten* (eher technischen) Erklärungsgründe das Hauptaugenmerk dieses Abschnittes auf die *fundamentalen* Aspekte und damit die *Grenzen* einer kennzahlenbasierten Modellierung der Übernahmeeignung gelegt. Eine solche fehlt in der bisherigen Literatur; die Diskussion dort bezieht sich fast ausschließlich auf statistische bzw. methodische Probleme der Modellierung.

Ein erster möglicher *umsetzungsorientierter* Grund für die niedrige Erklärungs- und Vorraussagefähigkeit könnte darin liegen, dass – wenngleich optimierungsbasierte Charakteristika von Übernahmekandidaten womöglich durchaus durch Kennzahlen operationalisiert werden können – schlichtweg die *falschen* ausgewählt wurden.[387] Jedoch wurden für jedes Charakteristikum gleich *mehrere* denkbare Kennzahlen einbezogen, darunter jene, die in der Literatur typischer-

386 Vgl. Barnes (1998), S. 574.

387 Barnes (1999), S. 289 spricht von der Schwierigkeit, unter vielen möglichen Kennzahlen die am besten passenden zur Abbildung eines bestimmten Charakteristikums zu finden.

weise zur Einschätzung bestimmter unternehmensspezifischer Eigenschaften (z.B. „Effizienz“) vorgeschlagen werden. Darüber hinaus sind die in der Praxis Gängigsten darunter. Nicht einbezogene Kennzahlen dürften daher in den meisten Fällen bestenfalls äquivalente Alternativen darstellen, die mit Einbezogenen korreliert sind und daher nicht zu abweichenden Ergebnissen führen dürften. Aus dieser Überlegung heraus ist diesem Grund nur eingeschränkte Bedeutung beizumessen.

Ein zweiter möglicher Grund liegt in einer denkbaren ungünstigen *Art der Messung* der Kennzahlenwerte, die ins Modell eingehen. Statt der Messung *absoluter* Kennzahlenwerte könnten auch die *prozentualen Abweichungen* der Kennzahlen der Unternehmen vom jeweiligen Branchendurchschnitt gemessen werden. Übernahmekandidaten wären demnach solche Unternehmen, die bei bestimmten Kennzahlen stark von anderen Unternehmen der gleichen Branche abweichen.[388] Eine solche Modellierung würde jedoch davon ausgehen, dass in jedweder Branche – solange sie Unternehmen mit Kennzahlen aufweist, die von den in der Branche durchschnittlich angenommenen Kennzahlen abweichen – Übernahmekandidaten zu finden sind (deren Wertsteigerungspotenzial z.B. darin bestehen könnte, ihre Effizienz auf das Niveau des Branchendurchschnitts zu bringen). Es ist aber fraglich, ob neben der *relativen* Abweichung nicht auch die *absolute* Höhe der Kennzahlen Einfluss auf ihre Übernahmeeignung hat. Möglicherweise weisen ganze Branchen (oder große Teile davon) – z.B. durch ihre Geschäftsmodell-bedingten hohen stabilen Cashflows, die sie für fremdfinanzierte Übernahmen interessant werden lassen – ein Profil auf, das auf eine hohe Übernahmeeignung schließen lässt. In einem solchen Fall wären in diesen Branchen sehr viele Unternehmen als Übernahmekandidat zu bezeichnen und nicht nur jene, die vom Branchenschnitt abweichen. Dennoch wäre eine solche Modellierung der Abweichungen vom Branchendurchschnitt eine interessante Alternative für zukünftige Forschungsarbeiten zum deutschen Kapitalmarkt.

Ein weiterer in der Art der Messung der Kennzahlen liegender (aber ebenfalls wenig plausibel erscheinender) Erklärungsgrund ist, dass der *zeitliche Abstand* zwischen dem Tag, an dem die ins Modell einfließenden Kennzahlen publiziert wurden, und dem Tag der Ankündigung der Übernahme (oft mehrere Monate später) zu groß sein könnte, als dass die gemessenen Kennzahlen zum Zeitpunkt der Übernahmeankündigung noch das wahre Bild des Unternehmens widerspiegeln würden. Die Verwendung aktuellerer Kennzahlen – z.B. aus Quartalsberichten – könnte diesen Abstand verkürzen. Auf der anderen Seite wird die Entscheidung eines Käufers, ein Unternehmen zu übernehmen, aber typischerweise lange vor der Ankündigung der Übernahme (und mit Kenntnis der dann jeweils

---

388 Durchgeführt wurde dieser Ansatz z.B. bei Dietrich/Sorensen (1984), S. 397, Barnes (1990), S. 78 und Barnes (1999), S. 288.

aktuellen Unternehmensdaten) gefällt, sodass ein gewisser zeitlicher Abstand zwischen den beiden Zeitpunkten in der Modellierung erträglich erscheint. Aus dieser Überlegung heraus ist die hier diskutierte Verzerrung als vertretbar anzusehen.

Auch wenn umsetzungsorientierte Gründe bei der Erklärung der Ergebnisse nicht vollständig ausgeschlossen werden können, sind sie nicht im Stande, die empirischen Ergebnisse befriedigend zu erklären. Die Hauptursache der Ergebnisse wird daher in der Verletzung *fundamentaler* Annahmen des Modellierungsansatzes vermutet.

Die fundamentale Annahme des kennzahlenbasierten Ansatzes war, dass Optimierungsmotive bei ausreichend vielen Übernahmen eine starke Rolle im Entscheidungskalkül möglicher Käufer spielen. Nur dann ist es sinnvoll, Übernahmekandidaten anhand von Optimierungspotenzialen erkennen zu wollen, dabei Käufercharakteristika zu vernachlässigen und eine branchen- und zeitübergreifende Betrachtung durchzuführen. Diese geforderte „Dominanz" von Optimierungsmotiven muss angesichts der empirischen Ergebnisse jedoch angezweifelt werden. Die univariate Analyse ergab zwar, dass Übernahmeziele durchaus ein (wenngleich eingeschränktes) Kennzahlenprofil aufweisen, welches sie von Nicht-Übernahmezielen unterscheidet. Wie beim Testen des multivariaten Klassifizierungsmodells festgestellt, überwiegen aber – selbst bei Wahl eines hohen kritischen Wertes – die Nicht-Übernahmeziele in der Gruppe der vom Modell klassifizierten Übernahmekandidaten. Dies lag zum einen an der hohen absoluten Anzahl von Nicht-Übernahmezielen im Prognosezeitraum, zum anderen an der mangelnden Fähigkeit der Logit-Gleichung, den beiden Gruppen stark unterschiedliche Werte der Übernahmeeignung zuzuweisen. Kernproblem bei der Klassifikation ist nicht so sehr, dass viele Übernahmeziele des Prognosezeitraums nicht vom Modell entdeckt und damit „verpasst" würden (immerhin wurden von den 24 Übernahmezielen des Prognosezeitraumes 12 als Übernahmekandidaten identifiziert, siehe Tabelle 5). Als wesentliches Problem erscheint stattdessen, dass nur ein geringer Anteil selbst derjenigen Unternehmen, die offensichtlich ein Kennzahlenprofil aufweisen, das auf eine hohe Übernahmeeignung schließen lässt (und daher vom Modell als Übernahmekandidaten klassifiziert werden), auch *tatsächlich* Ziel einer Übernahme wird. Obwohl – wie in den univariaten Tests gezeigt – übernommene Unternehmen ein Kennzahlenprofil aufweisen, welches sie von Nicht-Übernahmezielen unterscheidet, zeigt der multivariate Klassifizierungsansatz, dass der *Umkehrschluss* dieser Aussage (den ein statistisches Prognosemodell gerade zu treffen versucht) nicht gültig ist: Nicht jedes Unternehmen, das das hergeleitete Kennzahlenprofil aufweist, wird auch im betrachteten Zeitraum tatsächlich übernommen.

Die in den Kennzahlen erkannten Unterschiede reichen anscheinend aus, um eine gewisse Menge an übernahmegeeigneten Unternehmen aus der Gesamtmenge der Unternehmen abzuspalten; sie reichen jedoch nicht aus, um innerhalb dieser Menge auch die tatsächlich später übernommenen Unternehmen herauszufiltern. Dieser Zusammenhang darf als wichtiger Grund für die Erklärung der geringen Klassifizierungsfähigkeit im Prognosezeitraum vermutet werden. Daher kann angenommen werden, dass es *andere* Charakteristika sind, die innerhalb der Gruppe der Kennzahlen-Profilträger diejenigen Unternehmen auszeichnen, die auch *tatsächlich* übernommen wurden. Statistische Klassifikationsansätze modellieren diese *nicht* durch Kennzahlen abbildbaren Charakteristika als stochastische Zufallsvariablen.[389]

Zunächst kann vermutet werden, dass es vorliegende Hindernisse waren, die eine Übernahme vieler Unternehmen aus der Gruppe der Profilträger verhindert haben. Zwar weisen deutsche Unternehmen einige strukturelle Eigenheiten auf, die Übernahmen erschweren (z.B. die starke Mitbestimmung der Arbeitnehmer oder der oft niedrige Anteil von Aktien im Streubesitz). Mit hoher Wahrscheinlichkeit sind die Übernahmehindernisse für *einige* Unternehmen der Gruppe sogar so hoch, dass diese trotz einer möglichen Existenz von Wertsteigerungspotenzialen insgesamt eine negative Übernahmeeignung im Sinne der in Kapitel I.C getroffenen Definition aufweisen. Dies stellt bei der Anwendung des Modells eine Verzerrung dar.[390] Auf der anderen Seite ist aber nicht davon auszugehen, dass dies für die *Mehrheit* der Unternehmen gilt, die als Übernahmekandidaten klassifiziert, jedoch nicht übernommen wurden: Es kann – wie bereits bei der Analyse der relevanten rechtlichen Regelungen argumentiert – nicht davon ausgegangen werden, dass eine *leichte* „Übernehmbarkeit" eines Unternehmens den Haupteinflussfaktor auf seine Übernahmeeignung darstellt und bereits zum Verlust seiner Unabhängigkeit führt. Genauso dürfte eine *erschwerte* Übernehmbarkeit allein nur in wenigen Fällen ausreichen, eine Übernahme unabhängig von eventuellen Wertsteigerungspotenzialen zu verhindern: Für deutsche Unternehmen sind die Möglichkeiten, sich gegen einen Übernahmeversuch zu wehren, als begrenzt anzusehen.[391] Darüber hinaus belegen Beispiele der jüngeren Vergangenheit, dass selbst scheinbar „übernahmesichere" Unternehmen wie die Volkswagen AG Ziel einer Übernahme werden können.[392] Zu beachten ist

---

389 Vgl. Dietrich/Sorensen (1984), S. 394; Palepu (1986), S. 15.

390 Informationen über Übernahmehindernisse sind oft qualitativer Natur und nicht als Datenfeld in einer der verwendeten Datenbanken abgebildet, was eine Einbeziehung in das Kennzahlenmodell verhindert; vgl. Kapitel III.A.2.

391 Siehe Kapitel II.B.1.c).

392 Zum Volkswagengesetz, das bei der Übernahme der Volkswagen AG das wesentliche Übernahmehindernis darstellte, siehe Kapitel I.B. Zum Übernahmeversuch der Porsche AG siehe Kapitel II.B.1.c). Es ist anzumerken, dass zum Zeitpunkt der Erstellung dieser Arbeit die Porsche AG noch keine Mehrheit im Sinne einer in Kapitel I.B definierten „Übernahme" von mind. 75 % der Stimmrechte an der Volkswagen AG besaß, ihre Anteile aber sukzessive auszuweiten plante.

auch, dass durch die Einschränkung der Stichprobe auf börsennotierte Unternehmen bereits viele Unternehmen, die aufgrund ihre Besitzstruktur nicht übernehmbar sind, aus der Betrachtung herausgefallen sind. Aus diesen Gründen kann *nicht* davon ausgegangen werden, dass die hohe Anzahl fehlklassifizierter Übernahmekandidaten nur deswegen nicht tatsächlich übernommen wurden, weil sie zu starke Übernahmehindernisse aufwiesen.[393]

Als entscheidend für eine Übernahme – und damit dominierend im Kalkül von Käufern – muss daher in den meisten Fällen die andere Gruppe von Wertsteigerungspotenzialen gewesen sein. Aus *Synergiepotenzialen abgeleitete Charakteristika* müssen bei deutschen Übernahmezielen eine so wichtige Rolle gespielt haben, dass ihr Einfluss bei ihrer Klassifizierung nicht vernachlässigt werden konnte. Diese Charakteristika konnten nicht in Form von Kennzahlen des Zielunternehmens operationalisiert werden (siehe Kapitel A.2), da sich viele aus einer Übernahme resultierenden Vorteile erst aus der sinnvollen Kombination bestimmter Unternehmensressourcen von Ziel- und Käuferunternehmen in einer bestimmten wirtschaftlichen Situation ergeben.[394]

Diese Interpretation wirft jedoch die Frage auf, warum sich trotz der vermuteten starken Bedeutung der *nicht* mit Kennzahlen abbildbaren, synergiebasierten Charakteristika dennoch bei den univariaten Tests einige (wenige) Auffälligkeiten in den Kennzahlen von Übernahmezielen nachweisen lassen, die eigentlich auf Optimierungspotenziale schließen lassen. Aus zwei Überlegungen erscheint es plausibel, dass auch nach Synergiepotenzialen ausgewählte Übernahmeziele ein solches Kennzahlenprofil aufweisen können: Eine erste Erklärung ist, dass manche Kennzahlen (wie z.B. die Profitabilität oder die schwache Gewinnentwicklung) nicht immer *nur* auf ein Wertsteigerungspotenzial durch Ersetzen oder Disziplinierung des Managements hindeuten müssen, sondern ebenso gut auf allgemeine leistungswirtschaftliche Defizite, die auch mit einer Übernahme und der Realisierung von z.B. leistungswirtschaftlichen Synergien behoben werden könnten. Dann würden auch in einem Kapitalmarkt, in dem Synergiemotive

---

393 Auf die eingeschränkte Bedeutung der aus persönlichen Motiven abgeleiteten Charakteristika wurde bereits in Kapitel II.D. hingewiesen, weswegen diese keinen weiteren Erklärungsgrund bieten und daher hier nicht weiter diskutiert werden sollen.

394 Dietrich/Sorensen (1984), S. 394 stellen heraus, dass viele der aus einer Übernahme entstehenden Vorteile nur aus der Verbindung mit dem Käufer resultieren, diese Vorteile aber nicht anhand der Kennzahlen des Zielunternehmens erkennbar sind. Sudarsanam/Holl/Salami (1996), S. 681 f. versuchen, einige Synergiepotenziale zu operationalisieren, indem sie Kennzahlen aus den kombinierten Daten von Käufer- und Zielunternehmen bilden (z.B. der relative Effizienzunterschied der beiden Unternehmen, gemessen als Quotient der beiden Markt-zu-Buchwert-Kennzahlen). Nach Meinung des Autors dieser Arbeit können solche Kennzahlen aber nicht die tatsächliche ökonomische Existenz der teilweise komplexen Synergiepotenziale abbilden.

dominieren, viele der Übernahmeziele das erkannte Kennzahlenprofil aufweisen. Darüber hinaus könnten Optimierungspotenziale – selbst wenn für einen Käufer Synergiepotenziale die notwendige Bedingung bei der Vorauswahl möglicher Zielunternehmen darstellten – als sekundäres Kriterium gedient haben: Diese ermöglichen ihm noch höhere Wertsteigerungen oder auch die Übernahme eines (aufgrund seiner Ineffizienz) gering bewerten Unternehmens zu einem entsprechend niedrigen Preis.

Eine zweite denkbare Erklärung ist, dass unprofitable, mit negativer Gewinnentwicklung versehene (und damit dem Kennzahlenprofil entsprechende) Unternehmen nur sehr selten selber zu Käuferunternehmen werden, sondern stattdessen eher im Laufe der Zeit übernommen werden. Zu Käuferunternehmen konnten sie deswegen nicht werden, weil sie angesichts ihrer Ineffizienz weder intern Kapital für die Durchführung von Übernahmen akkumulieren noch selbiges extern zur Verfügung gestellt bekamen, da sie externen Kapitalgebern nicht erklären konnten, wie sie Wert (z.B. in Form der Übertragung eigener effizienter Prozesse oder wertvollen Know-hows an ein Zielunternehmen) zu schaffen gedenken. Genauso waren womöglich eher interne Optimierungsmaßnahmen denn Strategien zur Übernahme anderer Firmen im Blickfeld des Managements dieser Unternehmen.

Aus diesen Überlegungen heraus besteht zwischen der Vermutung, dass Synergiemotive die entscheidende Rolle spielen, und den univariaten Ergebnissen kein Widerspruch. Aus der großen Gruppe der Unternehmen mit dem nachgewiesenen Kennzahlenprofil (das ein Optimierungspotenzial andeutet) wurden demnach vor allem solche auch tatsächlich zu Übernahmezielen, die ein Synergiepotenzial aus der Verbindung mit bestimmten Käufern aufweisen können (und die nicht durch zu starke Übernahmehindernisse geschützt wurden). Das (im univariaten Teil) festgestellte Vorliegen von Optimierungs*potenzialen* bei Übernahmezielen heißt folglich nicht, dass Optimierungs*motive* entscheidend gewesen sein müssen (für diesen Schluss ist die festgestellte Klassifikationskraft des multivariaten Modells zu gering). Stattdessen weisen aus den angeführten Gründen viele Unternehmen, die primär aus Synergiemotiven übernommen werden, ebenfalls Optimierungspotenziale auf. Ein Ansatz, der aber nur auf die Erkennung Letzterer abzielt, wird auch viele Unternehmen als Übernahmekandidaten identifizieren, die keinerlei Synergiepotenziale aufweisen und damit nicht zum Übernahmeziel werden.

Aus dieser Kritik am Modellansatz kann geschlossen werden, dass ein kennzahlenbasierter Ansatz nur in Kapitalmärkten erfolgreich sein kann, in denen Optimierungsmotive bei Übernahmen eine ausreichend große Rolle spielen. Nur dann kann ein käufer-, zeit- und branchenunabhängiges Profil von Übernahmekandidaten abgeleitet werden, anhand dessen jene identifiziert werden können. Die empirischen Ergebnisse dieser Arbeit deuten darauf hin, dass in Deutschland

Optimierungsmotive bei den betrachteten Übernahmen (>75% von börsennotierten Unternehmen) *keine starke Rolle* spielten. Sie können als Beleg dafür gewertet werden, dass die Akquisitionsphilosophie in Deutschland tendenziell nicht „disziplinierend", sondern langfristig bzw. strategisch orientiert und unternehmerisch motiviert ist.[395] Angloamerikanische Akquisitionskonzepte dagegen sind eher durch eine kurzfristige Rentabilitätsorientierung einer Vielzahl von aktiven Finanzinvestoren geprägt, welche zur Wertsteigerung vor allem Optimierungspotenziale anstreben.

Als Gründe dafür, dass in Deutschland Optimierungspotenziale eine vergleichsweise geringe Rolle spielen, können auch einige der erwähnten strukturellen Hindernisse des deutschen Kapitalmarkts (siehe Kapitel II.B.) vermutet werden. Diese (z.B. die Corporate-Governance-Regelungen) erschweren tendenziell die schnelle Realisierung von Optimierungspotenzialen. Dieser Zusammenhang kann auch als Erklärung dafür dienen, dass in Deutschland Übernahmen börsennotierter Unternehmen durch Finanzinvestoren weit weniger verbreitet sind als in den USA.[396] Dazu passt auch, dass sich die Klassifikationskraft des hier angewandten Modells am *unteren* Ende der Bandbreite der Ergebnisse existierender Versuche aus den USA bzw. Großbritannien einreiht.[397]

Insgesamt erscheint es daher für den deutschen Kapitalmarkt – in dem aus genannten Gründen bei Übernahmen eher Synergiemotive dominieren – zweifelhaft, ein kennzahlenbasiertes Profil von Übernahmekandidaten abzuleiten und jene auf dieser Basis – ohne gleichzeitige Betrachtung der jeweiligen Käufer, Branchen und Zeitpunkte – zu identifizieren. Dies kann als Ergebnis dieses Teils der Arbeit festgehalten werden. Eine Verwendung eines kennzahlenbasierten Klassifizierungsansatzes für den deutschen Kapitalmarkt käme zukünftig dann stärker in Frage, wenn Finanzinvestoren und die von ihnen häufig angestrebten Optimierungspotenziale eine stärkere Rolle spielen bzw. wenn (gleichzeitig)

---

395 So auch Müller-Stewens/Spickers/Deiss (1999), S. 8.

396 Nach Blättchen/Nespethal (2008), S. 301 wurden in 2007 nur ca. 26 % der öffentlichen Übernahmeangebote für deutsche Unternehmen (in der Definition des WpÜG, siehe Kapitel II.B.1.c) von Finanzinvestoren abgegeben. In 2006 lag dieser Anteil nach Blättchen/Nespethal (2007), S. 262 bei ca. 22 %; Bergauer (2007), S. 338 f. schließt aus einer Umfrage unter in Deutschland, Österreich und der Schweiz tätigen Beteiligungsgesellschaften, dass selbst diese eher langfristig orientiert sind und die Bedeutung von „Finanzakrobatik" abnimmt.

397 Eine interessante Untersuchung, die sich aus diesem Gedankengang ergibt, wäre ein Vergleich der Kennzahlen von Unternehmen, die von Finanzinvestoren übernommen wurden, mit den Kennzahlen solcher, die Ziele sonstiger Käufer wurden. Dies wird im deutschen Kapitalmarkt angesichts der bislang sehr geringen Anzahl von Übernahmen von börsennotierten Gesellschaften durch Finanzinvestoren stark erschwert, sodass keine signifikanten Schlüsse gezogen werden können.

Hindernisse für eine schnelle Realisierung von Optimierungspotenzialen beseitigt werden.

Als mögliche Erweiterungen des kennzahlenbasierten Ansatzes, mit denen auf den gezogenen Schlüssen aufgebaut werden könnte, kommen zum einen die Ausweitung der Stichprobe (z.B. durch Einbeziehung von Minderheitsbeteiligungen), zum anderen eine weitere Differenzierung der untersuchten Übernahmen in Betracht (z.B. nach Branchen). Letzteres würde beispielsweise die Entwicklung von branchenspezifischen Kennzahlenmodellen ermöglichen.

C. Geringe Erfolgsaussichten einer Investition in identifizierte Übernahmekandidaten

I. Idee der Investition in übernahmegeeignete Unternehmen

a) Übernahmeprämien und positive abnormale Renditen bei Übernahmezielen

Charakteristisch für die überwiegende Anzahl von Übernahmen ist es, dass dabei ein Preis gezahlt wird, der den Börsenwert des Zielunternehmens, der vor der Ankündigung des Angebots erreicht wird, um einen bestimmten Betrag übersteigt. Diese „Übernahmeprämie" bezeichnet den Aufschlag auf den Marktwert der Aktien, die der Käufer den derzeitigen Aktieninhabern zahlen muss, damit er das Eigentumsrecht an diesen Anteilsscheinen erwerben kann.[398] Sie stellt die Differenz zwischen dem Übernahmepreis und dem vom Übernahmeangebot „unbeeinflussten" Preis dar.[399] Die Existenz solcher Übernahmeprämien wirft die Frage auf, ob ein Investor davon durch die Verfolgung einer geeigneten Investitionsstrategie profitieren kann.[400] Das in diesem Fall mit der Identifizierung von Übernahmekandidaten verfolgte Ziel wäre es, mit einer Investition in die Aktien entsprechender Unternehmen eine hohe Rendite durch das Profitieren von Übernahmeprämien zu erzielen.[401]

Die Existenz von Übernahmeprämien wird in einer Reihe von empirischen Studien belegt. Zu beachten ist dabei, dass nicht einheitlich definiert ist, zu welchem Zeitpunkt der Kurs des Zielunternehmens als noch von der Übernahmeabsicht des Käufers „unbeeinflusst" angenommen werden kann. Dieser Zeitpunkt bestimmt den Referenzkurs zur Errechnung der konkreten Höhe der Übernahmeprämie. Wird beispielsweise der Aktienkurs des Übernahmeziels am Tag vor

---

398 In einer ausgeweiteten Definition wird auch der Begriff „Transaktionsprämie" verwendet; vgl. z.B. Tschöke/Hofacker (2007), S. 72.

399 Vgl. Dombret (2006), S. 10.

400 Nach Brealy/Myers (1996), S. 933 stellt die Spekulation auf die Aktienkursentwicklung beteiligter Unternehmen im Rahmen von Übernahmen eine häufig anzutreffende Investitionsstrategie dar.

401 Eine solche Strategie, die die Selektion von Aktien für die Aufnahme ins Portfolio eines Investors beinhaltet, wird als *aktive* Investmentstrategie bezeichnet.

der Verkündung der Übernahme als Referenzkurs zur Berechnung der Übernahmeprämie gewählt, besteht die Möglichkeit, dass der Kurs bereits seit Wochen oder gar Monaten von Übernahmegerüchten beeinflusst ist.[402] Aus diesem Grund ist die Wahl des Vergleichszeitpunktes von großer Wichtigkeit bei der Errechnung von Übernahmeprämien.[403]

Europäische Zielunternehmen wiesen beispielsweise in 2006 eine durchschnittliche Prämie (Referenzzeitpunkt: vier Wochen vor Bekanntgabe der Übernahme) von 27 % auf.[404] Die Höhe der Übernahmeprämien ist im Jahresdurchschnitt seit 1995 weder auf globaler noch auf europäischer Ebene je unter 20 % gesunken.[405] Prämien bei Übernahmeangeboten an deutsche Gesellschaften zwischen 1995 und 2003 schwankten zwischen 14,7 % (Referenzzeitpunkt ein Jahr vor der Übernahmeankündigung) und 27,12 % (Referenzzeitpunkt drei Monate vor der Übernahmeankündigung).[406]

Ökonomisch ist die Zahlung einer Übernahmeprämie in den unterschiedlichen Wertschätzungen des Übernahmeziels von Käufer und Verkäufer begründet. Der minimal von den Aktionären des Übernahmeziels zu fordernde Übernahmepreis entspricht dem Wert ihres Unternehmens bei Fortführung ohne Übernahme und damit – von einem effizienten Kapitalmarkt und der Nichtexistenz von kursbeeinflussenden Übernahmegerüchten ausgehend – dem gegenwärtigen Wert der Aktien des Zielunternehmens am Kapitalmarkt.[407] Die vom Käufer erwartete *Wertsteigerung* des Zielunternehmens, die dieser nach der Übernahme zu erreichen hofft, erlaubt ihm die Zahlung eines Aufschlages auf den gegenwärtigen Aktienkurs des Übernahmeziels.[408] Die maximal zahlbare Übernahmeprämie eines nach Shareholder-Value handelnden Käufers ergibt sich daher als Höhe der Differenz der Wertschätzungen des Zielunternehmens von Käufer und Ver-

---

402 Vgl. Bühner (1990b), S. 304.

403 Zur Diskussion unterschiedlicher möglicher Messzeitpunkte siehe auch Böhmer/Löffler (1999), S. 305 ff. oder auch Schmitt/Moll (2007), S. 205 f.

404 Vgl. Tschöke/Hofacker (2007), S. 72.

405 Vgl. ebenda, S. 72; Dombret (2006), S. 147 ff.

406 Vgl. Schmitt/Moll (2007), S. 206 f.

407 Vgl. Perin (1996), S. 10. Ist der Kurs des Zielunternehmens bereits durch eine Übernahmeerwartung „verfälscht", muss dieser Einfluss zur Ermittlung eines „fairen“ Wertes geschätzt und vom gegenwärtigen Marktpreis der Aktien subtrahiert werden; vgl. dazu Rappaport (1998), S. 34 f.

408 Hierbei wird, wie in Kapitel I.C, die Annahme getroffen, dass nicht z.B. schon unterschiedliche Kapitalkosten, Besteuerungsannahmen oder Risikoneigungen von Käufer und Verkäufer zu einem Bewertungsunterschied beim Zielunternehmen führen.

käufer (siehe Abbildung 12).[409] Damit ist bei den Kaufverhandlungen bezüglich des Übernahmepreises ein Spielraum in Höhe dieser Differenz vorgegeben.[410]

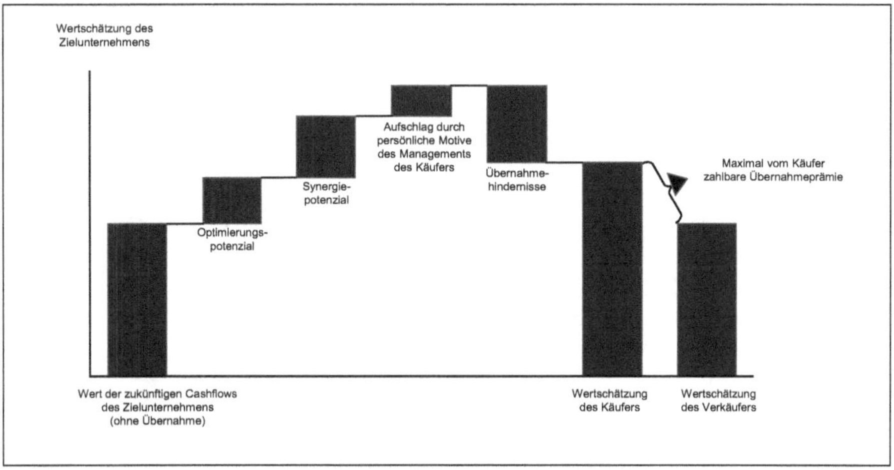

Abbildung 12: Spielraum des Käufers für die Zahlung einer Übernahmeprämie

Die Höhe der *tatsächlich gezahlten* Übernahmeprämie ist aber nicht nur eine Funktion des erwarteten Wertsteigerungspotenzials, sondern auch Ergebnis von Verhandlungen zwischen Käufer- und Zielunternehmen.[411] Fraglich ist jedoch, warum – selbst bei unterstellter Existenz eines Spielraums für die Zahlung einer Prämie – überhaupt ein Teil der Wertschaffung an die Aktionäre des Zielunternehmens übergeht. Ökonomisch betrachtet wäre für die Aktionäre des Zielunternehmens auch schon der Verkauf für einen Übernahmepreis wertschaffend, der marginal über dem gegenwärtigen Wert des Zielunternehmens liegt. Aus diesem Grund ist mit der Existenz eines *Spielraums* für die Zahlung von Übernahmeprämien noch nicht deren tatsächliche *Existenz* bzw. Zahlung erklärt.

Nach einem *ersten Erklärungsansatz* für dieses Phänomen gibt es für die Aktionäre des Zielunternehmens Motive, sich *gegen die Übernahme zu wehren* – in welchem Fall ein größerer Teil des zur Verfügung stehenden Spielraums vom Käufer eingesetzt werden muss, um die Aktionäre des Zielunternehmens davon

409 Vgl. Rappaport (1998), S. 34 und S. 37.

410 Vgl. Perin (1996), S. 9 f.

411 Folglich beeinflussen alle Faktoren, die entweder auf die Zahlungsbereitschaft des Käufers (z.B. die allgemeine Marktstimmung) oder die Verhandlungsmacht des Zielunternehmens wirken, die Höhe der Übernahmeprämie. Dombret (2006), S. 103 ff. unterscheidet zwischen länder-, branchen- und transaktionsspezifischen Einflussfaktoren.

zu überzeugen, ihre Abwehrhaltung aufzugeben.[412] Dies wäre beispielsweise dann der Fall, wenn die Aktionäre des Zielunternehmens ihr Unternehmen für *unterbewertet* halten; möglicherweise hat das Zielunternehmen in der Vergangenheit auf eine langfristige Strategie gesetzt, deren Wertsteigerungspotenzial sehr wohl den eigenen Aktionären, (noch) nicht aber dem Kapitalmarkt bewusst ist. In diesem Fall würden die Aktionäre des Zielunternehmens die „Ernte" dieser Strategie nicht dem Käufer überlassen wollen, sondern entsprechend einem vom gegenwärtigen Aktienkurs abweichenden höheren Wert bezahlt werden wollen. Andere Motive, sich gegen eine Übernahme zu wehren, lassen sich finden, wenn von der bisher unterstellten strengen Shareholer-Value-Orientierung der Aktionäre des Zielunternehmens Abstand genommen wird. Denkbar ist, dass die Aktionäre des Zielunternehmens nicht eine maximale Wertsteigerung als ihr oberstes Ziel ansehen, sondern stattdessen die Bewahrung der Unabhängigkeit des Unternehmens aus Gründen der Tradition oder des Wohlergehens der Arbeitnehmer.

Der *zweite* Erklärungsansatz basiert auf der Vermutung, dass es häufig eine Vielzahl von interessierten Käuferunternehmen geben kann, die an das Ausschöpfen eines Wertsteigerungspotenzials beim Zielunternehmen glauben und eine Übernahme anstreben. In diesem Fall ist es für jeden Bieter rational, seine Gebote sukzessive bis zum Erreichen seiner jeweils maximal zahlbaren Übernahmeprämie zu erhöhen, um den Übernahmekampf für sich zu entscheiden. Damit wird mehr und mehr Wert auf die Aktionäre des Käuferunternehmens übertragen; die Übernahmeprämie ist also auch von der *Verhandlungsmacht* des Zielunternehmens abhängig, die mit zunehmender Bieterzahl steigt.[413]

Ein *dritter Erklärungsansatz* sieht den Transfer des Wertunterschiedes auf die Aktionäre des Zielunternehmens in der Freerider-Problematik begründet.[414] Voraussetzung dieses Ansatzes ist eine große Anzahl rational agierender Aktionäre beim Zielunternehmen. Diese gehen annahmegemäß davon aus, dass die vom Käufer *tatsächlich* realisierbare Wertsteigerung dessen (zunächst) angebotene Übernahmeprämie übersteigt, da dieser einen möglichst hohen Teil der Wertsteigerung für sich selbst in Anspruch nehmen möchte. In diesem Fall ist es für die Aktionäre des Zielunternehmens rational, ihre Aktien nicht zu verkaufen und gleichzeitig auf den Verkauf einer für die Realisierung der Übernahme ausreichend hohen Anzahl von Aktien *anderer* Aktionäre zu setzen. Hinter dieser Strategie steht die Hoffnung, als Aktionär des Käuferunternehmens nach der Übernahme von der *vollen,* durch die Übernahme induzierten Wertsteigerung zu

---

412 Schwert (2000), S. 2628 ff. stellt für Übernahmen in den USA zwischen 1975 bis 1996 höhere Prämien bei feindlichen als bei freundlichen Übernahmen fest.

413 Vgl. Walkling/Edmister (1985), S. 34.

414 Vgl. Bradley/Desai/Kim (1988), S. 13 ff.

profitieren. Folgen aber alle Aktionäre des Zielunternehmens dieser Logik und halten ihre Aktien, kommt es erst gar nicht zur Übernahme. Einzig die Zahlung der maximalen Prämie durch den Käufer stellt einen Ausweg aus dieser Situation dar, denn in diesem Fall ist das Abwarten für keinen der Aktionäre des Zielunternehmens mehr lohnenswert.

Für die Beurteilung einer Investitionsstrategie auf Basis der Identifizierung von Übernahmekandidaten ist aber eine weiterführende Betrachtung einer „Übernahmeprämie“ sinnvoll. Fall es das Ziel ist, eine möglichst hohe Rendite zu erzielen, so ist in erster Linie nicht die vom Käufer angebotene (und zu einem zukünftigen Zeitpunkt gezahlte) Prämie, sondern die *Entwicklung des Aktienkurses des Zielunternehmens* entscheidend. Kommt eine Übernahme zustande, so ist zwar davon auszugehen, dass der Aktienkurs des Zielunternehmens früher oder später die volle Höhe der erwarteten Übernahmeprämie widerspiegeln wird.[415] Aber auch wenn die Übernahme *nicht* zustande kommt (beispielsweise durch ein Verbot der Kartellbehörden) und keine Übernahmeprämie gezahlt wird, kann eine Investition in das Zielunternehmen aus Investorensicht interessant sein; so könnte der Kapitalmarkt das Übernahmeangebot als Signal für die Existenz unausgeschöpfter Wertsteigerungspotenziale beim Zielunternehmen interpretieren. Demnach wäre die Führung des Zielunternehmens durch das erfolglose Angebot vor einer drohenden Übernahme gewarnt und würde somit – zur Wahrung seiner Unabhängigkeit oder durch den größer werdenden Druck seiner eigenen Aktionäre – motiviert, die aktienkurssteigernden Wertsteigerungspotenziale zumindest mittelfristig *selbst* zu realisieren.[416] Auch kann es Teil der Investitionsstrategie sein, schon von Übernahmegerüchten zu profitieren oder die Aktien zu einem beliebigen Zeitpunkt zwischen Ankündigung und Durchführung der Übernahme wieder zu veräußern. Aus diesen Gründen beschränkt sich die Strategie einer Investition in Übernahmekandidaten nicht primär auf das Spekulieren auf tatsächlich gezahlte Prämien, sondern eher auf die Kursentwicklung der betreffenden Aktien.

Zahlreiche Studien analysieren in diesem Sinne die Reaktionen des Kapitalmarktes auf Übernahmen, d.h. die Aktienkursentwicklung des Zielunternehmens kurz vor bzw. kurz nach dem Ereignis der Übernahme. Die Mehrzahl von ihnen zeigt, dass die Ankündigung von Übernahmeabsichten für die Aktionäre des Zielunternehmens mit hohen positiven abnormalen Renditen verbunden sind.[417] Diese werden als Differenz zwischen der Ist-Rendite einer Aktie und einer vom

---

415 Vgl. Seidel (1995), S. 17.
416 Vgl. ebenda, S. 17.
417 Vgl. Bühner (1990a), S. 24 f. und S. 102.

Ereignis unbeeinflussten, hypothetischen Rendite definiert.[418] Im Schnitt von einer Vielzahl von Studien über verschiedene Kapitalmärkte lagen sie bei Übernahmen, die eine Akquisition darstellten, bei 28,28 % und damit höher als bei solchen, die eine Fusion darstellten (18,36 %).[419] Auch bei Übernahmen, bei denen entweder das Käufer- oder das Zielunternehmen aus *Deutschland* kamen (1987-1992), wiesen Zielunternehmen signifikant positive abnormale Renditen auf.[420] Auch andere Studien für den deutschen Kapitalmarkt unterstützen dieses Bild,[421] ebenso solche über den US- und britischen Kapitalmarkt.[422]

Zusammenfassend deuten die nachgewiesenen positiven abnormalen Renditen bei Zielunternehmen darauf hin, dass eine Investition in ein Portfolio von Übernahmekandidaten – sofern diese tatsächlich Ziel eines Übernahmeangebotes werden – eine vielversprechende Strategie darstellen kann. Grundvoraussetzung hierfür ist jedoch die erfolgreiche frühzeitige Identifizierung von späteren Übernahmezielen, die beispielsweise mit dem im Vorkapitel vorgestellten kennzahlenbasierten Modell erfolgen kann. Zwar konnte mit diesem nur eine Gruppe von Übernahmekandidaten zusammengestellt werden, in der selbst bei der Wahl hoher kritischer Werte die Zahl der (fehlklassifizierten) Nicht-Übernahmeziele die Gruppe der (korrekt klassifizierten) Übernahmeziele überwiegt. Da aber hohe positive abnormale Renditen letzterer Gruppe für eine positive abnormale Rendite des gesamten Portfolios schon ausreichen könnten, werden die Erfolgsaussichten einer solchen Investitionsstrategie mit Hilfe der Ergebnisse des vorgestellten Modells überprüft.

b) Käuferunternehmen als nicht lohnende Investitionsobjekte

Die Idee eine Strategie, die darauf abzielt, von der Aktienkursentwicklung bei Übernahmen zu profitieren, lässt auch Käuferunternehmen als Investitionsobjekte ins Blickfeld rücken. Eine Vielzahl von Studien, die die Reaktion des Kapitalmarktes auf Übernahmen analysieren, bieten jedoch empirische Belege dafür, dass aus Käuferperspektive mit der Mehrheit der Übernahmen eher Wert vernichtet als geschaffen wird.[423]

---

418 Siehe Kapitel III.C.2 zur Frage, wie die „erwartete" Rendite einer Aktie modelliert werden kann.

419 Vgl. Bühner (1990a), S. 32 ff. Für eine weitere Übersicht über existierende Studien vgl. Seidel (1995), S. 17 f.

420 Vgl. Gerke/Garz/Oerke (1995), S. 805 ff.

421 Vgl. Dombret/Mager/Reinschmidt (2006), S. 766 f.; Walther (2003), S. 100 ff.

422 Für die USA vgl. Bradley/Desai/Kim (1988), S. 3 ff.; Niden (1993), S. 35 ff.; Sullivan/Jensen/Hudson (1994), S. 56 ff.; Jarrell/Brickley/Netter (1980), S. 51 ff. Für Großbritannien, Kennedy/Limmack (1996), S. 275 f.; Sudarsanam/Holl/Salami (1996), S. 683 ff.; Holl/Kyriazis (1997), S. 491 ff.

423 Vgl. Lucks/Meckl (2002), S. 11. Auch nicht kapitalmarktorientierte Studien zum Erfolg von Übernahmen wie Jahresabschlussanalysen oder Management-Befragungen stützen

Bei *deutschen* Unternehmenszusammenschlüssen im Zeitraum von 1973 bis 1985 zeigt sich bei Käuferunternehmen eine durchschnittliche negative abnormale Rendite[424] (gemessen in einem Zeitraum von zwei Jahren vor bis zwei Jahre nach der Übernahme) von minus 9,38 %.[425] Nur für die „günstigsten" Kombinationen „technischer" Unterscheidungsfaktoren (wie z.B. der Art der Übernahme[426], der Übernahmeerfahrung des Käufers oder der Größe der Übernahmeziels) ist die abnormale Rendite leicht positiv. Auch für Übernahmen mit deutscher Beteiligung aus dem Zeitraum von 1987 bis 1992 lassen sich insgesamt keine abnormalen positiven Renditen seitens des Käufers feststellen.[427] Eine Analyse der Marktwertveränderungen von börsennotierten deutschen Unternehmen, die im Zeitraum 1985-1993 Mehrheitsbeteiligungen erwarben, zeigt ferner, dass positive abnormale Renditen für die Käufer bei der Übernahme lediglich in konjunkturstarken Jahren feststellbar sind.[428] Auch für Übernahmen auf dem US-amerikanischen und dem britischen Kapitalmarkt gibt es eine Vielzahl empirischer Studien, die in der Gesamtaussage feststellen, dass die Kursreaktionen auf Übernahmen aus Käufersicht negativ oder maximal leicht positiv ausfallen.[429] Ein Vergleich der in verschiedenen Studien berichteten kumulativen abnormalen Käuferrenditen zeigt eine Bandbreite von -6.09 % bis 3,48 % auf.[430]

Diese Wertvernichtung auf Seiten des Käuferunternehmens durch die Übernahme kann verschiedene Ursachen haben. Führt die Zahlung einer Übernahmeprämie für die Aktionäre des Zielunternehmens zu einer direkten Wertsteigerung, schränkt sie den Spielraum, in dem die Übernahme aus Käufersicht noch wertschaffend sein kann, gerade ein.[431] Wie in Abbildung 12 erkennbar, stellt die Übernahme für das Käuferunternehmen nur dann ein Geschäft mit positivem Kapitalwert dar, wenn die mit ihr (um Integrationskosten bereinigte) Wertschaf-

---

das Bild der Erfolglosigkeit der Mehrheit der Übernahmen aus Käufersicht; vgl. Jansen (2000), S. 223 ff.; Bühner (1990a), S. 88 ff. und S. 99 ff.; Kerler (1999), S. 129 und S. 132.

424 Zum Konzept der abnormalen Rendite siehe Kapitel III.C.1.a).

425 Vgl. Bühner (1990b), S. 295 ff.

426 Horizontale, vertikale oder konglomerate Übernahmen, vgl. Kapitel I.C.

427 Vgl. Gerke/Garz/Oerke (1995), S. 811 ff.

428 Vgl. Böhmer/Löffler (1999), S. 323.

429 Für den US-Kapitalmarkt vgl. Sirower (2000), S. 123 ff.; Morck/Shleifer/Vishny (1990), S. 38 ff.; Jennings/Mazzeo (1991), S. 155 ff. Für den britischen Kapitalmarkt vgl. Sudarsanam/Holl/Salami (1996), S. 683 ff.; Kennedy/Limmack (1996), S. 275 ff.; Holl/Kyriazis (1997), S. 491 f. Die Ergebnisse unterscheiden sich leicht, vor allem durch unterschiedliche Untersuchungszeiträume und einige methodische Unterschiede (z.B. Länge des Ereigniszeitraums).

430 Vgl. Seidel (1995), S. 17.

431 Vgl. Brühl (2000), S. 521.

fung ausreicht, um die gezahlte Übernahmeprämie zu kompensieren.[432] Daher kann eine im Vergleich zur Prämie zu geringe Wertschaffung als Grund für die Wertvernichtung vermutet werden. Hierfür kommt die Möglichkeit einer Überschätzung des vorhandenen Wertsteigerungspotenzials durch den Käufer oder auch der Nichtrealisierung eines vorhandenen Wertsteigerungspotenzials (z.B. durch unzureichende Planung oder Unterschätzung von Integrationsschwierigkeiten) nach der Übernahme in Frage.[433] Nach einem alternativen Erklärungsansatz hat der Kapitalmarkt das Wertsteigerungspotenzial, das die Übernahme für den Käufer birgt – obschon womöglich tatsächlich vorhanden – nicht erkannt, so dass die Aktienkursreaktion dementsprechend negativ ausfällt.[434] Die Zahlung einer in Bezug auf das Wertsteigerungspotenzial zu hohen Übernahmeprämie kann sich auch dadurch erklären, dass für das Management eines Käuferunternehmens die Verfolgung persönlicher Motive und nicht die Maximierung des Unternehmenswertes im Vordergrund steht.[435]

Die eindeutige Tendenz der empirischen Studien weist darauf hin, dass eine Investition in vorab identifizierte Käuferunternehmen bei Übernahmen nicht lohnt. Fraglich erscheint, warum Käuferunternehmen – ihre Kenntnis der genannten Ergebnisse unterstellt – überhaupt nach wie vor Übernahmen anderer Unternehmen anstreben. Ein möglicher Erklärungsansatz ist, dass es für viele Unternehmen in manchen Situationen zum Bestehen im Wettbewerb eine Notwendigkeit zur Realisierung der potenziellen Vorteile einer Übernahme gibt. Die Alternative, auf die Option der Übernahme langfristig zu verzichten, könnte vielen Unternehmen angesichts der möglichen Folgen wie der Verdrängung durch den Wettbewerb oder der Verlust der Eigenständigkeit noch weniger aussichtsreich erscheinen als das Eingehen der mit ihr verbundenen Risiken.[436]

2. Positive abnormale Rendite des Portfolios klassifizierter Übernahmekandidaten

Um überprüfen zu können, ob eine Investition in die Aktien der mit Hilfe des kennzahlenbasierten Modells klassifizierten Übernahmekandidaten eine verfolgenswerte Strategie darstellt, ist zunächst die Wahl eines geeigneten *Trennwertes* der modellierten Übernahmeeignung wichtig, ab der eine solche Klassifizierung erfolgen soll. Bei der Diskussion des Modells fehlte in Kapitel III.B.2 der Entscheidungskontext für die Festsetzung eines *optimalen* Trennwertes, sodass dieser willkürlich auf 0,5 festgelegt wurde. Da es an dieser Stelle aber um den

432 Vgl. ebenda, S. 521.
433 Vgl. Jansen (2000), S. 224.
434 Vgl. Bühner (1990b), S. 303.
435 Vgl. ebenda, S. 303; Rappaport (1987), S. 55 und Kapitel II.C dieser Arbeit.
436 Vgl. Lucks/Meckl (2002), S. 11.

konkreten Zweck der Erzielung einer positiven abnormalen Rendite gehen soll, macht eine solche *willkürliche* Wahl keinen Sinn.

Zunächst ist festzuhalten, dass der *optimale* Trennwert aus den Daten des *Schätzzeitraumes* bestimmt werden muss, an dessen Ende mit Hilfe des Modells Übernahmekandidaten für das Portfolio identifiziert werden. Mit Kenntnis der zukünftigen Aktienkursentwicklungen der Unternehmen des Portfolios mag sich ex post ein anderer Trennwert als renditemaximierend (und damit als optimal) herausstellen,[437] jedoch liegen dem Investor über die Zeit nach dem Schätzzeitraum keine Erkenntnisse vor. Eine solche Ex-post-Optimierung des Trennwerts würde daher zu zu optimistischen Schlüssen über die erzielbaren Renditen führen.

Die Wahl eines optimalen Trennwertes wird dadurch erschwert, dass sich bei seiner *Veränderung* für die Klassifikationskraft des Modells eine Austauschbeziehung beobachten lässt. Eine Erhöhung bedeutet eine Verschiebung einiger Nicht-Übernahmeziele innerhalb von Tabelle 6 von n_{21} nach n_{22} (welche dann korrekterweise nicht länger vom Modell als Übernahmekandidaten klassifiziert werden), jedoch auch einiger Übernahmeziele von n_{11} nach n_{12} (die dann fehlerhafterweise nicht mehr vom Modell als Übernahmekandidaten klassifiziert werden).

	Klassifizierung der Unternehmen des Schätzzeitraumes	
	Übernahmekandidat	Nicht-Übernahmekandidat
Übernahmeziele	n_{11} ⇨	n_{12}
Nicht-Übernahmeziele	n_{21} ⇨	n_{22}

Tabelle 6: Auswirkung einer Erhöhung des Trennwertes auf die Klassifikationskraft[438]

Als Kriterium für die Bestimmung eines optimalen Trennwertes kann zunächst die *Minimierung der totalen Fehlerwahrscheinlichkeit* herangezogen werden. Hierbei ergibt sich dieser als Schnittpunkt der beiden Verteilungskurven der

437 Vgl. Barnes (1999), S. 286.
438 Angelehnt an ebenda, S. 286.

Übernahmewahrscheinlichkeit (d.h. von Übernahmezielen und Nicht-Übernahmezielen).[439]

Der Schnittpunkt der beiden Kurven als optimaler Trennwert würde sich dabei wie folgt erklären: Wird der Trennwert auf einen höheren Wert als der Schnittpunkt festgelegt, werden, wie an der Verteilungskurve zu erkennen, *mehr* Übernahmeziele fehlklassifiziert als dass Nicht-Übernahmeziele im Gegenzug korrekt klassifiziert werden (für die Wahl eines niedrigeren Trennwertes gilt der umgekehrte Zusammenhang); damit reduziert sich der Anteil der insgesamt vom Modell korrekt klassifizierten Unternehmen. Eine alternative Erklärung dieses Zusammenhanges ist, dass ein Investor ein Unternehmen, welches eine *höhere* Übernahmeeignung als der Schnittpunkt aufweist, immer als Übernahmekandidat klassifizieren sollte, weil die Gruppe der Unternehmen mit dieser Übernahmeeignung zu einem größeren Anteil aus Übernahmezielen besteht. Auf diese Weise maximiert der Investor seine Chance auf eine korrekte Klassifizierung. Aufgrund der Vielzahl an Schnittpunkten (siehe Abbildung 13; T2 zeigt dabei nur *einen* möglichen Schnittpunkt) ist ein optimaler Trennwert aus diesem Kriterium heraus jedoch nicht eindeutig bestimmbar.

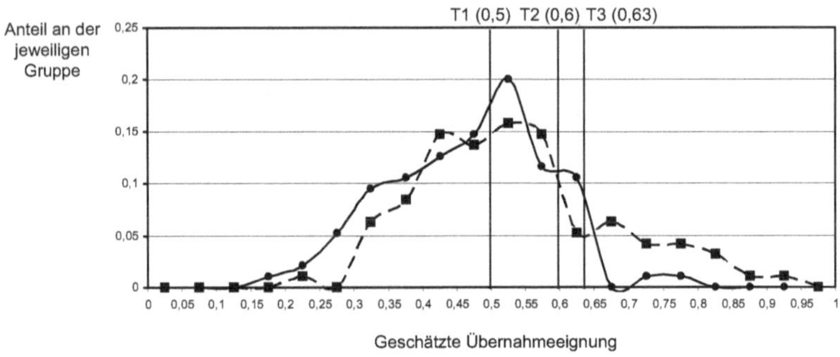

T1: Willkürlich festgelegter Trennwert aus Kapitel III.B.2.

T2: Einer der möglichen Trennwerte zur Minimierung der Fehlerwahrscheinlichkeit

T3: Optimaler Trennwert zur Maximierung der Rendite

Abbildung 13: Lage der verschiedenen Trennwerte der Übernahmeeignung

An dieser Methode zur Bestimmung des Trennwertes ist zusätzlich zu kritisieren, dass sie zwar die *Fehlerwahrscheinlichkeit* minimiert, es aber das eigentliche Ziel eines für eine Investitionsstrategie optimalen Modells sein muss, die

439 Vgl. Palepu (1986), S. 11 ff.

Fehlerkosten zu minimieren.[440] Für letzteres Ziel ist es wichtig, Erwartungen über die Kosten eines Fehlers erster Art (der Nicht-Investition in ein Übernahmeziel) in Form einer entgangenen hohen Rendite im Vergleich zu den Kosten eines Fehlers zweiter Art (der Investition in ein als Übernahmekandidat fehlklassifiziertes Nicht-Übernahmeziel) zu bilden. Hier wird angenommen, dass die Kosten eines Fehlers erster Art geringer sind:[441] Die Investition in Nicht-Übernahmeziele kann beispielsweise dadurch hohe Kosten für den Investor verursachen, dass (neben dem Modell) auch der Kapitalmarkt eine gewisse Übernahmeerwartung an das betreffende Unternehmen knüpfte und dementsprechend in dessen Aktienkurs einpreiste (und so den Aktienkurs „künstlich" erhöhte). Lässt die Übernahmephantasie irgendwann nach und wird eine baldige Übernahme als nicht mehr wahrscheinlich angesehen, drohen negative Kursentwicklungen.[442] Eine Minimierung der Gesamtfehlerwahrscheinlichkeit, wie von Palepu vorgeschlagen, wäre aus dieser Überlegung heraus suboptimal.[443] Optimal hingegen ist die Minimierung der Fehlerkosten und damit eine Veränderung des Trennwertes, bis der *Anteil der korrekt klassifizierten tatsächlichen Übernahmeziele in der Gruppe der vom Modell identifizierten Übernahmekandidaten* maximiert wird, um den Anteil der (vermutlich) hohe Fehlerkosten produzierenden Nicht-Übernahmeziele im Portfolio zu minimieren.[444] Zu maximieren ist demnach (im hierfür zu betrachtenden Schätzzeitraum) das Verhältnis

$$(17) \quad \frac{n_{11}}{n_{11} + n_{21}}$$

Dafür muss der Trennwert erhöht werden, solange die Zahl der aus dem Portfolio herausfallenden Übernahmeziele durch die Zahl der ebenfalls herausfallenden Nicht-Übernahmeziele ausreichend kompensiert wird und dadurch anteilsmäßig wächst.

Da der Argumentation von Barnes und Powell in dieser Arbeit gefolgt wird, wurde der optimale Trennwert nach diesem Kriterium errechnet; als optimaler Trennwert (Punkt T3 in Abbildung 13) ergibt sich, wie in Tabelle 7 zu erkennen, ein Wert von 0,63 (mit einem Anteil an Übernahmezielen von 90,9 % in der Gruppe der Übernahmekandidaten des Schätzzeitraums).

Durch Wahl dieses Trennwertes ergibt sich eine neue Klassifikationsmatrix (siehe Tabelle 8). Die für den Prognosezeitraum vom Modell unter dem neuen

---

440 Vgl. Barnes (1999),S. 285; Powell (2001), S. 999.

441 Vgl. Barnes (1999),S. 285; Powell (2001), S. 999.

442 Dies kann beispielsweise dann der Fall sein, wenn die Führung des betreffenden Unternehmens eine Strategie kommuniziert, die Übernahmen ausschließt oder die Kartellbehörden eine übernahmeverhindernde Entscheidung bekanntgeben.

443 Vgl. Barnes (1999), S. 285.

444 Vgl. ebenda, S. 285 f.; Powell (2001), S. 1000.

Trennwert klassifizierten Übernahmekandidaten (5 Übernahmeziele und 31 Nicht-Übernahmeziele) bilden das Portfolio, anhand dessen die Vorteilhaftigkeit der Investitionsstrategie überprüft werden soll.

Trennwert	Anzahl der als Übernahmekandidat klassifizierten Übernahmeziele (n_{11})	Anzahl der als Übernahmekandidat klassifizierten Nicht-Übernahmeziele (n_{21})	$\frac{n_{11}}{n_{11} + n_{21}}$
0,40	80	68	54,05%
0,45	66	56	54,10%
0,50	53	42	55,79%
0,55	38	32	54,29%
0,60	24	12	66,67%
0,61	21	10	67,74%
0,62	21	7	75,00%
0,63	20	2	90,91%
0,65	19	2	90,48%
0,70	13	2	86,67%

Tabelle 7: Anteil der Übernahmeziele im Portfolio bei verschiedenen Trennwerten

	Schätzzeitraum				Prognosezeitraum			
	Anzahl Unternehmen	Klassifikationsergebnis: Übernahmekandidat	Klassifikationsergebnis: Nicht-Übernahmekandidat	Trefferquote	Anzahl Unternehmen	Klassifikationsergebnis: Übernahmekandidat	Klassifikationsergebnis: Nicht-Übernahmekandidat	Trefferquote
Übernahmeziele	95	20	75	21%	24	5	19	21%
Nicht-Übernahmeziele	95	2	93	98%	294	31	263	90%
Gesamt-Trefferquote*				59%		Portfolio		84%

in grau hinterlegt: korrekte Klassifizierungen
** berechnet sich als: korrekte Klassifizierzungen / Gesamtzahl der Unternehmen*

Tabelle 8: Klassifikationsmatrix bei optimalem Trennwert

In Kapitel III.C.1. wurde als Ziel der Investitionsstrategie definiert, mit dem Kauf von Aktien von Übernahmekandidaten von Kurssprüngen zu profitieren. Zur Überprüfung der Vorteilhaftigkeit dieser Idee bietet es sich an, die Rendite der selektierten Aktien im Prognosezeitraum – bei denen auf das Ereignis der „Übernahme" spekuliert wird – mit einer Rendite zu vergleichen, die für die jeweilige Aktie *ohne das Ereignis* und *gemäß dem individuellen Risikoprofil* der Aktie anzunehmen gewesen wäre.

Eine solche *Ereignisstudie* erlaubt es, den Einfluss eines Ereignisses (in diesem Fall der Übernahme) auf die Rendite einer Aktie in einem bestimmten Zeitraum isoliert zu betrachten.[445] Die ereignisbedingte „abnormale Rendite" ($AR_{i,t}$) einer Aktie i wird konkret als Differenz zwischen der Ist-Rendite einer Aktie am Tag t ($R_{i,t}$) und einer erwarteten, vom Ereignis unbeeinflussten, hypothetischen Rendite $E(R_{i,t})$ modelliert.[446]

$$(18) \quad AR_{i,t} = R_{i,t} - E(R_{i,t})$$

Ist die abnormale Rendite des Portfolios von Übernahmekandidaten nicht positiv, würde eine Spekulation auf das Ereignis der Übernahme nicht lohnenswert erscheinen.[447] Zur Modellierung der „erwarteten" Rendite $E(R_{i,t})$ sind zwei grundlegende Modelle zu unterscheiden:[448]

- Bereinigte Modelle und
- Marktmodelle.

Bereinigte Modelle ermitteln die erwartete Rendite $E(R_{i,t})$ einer Aktie als durchschnittliche Rendite der Aktie ($\overline{R}_{i,t}$) oder des Marktes ($\overline{R}_{m,t}$) über den Zeitraum t.[449] Damit „bereinigen" sie zur Ermittlung der abnormalen Rendite die beobachtete Rendite einer Aktie um eine Durchschnittsrendite, es ergibt sich:

$$(19) \quad AR_{i,t} = R_{i,t} - \overline{R}_{i,t} \text{ bzw. } AR_{i,t} = R_{i,t} - \overline{R}_{m,t}$$

In beiden Varianten werden allerdings Risikoaspekte ausgeklammert.[450] Diese werden in *Marktmodellen* berücksichtigt.[451] Sie gehen von einer linearen Beziehung zwischen der Rendite einer Aktie und jener des gesamten Kapitalmarktes aus.[452] Die Rendite wird dabei im Allgemeinen als Summe aus einer *unsystematischen* sowie einer *systematischen* Rendite modelliert. Die *unsystematische*, vom Markt unabhängige Rendite ist die Summe aus einer Rendite aus der gewöhnlichen Geschäftstätigkeit des Unternehmens a_i und einer abnormalen Rendite ε_i, die sich durch Ereignisse außerhalb der normalen Geschäftstätigkeit ergibt (hier: durch eine Übernahme).[453] Die *systematische* Rendite berücksichtigt Risikoeinflüsse, die durch den Gesamtmarkt hervorgerufen werden und wird

---

445 Die Ereignisstudie wurde als Instrument erstmals von Fama et al. (1969), S. 1 ff. vorgestellt.

446 Vgl. Campbell/Lo/MacKinlay (1997), S. 151.

447 Vgl. Fama et al. (1969), S. 1 ff.

448 Vgl. Bühner (1990a), S. 9.

449 Vgl. Brown/Warner (1980), S. 207 f.

450 Vgl. Bühner (1990a), S. 17.

451 Vgl. Brown/Warner (1980), S. 213.

452 Vgl. Bühner (1990a), S. 11.

453 Vgl. ebenda, S. 11.

dabei als Produkt aus der Marktrendite $R_{m,t}$ und dem Beta-Faktor B_i der Aktie geschätzt.[454]

$$(20) \quad R_{i,t} = a_i + B_i * R_{m,t} + \varepsilon_{i,t}$$ [455]

Die erwartete Rendite einer Aktie $E(R_{i,t})$ – bei der keine außergewöhnlichen Ereignisse angenommen werden – ergibt sich dann als:

$$(21) \quad E(R_{i,t}) = a_i + B_i * R_{m,t}$$

Aus den Formeln 18 und 21 folgt für die Berechnung der abnormalen Rendite:[456]

$$(22) \quad AR_{i,t} = R_{i,t} - E(R_{i,t}) = R_{i,t} - (a_i + B_i * R_{m,t})$$

Ziel der Marktmodelle ist die Berechnung markt- *und* risikobereinigter abnormaler Renditen. Da anders als bei den bereinigten Modellen Risikoaspekte berücksichtigt werden, wird die hier vorgestellte (klassische) Version des Marktmodells verwendet.[457]

Als „Rendite" eines Unternehmens an einem Tag t wird im Folgenden der sog. „Total Shareholder Return" (TSR) herangezogen, der misst, um wie viel Prozent das in Aktien eines Unternehmens gehaltene Vermögen eines Investors während eines bestimmten Zeitraums an Wert zu- bzw. abnimmt und dabei neben den Kursveränderungen auch evtl. gezahlte Dividenden berücksichtigt.[458]

$$(23) \quad TSR(t_1, t_2) = \frac{Aktienkurs_{t2} + Dividenden_{t1,t2}}{Aktienkurs_{t1}} - 1$$

---

454 Der Beta-Faktor misst das systematische, nicht diversifizierbare Risiko eins Unternehmens und damit die Sensitivität der betreffenden Aktie auf gesamtmarktliche Einflüsse; vgl. Bodie/Kane/Marcus (1999), S. 252.

455 Vgl. Brown/Warner (1980), S. 208.; Gerke/Garz/Oerke (1995), S. 809.

456 Vgl. Brown/Warner (1980), S. 207 ff.

457 Die Kritikpunkte am Marktmodell konzentrieren sich vor allem darauf, dass die Verwendung von Betas aus der Vergangenheit zur Ermittlung von zukünftigen Renditen die starke Annahme der Konstanz der Betas im Zeitablauf erfordert. Dennoch wird das Marktmodell bei Ereignisstudien typsicherweise angewandt; vgl. Bühner (1990a), S. 11. Für eine weiterführende Diskussion der Vor- und Nachteile der verschiedenen Modelle vgl. Bühner (1990a), S. 12 ff. Als Alternative zum Marktmodell könnte die erwartete Rendite auch mit Hilfe des Capital Asset Pricing Model berechnet werden, welches das Marktmodell um eine risikofreie Rendite erweitert und von einem linearen Zusammenhang zwischen dem systematischen Risiko einer Aktie und deren erwarteter Rendite ausgeht. Die abnormale Rendite wird dann berechnet als $AR_{i,t} = R_{i,t} - R_{f,t} - B_i * (R_{m,t} - R_{f,t})$, dabei ist $R_{f,t}$ der risikofreie Zinssatz; vgl. Sharpe (1964), S. 425 ff.; Lintner (1965), S. 13 ff.

458 Datenquelle der TSR-Daten war die Datenbank „Thomson Financial Datastream".

Da für die im Portfolio befindlichen Unternehmen annahmegemäß eine Übernahme im Prognosezeitraum erwartet wird, wird zunächst davon ausgegangen, dass der Investor zu Beginn des Prognosezeitraums in die betreffenden Aktien investiert (und damit direkt nach Anwendung des Modells zum Ende des Schätzzeitraumes) und diese bis zum Ende des Prognosezeitraums hält. Mit Hilfe von Formel 18 werden die abnormalen Renditen eines jeden Unternehmens des Portfolios dementsprechend für jeden Handelstag zwischen dem 1.1.2005 und dem 31.12.2006 errechnet.[459]

Die zur Schätzung der erwarteten Renditen erforderlichen Parameter a_i und B_i eines jeden Unternehmens (siehe Formel 21) werden durch eine Regression der unternehmensspezifischen täglichen Renditen auf die jeweiligen täglichen Renditen des Marktes aller Handelstage zwischen dem 1.1.2004 und dem 31.12.2004 ermittelt.[460] Bei der Wahl eines geeigneten *Marktindex* ist es wichtig, dass dieser eine möglichst ähnliche Zusammensetzung aufweist wie die Gruppe der für den Investor selektierbaren Unternehmen. Jede Änderung der Zusammensetzung würde eine Verzerrung bedeuten. Als Marktindex zur Berechnung der abnormalen Rendite wird daher der CDAX verwendet, da dieser der Zusammensetzung der Modellstichprobe (siehe Kapitel III.A.C.a) am ehesten entspricht. Der CDAX enthält alle an der Frankfurter Wertpapierbörse in den Segmenten General Standard und Prime Standard notierten deutschen Aktien.[461]

Mit Hilfe der geschätzten Regressionsparameter kann die erwartete Rendite jeder Aktie im Prognosezeitraum zwischen dem 1.1.2005 und dem 31.12.2006 ermittelt und die Differenz zu der Ist-Rendite als tägliche abnormale Rendite berechnet werden.

Die *durchschnittliche* abnormale Rendite des Portfolios AAR_t („average abnormal return“) an einem Tag t bezeichnet die Renditereaktion des gesamten Portfolios und ergibt sich als:[462]

$$(24)\quad AAR_t = \frac{1}{N} * \sum_{i=1}^{N} AR_{i,t}$$

---

459 Eine leichte Verzerrung ergibt sich an dieser Stelle aus der Tatsache, dass die zur Modellschätzung verwendeten Jahresabschlussdaten aus 2004 einem Investor noch nicht am 1.1.2005, sondern erst bei Veröffentlichung der Jahresabschlüsse einige Wochen oder gar Monate später bekannt wären; dies soll aber vernachlässigt werden.

460 Zu diesem Vorgehen siehe auch Böhmer/Löffler (1999), S. 307 f.

461 Vgl. Leitfaden zu den Aktienindizes der Deutschen Börse (2008), S. 10; eine kleine Verzerrung ergibt sich dabei aufgrund der Tatsache, dass im CDAX (anders als in der Modellstichprobe) auch Unternehmen der Finanzdienstleistungsbranche sowie solche mit einem Umsatz von unter 50 Mio. Euro enthalten sind.

462 Vgl. Bühner (1990a), S. 13; Gerke/Garz/Oerke (1995), S. 808.

Zur Ermittlung des Gesamtgewinns des Investors wurden entsprechend der typischen Vorgehensweise bei Ereignisstudien die durchschnittlichen abnormalen täglichen Renditen des Portfolios über den Investitionszeitraum in Form der *kumulativen* durchschnittlichen abnormalen Rendite („cumulative average abnormal return“, CAAR) summiert:[463]

$$(25) \quad CAAR = \sum_{t=1}^{T} AAR_t$$

Tabelle 9 zeigt die Ergebnisse der kumulativen abnormalen Rendite (CAAR) des gesamten Portfolios der klassifizierten Übernahmekandidaten über die gesamte Haltedauer (1.1.2005 bis 31.12.2006) sowie für jede der beiden Teilgruppen des Portfolios, d.h. für die tatsächlichen Übernahmeziele und die Nicht-Übernahmeziele.

	CAAR (1.1.2005-31.12.2006)
Gesamtportfolio	3,61%
Übernahmeziele	-36,7%
Nicht-Übernahmeziele	10,11%

Tabelle 9: CAARs des Portfolios von Übernahmekandidaten

3. *Zeitliche Risiken, Klassifizierungsfehler und Nachahmbarkeit als Argumente gegen die Investitionsstrategie*

Es zeigt sich, dass die Gruppe der korrekt klassifizierten Übernahmeziele eine negative abnormale Rendite von -36,7 % und die Gruppe der Nicht-Übernahmeziele eine positive abnormale Rendite von 10,11 % aufweist (siehe Tabelle 9).[464] Das Gesamtportfolio weist insgesamt eine positive abnormale Rendite von 3,61 % auf. Die Ergebnisse für den CAAR der beiden Teilgruppen,

463 Zur kumulativen abnormale Rendite einer einzelnen Aktie im Zeitraum t vgl. Bühner (1990a), S. 13; Gerke/Garz/Oerke (1995), S. 809. Zinsen bzw. Zinseszinsen werden bei dieser Berechnungsart nicht berücksichtigt. Zur Einbeziehung von Zinsen in ein Marktmodell vgl. Bühner (1990a), S. 13.

464 Bei zweien der Übernahmeziele des Portfolios (Rinol AG und Alno AG) scheiterte die Übernahme. Nichtsdestotrotz sind sie definitionsgemäß als Übernahmeziele klassifiziert (siehe Kapitel III.3.a).

die den ursprünglichen mit der Investitionsstrategie verbundenen Erwartungen widersprechen, werden im Folgenden anhand zweier Erklärungsansätze interpretiert, die auch die Problematik und die Risiken einer Investition in Übernahmekandidaten aufzeigen:

- die problematische, aber wichtige Wahl von Kauf- und Verkaufszeitpunkten, die den CAAR der Gruppe der *Übernahmeziele* erklären kann,
- die Überlegung, dass auch im Portfolio befindliche *Nicht-Übernahmeziele* ihre Optimierungspotenziale früher oder später realisieren und daher eine systematische positive abnormale Rendite aufweisen – was den CAAR der Nicht-Übernahmeziele (und durch deren Dominanz im Portfolio auch den CAAR des gesamten Portfolios) erklären kann.

Wie in Kapitel III.C.1.a) beschrieben, ist die Definition der *Zeitpunkte* für Kauf und Verkauf der Aktien für die Berechnung der abnormalen Rendite von großer Bedeutung. Ziel des Investors ist es, vom mit der Übernahme verbundenen Kurssprung zu profitieren. Ein in diesem Sine *optimaler Kaufzeitpunkt* wäre der Punkt, an dem der Kurs des Zielunternehmens noch nicht von der Übernahme beeinflusst ist, sodass der Investor in vollem Umfang von der mit der Übernahmeankündigung verbundenen Kursteigerung der Aktien des Zielunternehmens profitieren kann. Ein *optimaler Verkaufszeitpunkt* wäre, wenn die übernahmebedingte Kurssteigerung in vollem Umfang im Kurs des Zielunternehmens enthalten ist (zumindest sofern der Investor nur vom Kursprung des Ereignisses „Übernahme" profitieren möchte und nicht langfristig an der Aktie interessiert ist).

Jedoch ist unklar, *zu welchem Zeitpunkt* der mit der Übernahme typischerweise verbundene Kurssprung (siehe Kapitel III.C.1.a) erfolgt, was die Wahl eines optimalen Kauf- und Verkaufszeitpunktes erschwert. Die übernahmeinduzierte Kurssteigerung beim Zielunternehmen erfolgt meist sukzessive. Dieser Effekt lässt sich durch die im Zeitablauf schwankende Sicherheit über die tatsächliche Durchführung der Übernahme seitens des Kapitalmarkts begründen.

Erstens ist denkbar, dass Medienberichte oder Gerüchte existieren, die über eine bevorstehende Übernahme eines Unternehmens spekulieren. An die Gerüchte glaubende Investoren könnten in der Hoffnung auf eine baldige tatsächliche Bekanntgabe der Übernahme (und die damit typischerweise verbundenen Kurssteigerungen) durch verstärkte Nachfrage nach der betreffenden Aktie reagieren und dadurch den Kurs in die Höhe treiben (ebenso gilt der umgekehrte Zusammenhang).[465] Jedoch gehen möglicherweise noch nicht *alle* Markteilnehmer von

---

[465] Böhmer/Löffler weisen solche Effekte empirisch für den deutschen Kapitalmarkt nach. Demnach weisen die Aktienkurse von Käufern (vermutlich durch Gerüchte oder Insider-

einer bevorstehenden Übernahme aus; darüber hinaus ist zu erwarten, dass auch der an die Übernahme glaubende Investor einen Bewertungsabschlag für die fehlende Gewissheit einpreist, dass die Übernahme wie erwartet stattfindet. Aufgrund dieser Unsicherheit der Erwartungen ist nicht anzunehmen, dass der Kurs des betreffenden Unternehmens bereits zu einem frühen Zeitpunkt die volle, mit der Übernahme erwartete Wertsteigerung widerspiegelt.

Zweitens setzt sich die Unsicherheit auch nach der ersten Ankündigung der Übernahmeabsicht fort. Je nach Meldeverpflichtungen des betreffenden Unternehmens bzw. der Art der betreffenden Transaktion existieren *verschiedene* Zeitpunkte, an denen der Kapitalmarkt Informationen über die bevorstehende Übernahme erhält. Zu unterscheiden ist demnach die Pflichtmitteilung gemäß § 15 WpHG (Ad-hoc-Publizität), die Veröffentlichung in der Presse, die schriftliche Anmeldung beim Bundeskartellamt, dessen Erlaubnis der Übernahme, die Zustimmung zum Übernahmeangebot durch die Aktionäre des Zielunternehmens, der Vertragsabschlusses über die Übernahme, die Komplettierung der Transaktion (Auszahlung der Aktionäre des Zielunternehmens/Bilanzkonsolidierung) sowie die schriftliche Anzeige der vollzogenen Durchführung.[466] Jeder dieser Zeitpunkte kann durch seinen jeweiligen Informationsgehalt eine eigene Kursreaktion beinhalten: Wird seitens der Investoren bei den zeitlich früher gelegenen Zeitpunkten noch ein höherer Unsicherheitsabschlag auf die volle erwartete übernahmebedingte Wertsteigerung angesetzt, verringert sich dieser, je sicherer die Durchführung der Übernahme und damit die Zahlung der Übernahmeprämie erscheint.[467]

Optimale Kauf- und Verkaufszeitpunkte sind folglich schwer bestimmbar. Stattdessen birgt eine nicht optimale Wahl vier verschiedene Risiken für die Rendite des Portfolios (siehe Abbildung 14).

Das Risiko eines *zu späten Kaufs* der Aktien von Übernahmekandidaten besteht aufgrund des beschriebenen Zusammenhanges darin, dass in dessen Aktienkurs bereits ein großer Teil der mit der Übernahme erwarteten Wertsteigerung enthalten sein kann.[468] Dies schränkt den Spielraum für einen Investor mit der Strategie, eine positive abnormale Rendite mit der Identifikation von Übernahmekandidaten zu erzielen, ein. Nicht nur müsste er plausible Übernahmeerwartungen entwickeln, sondern dies auch noch früher als die restlichen Marktteilnehmer, um zu einem (weitestgehend) unbeeinflussten Kurs kaufen zu können. Durch das Risiko der zu späten Investition ergibt sich, dass eine erfolgreiche Identifi-

---

handel) typischerweise bereits 20-25 Tage vor dem Ereignis der Übernahmeankündigung abnormale Renditen auf; vgl. Böhmer/Löffler (1999), S. 309.

466 Vgl. ebenda, S. 305 ff.; Seidel (1995), S. 78 f.

467 Vgl. Böhmer/Löffler (1999), S. 304 f.

468 Vgl. Barnes (1998), S. 575.

zierung von Übernahmekandidaten und die Nicht-Erzielung einer positiven abnormalen Rendite durchaus vereinbar sind.[469]

	Risiken eines früh gewählten Zeitpunktes	Risiken eines spät gewählten Zeitpunktes
Kauf	Risiko einer negativen abnormalen Rendite „optimierungsbedürftiger" Unternehmen in der Zeit *vor* der Übernahme	Risiko, dass die mit der Übernahme verbundene Kussteigerung bereits (teils) im Kurs enthalten ist
Verkauf	Risiko, dass zum Verkaufszeitpunkt noch nicht die volle übernahmebedingte Kurssteigerung im Kurs enthalten ist	Risiko von Kursverlusten im Falle des Scheiterns der Übernahme und dem Ende der kurssteigernden Übernahmephantasie

Abbildung 14: Renditerisiken bei der Wahl von Kauf- und Verkaufszeitpunkten bei der Investition in Übernahmekandidaten

Abbildung 15, welche die Entwicklung der CAR der fünf im Portfolio enthaltenen Übernahmeziele zeigt, lässt jedoch bei allen betreffenden Aktien am Datum der Ankündigung der Übernahme einen deutlichen Kurssprung und keine vorgelagerte sukzessive Steigerung erkennen.

Es kann zwar nicht ausgeschlossen werden, dass die Kurse auch schon vorher (zumindest in geringem Maße) von Übernahmeerwartungen beeinflusst waren, allerdings sprechen die starken, plötzlich auftretenden hohen Kurssprünge dafür, dass das Risiko der zu späten Investition zumindest für die untersuchten Unternehmen kein bedeutendes Risiko darstellte.

Beim einem *sehr frühen Kauf* partizipiert der Investor an der Entwicklung des späteren Übernahmeziels in der Zeit vor der Übernahme. Denkbar ist, dass einige Übernahmeziele sogar eine *negative* abnormale Rendite während dieses Zeitraumes aufweisen. Dies wäre beispielsweise dann der Fall, wenn gerade die empirisch festgestellte Ineffizienz oder die negative Gewinnentwicklung (die erst zu einer hohen Übernahmeeignung führten, siehe Kapitel II.A.1.a) in dieser Zeit negativen Einfluss auf den Aktienkurs der betreffenden Unternehmen und damit die Rendite des Investors haben. Abbildung 15 zeigt, dass Alno und Allbecon hohe negative abnormale Renditen zwischen dem Investitionszeitpunkt am 1.1.2005 und dem Zeitpunkt ihres Übernahmeangebotes aufweisen, sodass auch der Kurssprung am Tag der Übernahmeankündigung die kumulative abnormale Rendite nicht in den positiven Bereich heben kann. Da der Zeitpunkt der An-

469 Vgl. Powell (2001), S. 994.

kündigung der Übernahme aber für den Investor nicht genauer vorhersehbar ist, lässt sich der Kaufzeitpunkt nicht weiter optimieren.

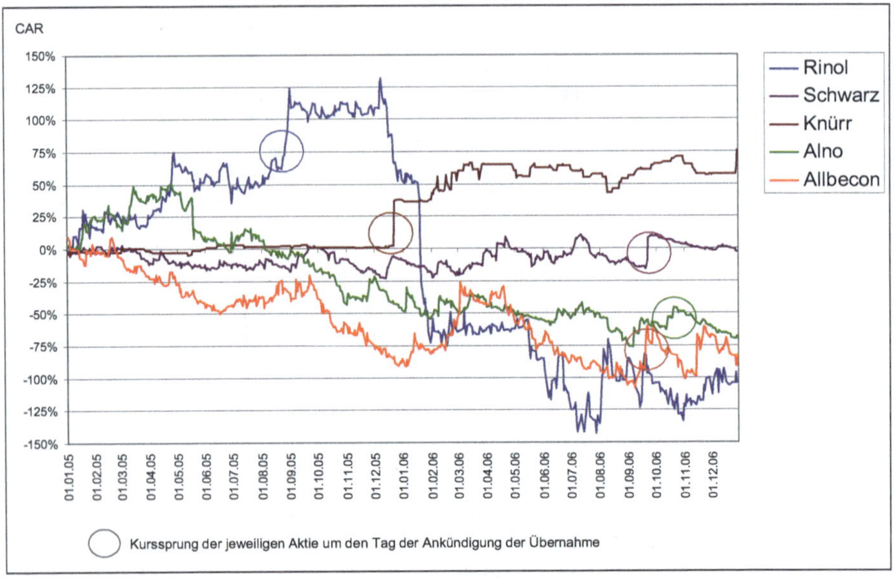

Abbildung 15: Entwicklung der CARs der fünf Übernahmeziele des Portfolios

Ein *zu früher Verkauf* birgt also das Risiko, dass die übernahmebedingte Kurssteigerung zum Zeitpunkt des Verkaufs noch nicht voll im Kurs enthalten war. Abbildung 15 zeigt allerdings, dass nach der hohen abnormalen Rendite am Tag der Ankündigung keine weiteren abnormalen Sprünge zu erkennen sind, sodass das Risiko eines zu frühen Verkaufs als begrenzt erscheint.

Ein zu *später Verkauf* birgt aber das Risiko, dass die Aktie nach der Ankündigung der Übernahme (solange sie weiter an der Börse notiert wird) eine negative abnormale Rendite aufweist. Eine solche Entwicklung droht insbesondere dann, wenn eine erwartete Übernahme scheitert und der Aktienkurs mit dem Ende der Übernahmephantasie von der Erwartung der Übernahme befreit ist. Stattdessen droht dann wiederum sogar der Fall, dass die Ineffizienz oder die negative Gewinnentwicklung des Unternehmens (die die Übernahmeeignung verstärkte, siehe KapitelII.A.1.a) mittelfristig statt zu einer Übernahme zu Liquiditätsproblemen oder sogar in Richtung einer Insolvenz führt. Dieses Risiko belegen die negativen Fortentwicklungen der kumulativen abnormalen Rendite bei den nicht komplettierten Übernahmen von Rinol (CAAR-Entwicklung von max. ca. 124 % um den Tag der Ankündigung der Übernahme auf ca. -104 % am Ende des Investitionszeitraumes) und Alno (CAAR-Entwicklung von ca. -46 % bei Ankündigung der Übernahme auf ca. -69 % am Ende des Investitionszeitraums) im Anschluss an die Kurssprünge bei Ankündigung der Übernahme. Diesem Risiko kann jedoch mit einem früheren Verkauf der Aktien des Übernahmeziels begegnet werden. Während bei den existierenden Studien zum US- oder britischen Kapitalmarkt die auch hier verwandte Investitionsstrategie verfolgt wird, bei der die Aktien unabhängig vom Ereignis der Übernahme bis zum Ende eines vorab definierten Zeitraums gehalten werden, soll an dieser Stelle eine alternative Investitionsstrategie überprüft werden, die einen Verkauf der Aktie am Tag der öffentlichen Ankündigung der Übernahme vorsieht (siehe Tabelle 10).[470]

Tabelle 11 zeigt, dass sich der CAAR der Gruppe der Übernahmeziele durch einen sofortigen Verkauf nach der Übernahme („Strategie 2") von -36,70 % auf 9,54 % erhöht. Auch wenn sich durch den früheren Verkauf nicht bei allen Aktien der CAAR erhöht hat (siehe Tabelle 10), lässt sich durch diese alternative Strategie nichtsdestotrotz die Partizipation des Investors an stark negativen, auf das Scheitern einer Übernahme folgenden Aktienkursentwicklungen wie bei der Rinol AG vermeiden.

	Strategie 1			Strategie 2		
	CAR	Kaufdatum	Verkaufs-datum	CAR	Kaufdatum	Verkaufs-datum
Schwarz Pharma	-3,19%	01.01.2005	31.12.2006	7,65%	01.01.2005	25.09.2006
Rinol	-103,77%	01.01.2005	31.12.2006	124,02%	01.01.2005	01.09.2005
Knuerr	75,56%	01.01.2005	31.12.2006	37,21%	01.01.2005	23.12.2005
Alno	-69,36%	01.01.2005	31.12.2006	-53,39%	01.01.2005	16.10.2006
Allbecon	-82,56%	01.01.2005	31.12.2006	-67,80%	01.01.2005	21.09.2006

Tabelle 10: CARs der Übernahmeziele bei alternativen Investitionsstrategien

470 Die abnormalen Renditen der betroffenen Aktie wurden rechnerisch bis zum Ende des Investitionszeitraums auf 0 gesetzt, um einen Verkauf zu simulieren.

	CAAR Strategie 1		CAAR Strategie 2
Gesamtportfolio	3,61%	⇨	10,03%
Übernahmeziele	-36,70%	⇨	9,54%
Nicht-Übernahmeziele	10,11%		10,11%

Tabelle 11: CAARs des Portfolios von Übernahmekandidaten bei alternativen Investitionsstrategien

Abbildung 16 bzw. Tabelle 11 zeigt, dass sich der CAAR des Gesamtportfolios mit der alternativen Strategie deutlich positiver darstellt. Aus diesem Grund heraus wird geschlossen, dass dem Risiko eines zu späten Verkaufs mit dieser alternativen Investitionsstrategie – mit der ein Investor auch von letztlich gescheiterten Übernahmen profitieren kann – begegnet werden kann.

Abbildung 16: Entwicklung der CAARs bei beiden Investmentstrategien[471]

471 Auf eine Darstellung der CAAR-Entwicklung der Gruppe der Nicht-Übernahmeziele soll aus Gründen der Übersichtlichkeit in dieser Abbildung verzichtet werden. Der flache Verlauf des CAAR der Gruppe der Übernahmeziele am Ende des betrachteten Zeitraums bei Strategie 2 erklärt sich dadurch, dass sich am Ende des betrachteten Zeitraums durch

Der zweite Erklärungsansatz für die empirischen Ergebnisse setzt an der *positiven* abnormalen Rendite der Gruppe der (fehlklassifizierten) *Nicht-Übernahmeziele* im Portfolio von Übernahmekandidaten (10,11 %, siehe Tabelle 9) an. Angesichts ihrer sehr hohen Anzahl im Portfolio (siehe Tabelle 8) haben sie starken Einfluss auf den CAAR des Gesamtportfolios. Die Aufnahme dieser Unternehmen ins Portfolio sollte durch die Wahl eines optimalen Trennwertes weitestgehend beschränkt werden (siehe Kapitel III.C.2). Angesichts ihrer positiven abnormale Rendite erscheint ihre Existenz im Portfolio aber für das Investitionsziel nicht weiter problematisch. Dieses Ergebnis deutet darauf hin, dass die durch das kennzahlenbasierte Klassifikationsmodell identifizierten Übernahmekandidaten letztlich *unabhängig* von der Frage, ob sie tatsächlich übernommen werden oder nicht, langfristig eine systematische positive abnormale Rendite aufweisen könnten. Die vom Modell erkannten Optimierungspotenziale wären demnach auch ohne Übernahme (z.B. durch zunehmenden Druck der Kontrollorgane) nur temporärer Natur und werden im Laufe der Zeit wertsteigernd realisiert (wenngleich der Weg einiger dieser Unternehmen auch in Richtung einer Insolvenz gehen könnte). Zu dieser Überlegung passt auch, dass die Gruppe der *korrekt klassifizierten Übernahmeziele* im Portfolio (nach Anwendung der alternativen Investitionsstrategie des Verkaufes direkt nach Ankündigung der Übernahme) eine ähnlich hohe positive abnormale Rendite (9,54 %, siehe Tabelle 11) aufweist wie die Gruppe der Nicht-Übernahmeziele (10,11 %). Möglicherweise ist mit Hilfe eines kennzahlenbasierten Modells also durchaus eine positive abnormale Rendite erzielbar, allerdings nicht durch die korrekte Identifizierung zukünftiger Übernahmeziele (wofür es, wie in Kapitel III.B.3. gezeigt, einer Berücksichtigung von existierenden Synergiepotenzialen bedarf), sondern durch die Identifizierung und anschließende Investition in *optimierungsgeeignete* Unternehmen.

Allerdings verhindert die geringe Anzahl von Unternehmen im Portfolio verallgemeinerbare Aussagen über diese Vermutung. So haben einzelne Übernahmeziele (z.B. Rinol) durch ihre extreme Renditeentwicklung starken Einfluss auf den CAAR der zugehörigen Gruppe.[472]

Zusammenfassend lassen sich keine Belege für die Möglichkeit finden, mit der erfolgreichen *kennzahlenbasierten Identifizierung von Übernahmekandidaten* eine positive abnormale Rendite erzielen zu können. Aus drei Gründen sollen Zweifel an dieser Möglichkeit erhoben werden.

---

die früheren Verkäufe kein Übernahmeziel mehr im Portfolio befindet und sich der CAAR dieser Gruppe somit nicht mehr verändert.

472 Ebenso haben einzelne Nicht-Übernahmeziele sehr starken Einfluss auf die abnormale Rendite der Gruppe der Nicht-Übernahmeziele.

Erstens zeigt die große Schwankung der Renditen einiger Unternehmen des Portfolios über den betrachteten Zeitraum, dass die Wahl der Kauf- und Verkaufszeitpunkte von hoher Bedeutung für den Erfolg einer solchen Strategie ist. Insbesondere das Risiko der zu frühen Investition (bestehend in der Partizipation an einer negativen Entwicklung des Aktienkurses eines Übernahmekandidaten mit sehr hohem Optimierungsbedarf) ist nicht wirksam zu begrenzen, sodass eine Strategie auf Basis der Investition in Übernahmekandidaten mit einem hohen Renditerisiko verbunden ist.

Zweitens besteht das schon in Kapitel III.B.3 diskutierte Problem, dass durch die mangelnde Trennkraft des kennzahlenbasierten Modells immer die (fehlklassifizierten) Nicht-Übernahmeziele das Portfolio eines Investors dominieren werden, sodass der Erfolg einer solchen Strategie stark von *deren* Kursentwicklung abhängt. Es erscheint daher zweifelhaft, ob eine positive abnormale Rendite der sehr wenigen korrekt klassifizierten Übernahmeziele im Portfolio immer ausreicht, um *unabhängig* von der Entwicklung der vielen Nicht-Übernahmeziele eine systematische positive abnormale Rendite mit dem Gesamtportfolio zu erzielen. Eine Beantwortung der Frage, ob auch fehlklassifizierte Nicht-Übernahmeziele (aufgrund ihrer nur *temporär* vorhandenen und zukünftig in Wert umgesetzten Optimierungspotenziale) eine *systematische* positive abnormale Rendite aufweisen, bedürfte einer eigenen empirischen Untersuchung.

Drittens ist ein auf Kennzahlen basierendes Klassifikationsmodell – sollte es tatsächlich erfolgreich sein – prinzipiell leicht von anderen Marktteilnehmern nachahmbar. Verwenden viele Marktteilnehmer ähnliche Modelle und bewähren sich diese im Markt, dürften die vom Modell entdeckten Übernahmeerwartungen langfristig größtenteils im Kurs der jeweiligen Unternehmen enthalten sein. Aufgrund der dann fehlenden Informationsüberlegenheit des Modellanwenders wäre die Möglichkeit zur Erzielung einer positiven abnormalen Rendite stark eingeschränkt.

Vor dem Hintergrund dieser Zweifel wundert es nicht, dass bei kaum einem der existierenden Versuche der Konzipierung ähnlicher Modelle für den US- bzw. den britischen Kapitalmarkt signifikante und stabile positive abnormale Renditen nachgewiesen werden konnten.[473]

---

473 Vgl. Powell (2004), S. 36.

IV. IDENTIFIZIERUNG VON KANDIDATEN FÜR SYNERGIE-MOTIVIERTE ÜBERNAHMEN

A. Modellierung synergiemotivierter Übernahmeaktivität mit Hilfe des Branchenlebenszyklus

1. Notwendigkeit einer zeit- und branchenspezifischen Betrachtung von Synergiepotenzialen

Die empirischen Ergebnisse aus Kapitel III lassen darauf schließen, dass *Synergiepotenziale* (als zweites wesentliches Wertsteigerungspotenzial mit positivem Einfluss auf die Übernahmeeignung) bei Übernahmeentscheidungen im deutschen Kapitalmarkt eine wichtige Rolle spielen. Aufgrund ihrer Eigenheiten bedürfen sie jedoch eines eigenständigen Identifizierungsansatzes. Ein direkter Abgleich zwischen am Markt befindlichen möglichen Zielunternehmen und den abgeleiteten Charakteristika (wie bei den Optimierungspotenzialen vorgeschlagen) erscheint hier aus zwei Gründen als problematisch.

Zum einen ergeben sich Synergiepotenziale nur aus einer *Verbindung von Ziel- und Käuferunternehmen*; entsprechende Charakteristika, die ein Käufer in einem möglichen Zielunternehmens sucht, sind nur in Kombination mit einzubringenden „passenden" Ressourcen wertsteigernd.[474] Ein mögliches Zielunternehmen ist damit immer nur für einen oder mehrere bestimmte Käufer ein Übernahmekandidat. Synergiepotenziale sind folglich viel stärker subjektiver Natur als Optimierungspotenziale. Insofern bedarf es für einen Abgleich zwischen Charakteristika und Unternehmen nicht lediglich einer Betrachtung einer Gruppe möglicher Zielunternehmen, sondern stattdessen einer Betrachtung aller möglichen *Kombinationen* von Ziel- und Käuferunternehmen. Die daraus entstehende Komplexität der erforderlichen Analysen erschwert die Konzipierung eines Identifizierungsansatzes. Existierende Studien zum Identifizieren von Übernahmekandidaten (ausschließlich statistische Ansätze auf Kennzahlenbasis) beziehen keine Charakteristika der zugehörigen Käuferunternehmen ein; gerade dies kann aber eine sinnvolle Ergänzung weiterführender Ansätze darstellen.[475]

Zum anderen ist die *fehlende Zeitstabilität* von Synergiepotenzialen anzuführen. Bei Optimierungspotenzialen war eine zeitunabhängige Betrachtung möglich, da die „Eignung" eines Unternehmens für eine wertsteigernde Optimierung als vergleichsweise unabhängig vom betrachteten Zeitraum eingeschätzt werden kann. Diese Annahme ist im Falle von Synergiepotenzialen problematischer. Diese haben für Käufer oft auch strategische Bedeutung und sind nicht notwendigerweise dauerhaft und gleichermaßen auf dessen Agenda: So kann es beispiels-

---

474 Vgl. Kapitel I.C.
475 Vgl. Powell (1997), S. 1027.

weise in manchen Phasen in einer Branche als ungleich wichtiger angesehen werden, die Marktmacht zu steigern, als Kosten durch leistungswirtschaftliche Synergien zu senken. Welche Synergiepotenziale im Vordergrund stehen, hängt von der *jeweiligen* (und sich im Zeitablauf ändernden) wettbewerblichen Situation ab, aus der Käufer ihre Ziele entwickeln und entsprechende Maßnahmen ableiten. Aufgrund dieser Abhängigkeit der Synergiepotenziale von der Strategie möglicher Käufer kann nicht angenommen werden, dass einem bestimmten erkannten Synergiepotenzial in der Einschätzung der Käufer *ein immer gleicher Wert* beigemessen wird. Stattdessen ist davon auszugehen, dass nur diejenigen Synergiepotenziale, die in der *jeweils aktuellen wettbewerblichen Situation* am meisten zur Zielerfüllung beitragen, mit der höchsten Wertschätzung verbunden sind.[476] Der Beitrag Einzelner von ihnen zur Wertschätzung eines potenziellen Zielunternehmens (und damit die Höhe der entsprechenden Säule in Abbildung 4) müssen folglich als situationsabhängig angenommen werden. Damit ist aber auch die Frage, welche Charakteristika aus Sicht der Käuferunternehmen geeignete Übernahmekandidaten aufweisen müssen, von den aktuellen Zielen der Käufer abhängig und nicht zeitstabil. Diesen Zusammenhang muss ein Identifizierungsansatz berücksichtigen. Die zeitabhängige Bedeutung der Synergiepotenziale wird auch durch die Überlegung verstärkt, dass sich einige der aus ihnen abgeleiteten Charakteristika widersprechen (z.B. Marktüberschneidung für Marktmachtsynergien vs. Unkorreliertheit der Cashflows für finanzielle Synergien). Damit können sie nicht gleichzeitig bei ein und demselben potenziellen Zielunternehmen vorhanden oder von einem Käufer angestrebt werden. Dies legt den Schluss nahe, dass die in Kapitel II.A.2 hergeleiteten *synergiebasierten Charakteristika* für einen Käufer zu unterschiedlichen Zeiten bzw. in unterschiedlichen Situationen einen wichtigen Beitrag zur Wertschätzung eines Zielunternehmens liefern und dementsprechend nur in bestimmten Phasen in den Überlegungen potenzieller Käufer eine Rolle spielen.

Aus diesen Gründen kann bei ihnen nicht wie bei den optimierungsbasierten Charakteristika von einer Unabhängigkeit von Käufer und Zeit ausgegangen werden. Stattdessen ist vorher zu modellieren, welche von ihnen wann und bei welchen Käufern eine Rolle spielen. Zur Konstruktion eines geeigneten Identifizierungsansatzes werden aus diesen Überlegungen heraus zwei Ideen verfolgt:

- eine Branchenbetrachtung zur Bündelung von Käufern und Übernahmemotiven sowie
- eine Phaseneinteilung zur zeitlich differenzierten Betrachtung von Übernahmemotiven.

---

476 Auch Lucks/Meckl (2002), S. 8 betonen die Abhängigkeit der Ziele des Käufers von der jeweils vorherrschenden Situation und beschreiben Übernahmen als „Anpassungsreaktionen der Unternehmen auf veränderte Umwelt- bzw. Wettbewerbsbedingungen“.

Die erste Idee betrifft die Problematik der Betrachtung aller möglichen Kombinationen von Käufer- und Zielunternehmen, welche die Identifizierung stark erschwert. Könnten Käufergruppen zu weitestgehend homogenen Gruppen zusammengefasst werden, die sich in ihren Zielen ähneln, ließen sich daraus Unternehmen ableiten, die für eine *Vielzahl* synergieorientierter Käufer Übernahmekandidaten darstellen. Als Kriterium zur Gruppierung dient dabei die Branche: Viele Synergien sind *branchenspezifisch*, da sie sich aus einem (in einer Branche typischerweise recht ähnlichen) Geschäftsmodell oder aus einer bestimmten Branchenstruktur heraus ergeben. Damit können die meisten Synergien gleich von einer ganzen Gruppe von Unternehmen in ähnlicher Weise (wenngleich mit abweichender Stärke) realisiert werden. Durch eine Branchenbetrachtung lassen sich folglich ganze Käufergruppen mit ähnlichen Zielen und Motiven bündeln. Mit diesem Konstrukt gelingt es, wirtschaftliche Rahmenbedingungen sowie die daraus folgenden Zielsetzungen der Unternehmen sinnvoll zu gruppieren. Das Problem der Unterschiedlichkeit der Käufer wird dadurch deutlich geringer. Statt jeder erdenklichen Kombination von Käufern und Zielunternehmen müssen nur noch ganze Branchen betrachtet werden.

Die zweite Idee betrifft das Problem der Zeitabhängigkeit der Synergiemotive. Spielen einzelne Synergiearten nur in gewissen zeitlichen Phasen eine bedeutende Rolle, so sollte diesem Gedanken im Identifizierungsansatz entsprochen werden, indem auch hier eine *phasenabhängige* Ableitung von Übernahmekandidaten erfolgt.

In Verbindung mit der Branchenbetrachtung ergibt sich damit eine *branchen- und phasenspezifische Sichtweise*. Dies erscheint auch aufgrund der in der Realität häufig anzutreffenden *Wellenbewegungen* von Übernahmen gerechtfertigt. Demnach ist bei Übernahmen oft eine Häufung zu bestimmten Zeiten und in bestimmten Branchen festzustellen.[477] Während für zeitliche Spitzen noch günstige wirtschaftliche Rahmenbedingungen angeführt werden könnten, spricht gerade die Häufung nach Branchen aber dafür, dass Übernahmemotive oft von der jeweiligen wettbewerblichen Situation abhängen.

Schließlich dient eine branchenspezifische Betrachtung auch der in Kapitel III.C diskutierten Zielsetzung, mit der Identifizierung von Übernahmekandidaten eine abnormale Rendite erzielen zu wollen. Die Übernahme eines bestimmten Unternehmens führt häufig auch zu einem Anstieg der Kurse *konkurrierender* Unternehmen aus der gleichen Branche, da der Kapitalmarkt für diese einen gestiegenen Druck erkennt, „nachzuziehen" und sich ebenfalls Vorteile durch eine Übernahme (z.B. geringere Stückkosten) zu verschaffen bzw. die Effizienz an-

---

477 Für eine Übersicht der M&A-Wellenbewegungen der Vergangenheit siehe Müller-Stewens (2000), S. 41.

derweitig zu steigern.[478] Für das Erzielen von abnormalen Renditen kann es daher schon hilfreich sein, nur die Branchen korrekt zu identifizieren, in denen Übernahmen zu erwarten sind.[479]

Insgesamt ist folglich festzuhalten, dass für synergiebasierte Charakteristika zunächst bestimmt werden muss, in welcher Branche und in welcher zeitlichen Phase die aufgeführten Synergiepotenziale eine Rolle spielen. Das Schema aus Kapitel II (Abbildung 6), das die aus den einzelnen Synergiepotenzialen abgeleiteten Charakteristika von Übernahmekandidaten zeigt, muss also *branchen-* und *zeitspezifisch* angewandt werden. Als Modell, das eine solche Betrachtung ermöglicht, dient der in Kapitel IV.A.2.b) beschriebene *Branchenlebenszyklus* als konzeptioneller Rahmen.

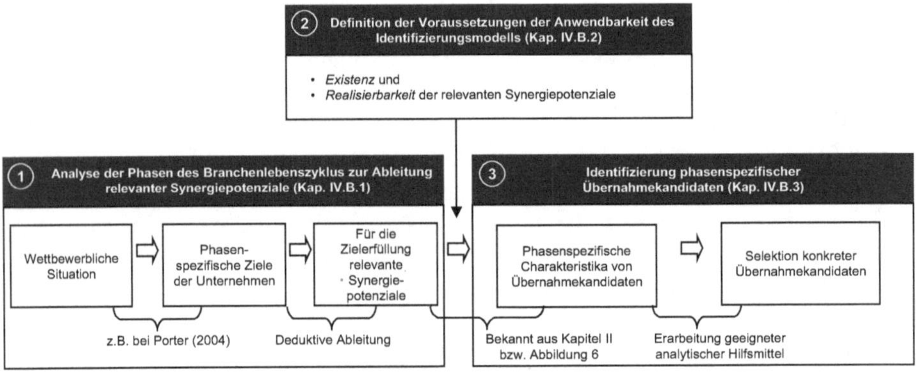

Abbildung 17: Konzept des synergiebasierten Identifizierungsmodells

Das Identifizierungsmodell besteht dabei aus drei Schritten. Durch eine Analyse der Phasen des Branchenlebenszyklus sollen in *einem ersten Schritt* (siehe Abbildung 17) zunächst Erkenntnisse darüber gewonnen werden, in welchen Phasen des Zyklus *welche Synergiepotenziale* in den Zielen und Maßnahmenplanungen der Unternehmen, die sich in der jeweiligen Phase befinden, eine besondere Rolle spielen. Existierende Arbeiten leiten aus den Phasen des Branchenlebenszyklus, welche von bestimmten wettbewerblichen Situationen und Entwick-

478 Mitchell/Mulherin (1996), S. 220 untersuchen diesen sog. „Spillover-Effekt“ empirisch für den US-Kapitalmarkt und weisen für die (nicht-übernommenen) Unternehmen von Branchen, in denen ein Unternehmen übernommen wurde, wertgewichtete positive abnormale Renditen von 0,5 % nach.

479 Eine empirische Überprüfung, ob mit dem in diesem Kapitel konzipierten Identifizierungsansatz eine positive abnormale Rendite erzielt werden kann, soll nicht vorgenommen werden. Das Hauptaugenmerk liegt hier nicht auf einer (subjektiven) Benennung aktueller Übernahmekandidaten, sondern auf der *Entwicklung* des Ansatzes und der Frage, welche qualitativen Analysen und welche Annahmen zur Identifizierung nötig sind.

lungen geprägt sind, phasenspezifische *Ziele* bzw. Strategien ab, mit denen Unternehmen auf diese Entwicklungen reagieren bzw. reagieren sollten.[480] Über diesen Schritt hinausgehend wird das Modell des Branchenlebenszyklus dazu verwendet, abzuleiten, welche *Synergiepotenziale* besonders zur Erfüllung eben dieser phasenspezifischen Ziele beitragen können. Mit dieser Kenntnis kann mit den Ergebnissen aus Kapitel II geschlossen werden, welche synergiebasierten *Charakteristika* von Käufern einer Branche bei potenziellen Zielunternehmen in bestimmten Phasen besonders gesucht werden. Übernahmekandidaten sind aus diesen Überlegungen heraus Unternehmen, die das *in der jeweiligen Phase in der jeweiligen Branche* „gesuchte" Profil von Übernahmekandidaten aufweisen. Die Übernahmeeignung eines Unternehmens – und damit die Wahrscheinlichkeit, übernommen zu werden – ist somit auch direkt von der Position der zugehörigen Branche im Branchenlebenszyklus abhängig.

Bevor phasen- und branchenspezifische Übernahmekandidaten abgeleitet werden, wird *in einem zweiten Schritt* (Kapitel IV.B.2) definiert, welche *Voraussetzungen* eine Branche erfüllen muss, damit sich die Branche gemäß dem im ersten Schritt verwendeten Branchenlebenszyklus entwickelt, eine Voraussage über synergiegetriebene Übernahmen möglich ist und das vorgestellte Identifizierungsmodell somit überhaupt anwendbar ist.

In einem *dritten Schritt* (Kapitel IV.B.3) wird abschließend vorgeschlagen, wie (sofern eine untersuchte Branche die definierten Voraussetzungen erfüllt) das Vorliegen der abgeleiteten branchen- und phasenspezifischen Profile von Übernahmekandidaten konkret bei Unternehmen erkannt werden kann.

2. Der Branchenlebenszyklus als Instrument zur Erklärung synergiegetriebener Übernahmen im Zeitablauf

a) Konzept des Lebenszyklus einer Branche

Der Lebenszyklus beschreibt in der Betriebswirtschaftslehre die dynamische Entwicklung eines Objektes (z.B. eines Produktes, einer Branche oder eines Unternehmens) über einen längeren Zeitraum.[481] Allen Lebenszyklusmodellen ist gemein, dass dabei ein ähnlicher und immer wieder beobachtbarer Entwick-

---

480 Porter (2004), S. 191 ff. stellt eines der bekanntesten Branchenlebenszykluskonzepte im Rahmen seiner Ausführungen zur Entwicklung von Branchenstrukturen vor. Dabei entwickelt er für jede Phase strategische Handlungsempfehlungen für sich darin befindliche Unternehmen.

481 Der Begriff „Lebenszyklus" wurde in der Betriebswirtschaftslehre erstmals von Levitt (1965), S. 81 verwendet. Der beim Zyklus betrachtete Zeitraum deckt typischerweise die gesamte Lebensdauer des Betrachtungsobjektes ab, d.h. beispielsweise im Falle des Produktlebenszyklus von der Einführung eines Produktes bis zu seinem Verschwinden aus dem Markt.

lungsverlauf des Objektes unterstellt wird.[482] Dabei wird der betrachtete Zeitraum in mehrere Phasen eingeteilt, die durch bestimmte Merkmale charakterisierbar sind.[483] Aus der Kenntnis über die typischerweise durchlaufenen Zyklusphasen lassen sich Vorraussagen über die *zukünftige* Entwicklung des Betrachtungsobjektes anstellen, die wiederum die Grundlage strategischer Entscheidungen sein können.[484] Der Lebenszyklus ist damit ein Beschreibungsmodell, welches zur Erklärung, aber auch zur Voraussage gebraucht werden kann.[485]

Zu den typischen Anwendungsgebieten zählt dabei z.B. die Einschätzung der zukünftigen Umsatzentwicklung bzw. des Wachstums von neu in den Markt eingeführten Produkten (und die Ableitung von sich daraus ergebenden Marketing-Maßnahmen).[486] Da im Rahmen dieser Arbeit die Lebenszyklusanalyse einem neuen Zweck (der phasenspezifischen Identifizierung von Übernahmekandidaten) dienen soll, stellt sich die Frage nach der Auswahl eines geeigneten Lebenszyklus-Modells. Drei Parameter tragen zur Unterscheidung solcher Konzepte bei:

- das Betrachtungsobjekt,
- die im Zeitablauf beschriebene Variable und
- der vermutete Treiber der Entwicklung des Betrachtungsobjektes bzw. der mutmaßliche Auslöser der Phasenübergänge.

Als Betrachtungsobjekt wird für den in dieser Arbeit beschriebenen Anwendungskontext die *Branche* gewählt. Der *Branchenlebenszyklus* beschreibt anhand eines weitgehend deterministischen Phasenschemas die typische Entwicklung einer Branche und ermöglicht damit die Ableitung mittel- und langfristiger Voraussagen.[487]

Andere in der Literatur häufig vorzufindende Betrachtungsobjekte sind dabei ein *Produkt*[488] oder ein *Unternehmen*[489]. Der Branchen- unterscheidet sich vom Produktlebenszyklus dadurch, dass eine Branche typischerweise nicht nur ein

---

482 Vgl. Korallus (1988), S. 29.

483 Vgl. Pümpin/Prange (1991), S. 23.

484 Vgl. Pfingsten (1998), S. 69.

485 Vgl. Polli/V. (1969), S. 385 f.

486 Siehe Klepper/Graddy (1990), S. 133. Danach liegt die Lebenszyklusanalyse in der nach Häufigkeit sortierten Liste von in deutschen Unternehmen zur Voraussage angewandten Verfahren im Mittelfeld; nur 36,5 % der befragten Unternehmen geben an, gar nicht auf dieses Konzept zurückzugreifen.

487 Vgl. Pfingsten (1998), S. 70; Böhler (1989), S. 1552 f.; Pearce/Robinson (1988), S. 216 ff.

488 Für Näheres zum Produktlebenszyklus siehe Pümpin/Prange (1991), S. 24 ff.

489 Vgl. Pfingsten (1998), S. 70.

einziges Produkt umfasst. Stattdessen geht es bei ihr um die längerfristige Nutzung einer Basisinnovation, aus der durch Modifikationen und Weiterentwicklungen immer wieder neue Produkte entstehen können.[490] Dadurch ist der betrachtete Zeitraum beim Branchen- typischerweise deutlich länger als beim Produktlebenszyklus.[491] Ersterer baut aber weitgehend auf den aggregierten Produkt- bzw. Unternehmenszyklen der betreffenden Branche auf.[492] Aus diesem Grund ist er auch im Vergleich zum Produkt- oder Unternehmenslebenszyklus nicht so stark durch kurzfristige, produkt- oder unternehmensspezifische Faktoren beeinflusst.[493]

Ferner unterscheiden sich Lebenszyklusmodelle darin, welche *Variable* im Zeitablauf beschrieben wird und was der *Auslöser* für den Phasenübergang bzw. der *Treiber* der Entwicklung des Betrachtungsobjektes ist. Es lassen sich folgende Gruppen von Lebenszyklus-Modellen unterscheiden:[494]

- Marktentwicklungs- oder Metamorphosemodelle, welche die Entwicklung von Variablen wie z.B. die Absatzmenge, den Umsatz oder den Gewinn im Zeitablauf beschreiben und die Entwicklung dabei auf marktbezogene Einflussfaktoren (im Falle der Marktentwicklungsmodelle) oder auf einen zwangsläufigen Alterungsprozess des Betrachtungsobjektes (im Falle der Metamorphosemodelle) zurückführen;
- Strukturänderungsmodelle, die die organisatorischen Veränderungen von Unternehmen im Zeitablauf als typische Abfolge bestimmter, phasenspezifischer Organisationsstrukturen beschreiben;
- Verhaltensänderungsmodelle, die die phasenspezifischen Verhaltensweisen und Einstellungen der Mitarbeiter eines Unternehmens im Zeitablauf beschreiben.

Die Ableitung phasenspezifischer Charakteristika von Übernahmekandidaten erfolgt aus den phasenspezifischen Zielen der Unternehmen einer Branche. Für diesen Zweck erscheinen *Marktentwicklungsmodelle* besonders geeignet, da davon ausgegangen wird, dass vor allem die Evolution des betreffenden Marktes einen großen Einfluss auf die Wahl der Ziele der Unternehmen einer Branche besitzt. Aus diesem Grund wird in dieser Arbeit ein *marktentwicklungsorientiertes* Branchenlebenszyklusmodell angewendet.

---

490 Vgl. Pümpin/Prange (1991), S. 34.

491 Vgl. Porter (2004), S. 157 für eine Diskussion darüber, ob das Konzept des Lebenszyklus eher für einzelne Produkte oder für Branchen geeignet ist.

492 Vgl. Pfingsten (1998), S. 69.

493 Vgl. ebenda, S. 69 f.; Levitt (1965), S. 86.

494 Vgl. Pfingsten (1998), S. 71 ff.

b) Verwendbarkeit des Lebenszyklus für Schlussfolgerungen

Bevor ein Branchenlebenszyklusmodell ausgewählt und zur phasenspezifischen Ableitung von Übernahmekandidaten verwendet wird, wird zunächst die generelle Tauglichkeit des Lebenszyklus als Basis für Schlussfolgerungen beleuchtet. Hierzu gehen die Meinungen weit auseinander.[495] Zu den Kritikpunkten gehören zunächst *anwendungsorientierte* Schwierigkeiten wie die genaue Abgrenzung des Betrachtungsobjektes und der einzelnen Phasen des Zyklus.[496] Wichtiger für die Prüfung der Anwendbarkeit des Modells im Rahmen dieser Arbeit erscheinen aber *fundamentale* Kritikpunkte an der zu Grunde liegenden Theorie. Es stellt sich die Frage, inwieweit überhaupt von einer immer wieder zu beobachtenden Entwicklung des Betrachtungsobjektes bzw. eines typischen Verlaufes der im Zeitablauf erklärten Variable ausgegangen werden kann. Einigkeit herrscht in der Literatur lediglich darüber, dass eine sicherere Prognose einer zukünftigen Entwicklung aus dem Modell nicht ableitbar ist.[497] Uneinigkeit besteht aber in der Frage, ob es überhaupt als Basis für Schlussfolgerungen taugt.[498]

Ein erster fundamentaler Kritikpunkt betrifft den *Determinismus* hinter dem unterstellten Entwicklungspfad des Betrachtungsobjektes. Das Modell des Lebenszyklus stammt ursprünglich aus der Biologie, in der aufgrund biologischer Prozesse eine altersbedingte und weitestgehend irreversible Abfolge von Lebensabschnitten eines jeden Subjektes existiert.[499] Wirtschaftssubjekte jedoch – so die Kritik – können mittels der Durchführung gestaltender Maßnahmen aktiv in ihre Umwelt eingreifen und damit die Form einer Lebenszykluskurve stark beeinflussen.[500] Allerdings unterstellen einige Branchenlebenszyklusmodelle gerade nicht eine automatisch ablaufende Entwicklung passiv bleibender Wirtschaftssubjekte, sondern zeigen stattdessen die typische Entwicklung auf, welche sich gerade als Ergebnis der Aktivität rational agierender, ihre Umwelt zu beeinflussen versuchender Unternehmen ergibt.

Ein zweiter Kritikpunkt besteht darin, dass spezifische Umweltfaktoren wie beispielsweise der technische Fortschritt oder die Merkmale des Wettbewerbs eines

495 Vgl. Korallus (1988), S. 32. Beispielsweise befürworten Anderson/Zeithaml (1984), S. 21 ff. das Produktlebenszykluskonzept, während Dhalla/Yuspeh (1976), S. 110 es als Prognoseinstrument für Marketingzwecke ablehnen. Diese Kritik gilt ebenfalls für Branchenlebenszykluskonzepte, da diese, wie beschrieben, eine Aggregation der Lebenszyklen der Produkte einer Branche darstellen.

496 Vgl. Porter (2004), S. 161 f.; Korallus (1988), S. 32; Ballwieser (1990), S. 126.

497 Vgl. Ballwieser (1990), S. 125 ff.

498 Vgl. Enis/La Grace/Prell (1977), S. 46 f.

499 Vgl. Pümpin/Prange (1991), S. 42.

500 Vgl. Porter (2004), S. 161 f. Zu den Maßnahmen können z.B. strategische Umorientierungen gehören.

Marktes großen Einfluss auf die Entwicklung der Betrachtungsobjekte besitzen können.[501] Da die Ausgestaltung und Entwicklung solcher Umweltfaktoren sehr branchenspezifisch sind, erscheint – so die Kritik – die Ableitung einer allgemeinen, übergreifenden Gesetzmäßigkeit der Entwicklung der Betrachtungsobjekte fraglich.[502] Manche empirische Beiträge belegen hingegen die Möglichkeit einer typisch verlaufenden, zyklischen Entwicklung von Wirtschaftssubjekten.[503] Darüber hinaus sind auch in der Praxis bei Branchen, Produkten und Unternehmen häufig sehr ähnliche und gerade nicht erratisch wirkende, keinerlei typische Muster aufweisende Entwicklungen zu beobachten.[504]

Aus diesen Überlegungen heraus wird in dieser Arbeit zwar nicht von der Allgemeingültigkeit des Modells ausgegangen. Stattdessen wird der Standpunkt eingenommen, dass ein lebenszyklusbasiertes Modell zwar eine Verallgemeinerung darstellt,[505] aber einen konzeptionellen Rahmen bieten kann, der bei der Analyse und der Einschätzung zukünftiger Entwicklungen hilfreich sein kann.[506] Die aus Theorie und Empirie ermittelten Erkenntnisse über typische, zyklusartige Entwicklungspfade von Wirtschaftssubjekten erlauben zumindest die Ableitung von Tendenzaussagen über deren Evolution. Dennoch unterstellt *jedes einzelne* Zyklusmodell in der Beschreibung eines idealtypischen Phasenablaufes *spezifische*, implizit geltende Zusammenhänge. Hieraus lassen sich *Voraussetzungen* ableiten, um bei einer betrachteteten Branche tatsächlich von der unterstellten Entwicklung ausgehen zu können. Diese müssen vor der Verwendung eines Lebenszyklus-Modells zu Identifizierungszwecken geprüft werden.[507]

---

501 Vgl. Korallus (1988), S. 34.

502 Vgl. Porter (2004), S. 158 ff.; Pfingsten (1998), S. 67 spricht von einem hohen Aussagewert des Lebenszyklus als deskriptives Modell in einer Ex-post-Betrachtung, aber von einer eingeschränkten Eignung zu Zwecken der Voraussage.

503 Vgl. Korallus (1988), S. 32 für eine Übersicht empirischer Studien zum Lebenszykluskonzept. Mitunter wurden für die untersuchten Variablen dabei auch andere als der typischerweise unterstellte s-förmige Verlauf nachgewiesen. Insgesamt kann der Lebenszyklus aber empirisch nicht eindeutig nachgewiesen werden; vgl. Pfingsten (1998), S. 78.

504 Vgl. hierzu z.B. Thorelli/Burnett (1981), S. 99 ff., der in seiner Studie von Strategien, Kennzahlen und Marktstrukturen von 1148 US-Industriegüterunternehmen bei Variablen wie der Innovationsrate, dem Konzentrationsgrad, der Rate des Markteintritts sowie der Forschungs- und Marketingausgaben eine lebenszyklusähnliche Entwicklung aufzeigt.

505 So auch Hill/Jones (1998), S. 95.

506 So auch Pümpin/Prange (1991), S. 43 f.

507 Dies wird in Kapitel IV.B.2. durchgeführt.

c) Synergiemotivierte Übernahmen als Treiber und Ergebnis der Evolution der Branchenstruktur

Als für den Zweck dieser Arbeit geeignetes Branchenlebenszyklusmodell wird jenes von Deans/Kroeger/Zeisel[508] ausgewählt, da dieses die Entwicklung einer Branche und die sich in verschiedenen Phasen ergebenden Ziele der Unternehmen bereits mit einer übernahmeorientierten Sichtweise verbindet. Dies gelingt durch die Wahl des *Konzentrationsgrades* einer Branche als im Zeitablauf erklärte Variable.[509]

Grundidee des Modells ist es, diesen als Ergebnis eines idealtypischen, von der wettbewerblichen Entwicklung einer Branche getriebenen Konsolidierungspfades zu beschreiben.[510] Demnach führt die immer wieder ähnliche Evolution der Triebkräfte des Wettbewerbs in der Entwicklung einer Branche dazu, dass Unternehmen in bestimmten Phasen immer ähnlichen Opportunitäten und Bedrohungen gegenüberstehen. Um diese zu nutzen bzw. zu umgehen, wenden rational agierende Unternehmen laut Ansatz ähnliche Strategien an (z.B. durch Übernahmen), was wiederum die Branchenstruktur beeinflusst.[511] Nach Deans/Kroeger/Zeisel ergibt sich durch dieses Wechselspiel zwischen Zielen, Maßnahmen und Branchenstruktur für Letztere eine idealtypische Entwicklung: eine im Zeitablauf tendenziell zunehmende Konsolidierung. Es resultiert laut Modell ein branchenübergreifend gültiger Verlauf des Konzentrationsgrades, der als s-förmig beschrieben wird (siehe Abbildung 18).

In seiner grundsätzlichen Struktur unterscheidet sich das Modell nicht wesentlich von klassischen Produkt- und Branchenlebenszykluskonzepten.[512]

---

508 Vgl. Deans/Kroeger/Zeisel (2002a), S. 13 ff. und (2002b), S. 20 f. Das Zyklusmodell wird im Folgenden verkürzt auch als „Zyklusmodell von Deans" bezeichnet.

509 Unter den verschiedenen Möglichkeiten, den Konzentrationsgrad einer Branche zu messen, wählt Deans den „CR3", welcher als Anteil der Summe der Umsätze der drei umsatzmäßig größten Unternehmen am Gesamtumsatz einer Branche definiert ist.

510 Vgl. Deans/Kroeger/Zeisel (2002a), S. 22 ff.

511 Lucks/Meckl (2002), S. 8 beschreiben Übernahmen dementsprechend als „Anpassungsreaktionen der Unternehmen auf veränderte Umwelt- bzw. Wettbewerbsbedingungen", vgl. dazu auch Hill/Jones (1998), S. 92.

512 Diese teilen die Entwicklung einer Branche in vier bis fünf Phasen ein. Auf eine Einführungsphase folgt meist eine Phase starken Wachstums, auf diese eine mit starkem Wettbewerb. Auf die anschließende Reifephase (welche in manchen Konzepten auch direkt an die Wachstumsphase anschließt) folgt zum Abschluss des Zyklus überwiegend eine Phase des Niedergangs. Beispielsweise unterscheidet Wasson (1974), S. 5 ff. fünf Phasen (market development – rapid growth – competitive turbulence – saturation/maturity – decline), wie auch Hill/Jones (1998), S. 92 ff. (embryonic – growth – shakeout – maturity – decline). Anderson/Zeithaml (1984), S. 1984 teilen dagegen vier Phasen ein (introduction – growth – maturity – decline). Für eine Übersicht weiterer 4- und 5-Phasen-Konzepte vgl. Korallus (1988), S. 30.

Deans/Kroeger/Zeisel teilen den Zyklus in vier Phasen ein.[513] In der Eröffnungsphase, die nach dem Entstehen einer Branche durch eine Produktinnovation oder nach der Deregulierung einer existierenden Branche beginnt, strömen zunächst Nachahmer (im Falle einer Produktinnovation) oder neue Unternehmen, deren Zugang zu einer Branche bisher regulatorisch beschränkt war (im Falle der Deregulierung), in den wachsenden Markt, sodass der Konzentrationsgrad der Branche zunächst sinkt (siehe Abbildung 18). Auf eine Kumulationsphase, in der eine starke Konsolidierung in einem gesättigten, hart umkämpften Markt zu beobachten ist, folgt eine Fokussierungsphase, in der sich in einem dann bereinigten Markt die Konsolidierungsgeschwindigkeit verlangsamt und seitens der Unternehmen mehr Augenmerk auf Profitabilität und Integration akquirierter Geschäftsbereiche gelegt wird. Der Zyklus schließt mit einer Balancephase, in der der Markt von sehr wenigen großen Unternehmen beherrscht wird und der Konzentrationsgrad seinen Höhepunkt erreicht. Anders als die angeführten klassischen Modelle endet der Branchenlebenszyklus von Deans also nicht mit einer Phase des Niedergangs, sondern mit einer stabilen Phase des kräftemäßigen Gleichgewichts der verbleibenden Wettbewerber.

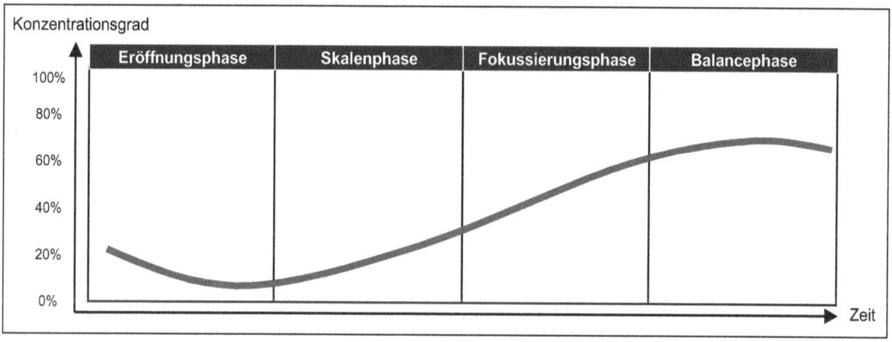

Abbildung 18: Branchenlebenszyklus nach Deans/Kroeger/Zeisel[514]

[513] Eine genauere Beschreibung der einzelnen Phasen des Modells von Deans/Kroeger/Zeisel soll in Kapitel IV.B.1 erfolgen, in denen pro Phase relevante Synergiepotenziale abgeleitet werden. An dieser Stelle soll eine kurze Beschreibung des Phasenablaufes genügen, um ein grundlegendes Verständnis für den Ablauf des Zyklus zu schaffen.

[514] Vgl. Deans/Kroeger/Zeisel (2002b), S. 16.

B. Erkennung von Übernahmekandidaten in den Phasen des Branchenlebenszyklus

1. Relevante Synergiepotenziale je Phase

Für die einzelnen Phasen des Branchenlebenszyklus wurden in der Literatur *Ziele* bzw. Strategien erarbeitet, mit denen Unternehmen auf die von ihnen vorgefundene Situation reagieren sollen.[515] Dies kann als Vorarbeit dafür genutzt werden, für jede Phase abzuleiten, welche *Synergiepotenziale* im besonderen Maße zur Erreichung dieser phasenspezifischen Ziele beitragen können (vgl. Abbildung 19). Daraus ergeben sich die jeweils relevanten Charakteristika übernahmegeeigneter Unternehmen. Aus der Kenntnis der in einer bestimmten Phase von potenziellen Käufern angestrebten Synergien erfolgt also die deduktive Ableitung eines *phasenspezifischen Profils* eines Übernahmekandidaten (vgl. Abbildung 17).

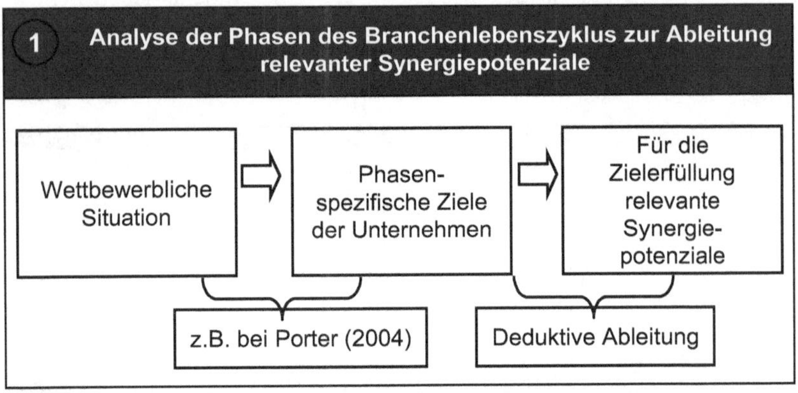

Abbildung 19: Ableitung relevanter Synergiepotenziale

Die *Eröffnungsphase* des Branchenlebenszyklus von Deans/Kroeger/Zeisel beginnt nach dem Entstehen einer Branche durch eine Produktinnovation[516], welche als technologische Neuerung oder durch Rekombination bestehender Angebote zu verstehen ist.[517] Die in dieser Phase befindlichen Unternehmen sind dementsprechend Neugründungen (sog. Start-up-Unternehmen), aber auch Spin-

---

[515] Vgl. Porter (2004), S. 215 ff; Deans/Kroeger/Zeisel (2002a), S. 37 ff.; Pümpin/Prange (1991), S. 137 ff.

[516] Als „Produkt" sollen im Folgenden auch Dienstleistungen verstanden werden.

[517] Vgl. Deans/Kroeger/Zeisel (2002a), S. 37 ff. Die Eröffnungsphase von Deans umfasst die ersten *beiden* Phasen der Phaseneinteilung der meisten anderen Autoren, da sie zusätzlich zur Pionier- bzw. Entstehungsphase auch die häufig als solche bezeichnete Wachstumsphase umfasst; vgl. z.B. Pümpin/Prange (1991), S. 83 ff.; Hill/Jones (1998), S. 92 f.

offs existierender Unternehmen.[518] Ebenso kann die Eröffnungsphase aber auch durch die staatliche Deregulierung einer Branche beginnen, welche diese aus einer strukturellen Starre befreit und neuen und innovativen Firmen den Markteintritt erlaubt, sodass ein Wandel von einer regulierten zu einer kompetitiven Branche ermöglicht wird.[519] Unter der Annahme, dass das neue Produkt bzw. die neu eintretenden Unternehmen Akzeptanz im Markt finden, ist die Eröffnungsphase von starkem Umsatzwachstum geprägt. Eine „Phase", d.h. ein Zeitraum mit einer gewissen Dauer, wird aus ihr erst dadurch, dass dieses Wachstum nicht in einem einzigen Sprung, sondern stetig oder als Abfolge mehrerer Sprünge erfolgt. Ein solcher Verlauf ist in der Diffusionstheorie begründet, nach der sich Kunden durch ihre unterschiedliche Akzeptanzbereitschaft bei neuen Produkten in den Zeitpunkten ihres Erstkaufs unterscheiden.[520] Die anfangs häufig noch zögerliche, später immer breitere Annahme des Produktes im Markt erklärt den beschriebenen Verlauf des Umsatzwachstums. Zu einer solchen Entwicklung trägt einerseits auch der meist erst nach und nach durchführbare Ausbau von Vertriebskanälen bei, anderseits eine sukzessive Verbilligung der Produkte, welche durch erste Lerneffekte seitens der Unternehmen ermöglicht wird und die Erschließung von sehr preissensitiven (und zu Beginn der Phase nicht profitablen) Kundensegmenten erlaubt.[521] Das Wachs-tum endet erst, wenn das Produkt durch alle potenziellen Nachfrageschichten diffundiert ist.[522]

In dieser Phase kommt es durch die in einem stark wachsenden Markt vielversprechend erscheinenden Gewinnaussichten verstärkt zu Eintritten. Diese werden durch die zu diesem Zeitpunkt noch niedrigen Einstiegsbarrieren ermöglicht. Erstens ist davon auszugehen, dass die bereits im Markt befindlichen Unternehmen angesichts ihrer geringen Größe noch keine erheblichen Skalenvorteile realisiert haben, die für ein neu eintretendes und in geringer Stückzahl produzierendes Unternehmen einen Kostennachteil bedeuten würden. Zweitens können sogar Kostenvorteile für (spät in der Phase) eintretende Unternehmen entstehen, da diese von der bereits (z.B. durch Werbemaßnahmen) geschaffenen grundlegenden Akzeptanz des Produktes im Markt und existierenden For-

---

518 Vgl. Deans/Kroeger/Zeisel (2002a), S. 38.

519 Vgl. ebenda, S. 37 f.; Porter (2004), S. 215 ff.

520 Vgl. Rogers (2003), S. 11 ff.

521 Eine Ausnahme von einer solchen Entwicklung wäre es, wenn die Unternehmen einer Branche eine Markteinführungsstrategie verfolgen, die den extrem raschen Aufbau von Marktanteilen zu Beginn der Phase (und noch vor einer Produktverbilligung) unter Inkaufnahme von Verlusten verfolgen (sog. „penetration pricing strategy"). In einem solchen Fall ist die Eröffnungsphase dementsprechend kürzer; vgl. Nagle/Holden (1995), S 158 f.

522 Vgl. Hill/Jones (1998), S. 93.

schungsergebnissen profitieren können. Drittens existieren für neu eintretende Unternehmen noch zahlreiche Möglichkeiten der Differenzierung bzw. Verbesserung der existierenden Produkte, da sich in dieser Phase oft noch kein dominantes Design oder keine dominante technische Spezifikation durchgesetzt hat und die technologische Entwicklung noch nicht weit vorangeschritten ist.[523] Viertens erschwert die anfängliche Fragmentierung der Branche für die bereits im Markt befindlichen Unternehmen die Verfolgung von Abwehrreaktionen mit dem Ziel, neu eintretende Unternehmen wieder aus dem Markt herauszudrängen.[524] Aus diesen Überlegungen heraus ergibt sich, dass der Konzentrationsgrad in der Eröffnungsphase bei zunehmender Konkurrenz (und dadurch auch sinkender Profitabilität) tendenziell abnimmt.[525]

Um sich angesichts der zunehmenden Konkurrenz durch Markteintritte in der Branche zu etablieren und die Gewinne zu sichern, können das Erzielen von Wettbewerbsvorteilen sowie der Aufbau von Markteintrittsbarrieren als Hauptziele der Unternehmen in der Eröffnungsphase definiert werden. Diese Ziele werden vor allem durch ein *schnelles Wachstum* und ein zügiges Ausweiten des Marktanteils verfolgt. Ein schnelles Wachstum bietet die Möglichkeit zur vergleichsweise kostengünstigen Gewinnung von Neukunden. Ist der Markt erst einmal durchdrungen, müsste ein weiteres Wachstum durch ein vergleichsweise teures und langwieriges Abwerben von Kunden der Konkurrenz geschehen.[526] Darüber hinaus erhöht ein schnelles Wachstum für ein Unternehmen die Wahrscheinlichkeit, dass sich die eigene technische Spezifikation als Produktstandard durchsetzt. Ferner besteht für ein Unternehmen, dem es frühzeitig gelingt, eine marktführende Stellung einzunehmen, die Aussicht auf Kostenvorteile durch die mit der erhöhten Ausbringungsmenge verbundenen Stückkos-tendegression.[527] Noch mehr als auf die Erzielung von Gewinnen werden Unternehmen in der Eröffnungsphase folglich auf Wachstum bedacht sein und große Kapazitäten und Fixkosten aufbauen.[528]

Das von den Unternehmen angestrebte Wachstum wird jedoch eher *organischer* Natur sein. Zum einen ist der Markt noch nicht voll erschlossen, sodass die Wachstumsziele leicht organisch erreicht werden können.[529] Zum anderen ist wertschaffendes *externes* Wachstum angesichts der wettbewerblichen Situation nur sehr eingeschränkt möglich und birgt stattdessen Risiken. Eine auf eine Unternehmensübernahme folgende Integration kann für ein junges, wachsendes

---

523 Vgl. Porter (2004), S. 216 f.
524 Vgl. Schoenberg/Reeves (1999), S. 95.
525 Vgl. Deans/Kroeger/Zeisel (2002a), S. 32 und S. 61.
526 Vgl. ebenda, S. 57.
527 Vgl. Pümpin/Prange (1991), S. 164.
528 Vgl. ebenda, S. 192.
529 Vgl. Deans/Kroeger/Zeisel (2002a), S. 32.

Unternehmen ein hohes finanzielles und organisatorisches Risiko bedeuten und es zudem von der Eroberung noch zu durchdringender Marktsegmente abhalten. Darüber hinaus ist die Möglichkeit zur Erzielung von z.B. *leistungswirtschaftlichen Synergien* oder *Marktmachtsynergien* – die eine Übernahme oft erst wertschaffend werden lassen – durch die fehlende Produktstandardisierung und die oft noch überschneidungsfreie Kundenstruktur stark erschwert. Auch eine Diversifikationsstrategie zur Erzielung von Markterweiterungssynergien erscheint in dieser Phase nicht zielführend, da diese die Gefahr bergen kann, dass die nötige Expansion im Kerngeschäft durch mangelnde Konzentration der Ressourcen und mangelnde Fokussierung des Managements nicht realisiert wird.[530]

Synergiepotenziale spielen in der Eröffnungsphase aus diesen Gründen eine stark untergeordnete Rolle. Die mit ihnen erzielbare Wertsteigerung erscheint möglichen Käufern gering, so dass sich gemäß Abbildung 4 keine Erhöhung der Übernahmeeignung denkbarer Zielunternehmen ergibt. Synergiebasierte Übernahmeaktivität ist daher in dieser Phase kaum zu erwarten.[531] Eine Identifizierung entsprechender Übernahmekandidaten ist aus diesen Überlegungen heraus nicht sinnvoll.

Gemäß der Diffusionstheorie ist der Markt gegen Ende der Eröffnungsphase aber früher oder später durchdrungen und damit das Nachfragepotenzial weitestgehend ausgeschöpft, sodass sich das starke Wachstum zu Beginn der *Kumulationsphase*[532] abschwächt.[533] Darüber hinaus hat sich zu diesem Zeitpunkt in vielen Fällen eine bestimmte technische Produktspezifikation durchgesetzt und das Produkt eine gewisse Ausreifung erfahren.

Häufig steht der nun weitestgehend gesättigten Marktnachfrage aber eine höhere Kapazität gegenüber. Haben viele Unternehmen gemäß den beschriebenen Zielen der Eröffnungsphase gehandelt und mit einer Forcierung des Wachstums und dem Ausbau der Kapazitäten eine frühe Marktführerschaft angestrebt, kann es passieren, dass die zur Abdeckung der Nachfrage benötigte Kapazität in Summe überschritten wird, bevor die Unternehmen ihre Planungen anpassen. Auch die von vielen Unternehmen Jahr für Jahr vorgenommene Orientierung an historischen Wachstumsraten beim Festlegen ihrer Umsatzziele unterstützt dieses Ungleichgewicht, wenn sich die Nachfrage dem Sättigungspunkt nähert und das Wachstum nicht aufrechterhalten werden kann.[534]

---

530 Vgl. Pümpin/Prange (1991), S. 176.

531 Vgl. Deans/Kroeger/Zeisel (2002a), S. 45.

532 Bei vielen Autoren wird diese Phase als Reifephase bezeichnet, z.B. bei Porter (2004), S. 237. Die von Hill/Jones (1998), S. 93 f. zusätzlich eingeführte „Shakeout"-Phase ist ebenfalls Teil der Kumulationsphase des Zyklus nach Deans/Kroeger/Zeisel.

533 Vgl. Pümpin/Prange (1991), S. 26 f.; Deans/Kroeger/Zeisel (2002a), S. 32.

534 Vgl. Hill/Jones (1998), S. 94.

Als Folge dieses Ungleichgewichtes ergibt sich in der Kumulationsphase ein intensiver *Preiswettbewerb*: Unternehmen müssen, um die in dieser Phase hohen Fixkosten zu decken, ihre Kapazitäten so weit wie möglich auslasten; eine Preissenkung stellt dabei eine Maßnahme zur Erreichung einer höheren Auslastung dar.[535] Ferner besteht für die Unternehmen in der Kumulationsphase angesichts der Reife der Produkte kaum noch eine Möglichkeit zur technischen Differenzierung, da diese zu austauschbaren Massengütern geworden sind.[536] Da sich Produktinnovationen kaum lohnen, beschränken sich Innovationen eher auf Produktionsprozesse.[537] Als Möglichkeit, sich von der Konkurrenz zu differenzieren, verbleibt für die Unternehmen vor allem der Preis. Darüber hinaus drängen in dieser Phase oft internationale, neue Wettbewerber mit überlegener Kostenstruktur in den Markt (für die sich die Nachahmung und Produktion eines solchen Massenproduktes lohnt), was den Preisdruck zusätzlich erhöht. Dieser Vorteil solcher Nachahmer ergibt sich dabei vor allem aus einigen Standortvorteilen (z.B. bei den Arbeitskosten), aber auch aus immer geringeren einzuspielenden Forschungs- und Entwicklungsausgaben.[538] Schließlich können die Durchdringung des Marktes und die Reifung des Produktes auch zur Folge haben, dass auf Seiten vieler Kunden die anfängliche (und von Produzenten preislich ausnutzbare) Begeisterung für die technologische Innovation einer erhöhten Preissensibilität weicht.

Der sich so ergebende intensive Preiswettbewerb[539] führt über die sinkenden Marktpreise zu starkem Margendruck und zurückgehender Rendite seitens der Unternehmen.[540] Um in dieser Phase der sinkenden Preise die Gewinne konstant zu halten, rücken die *Kosten* als von den Unternehmen beeinflussbarer Hebel in den Mittelpunkt der Betrachtung. Über ihre Sorge nach konstanten Margen hinaus dürfte den meisten Unternehmen aber auch bewusst sein, dass nur eine vorteilhafte Kostenstruktur das Fortbestehen eines Unternehmens im Preiswettbewerb dieser Phase sichert. Aus diesen beiden Gründen kann die *Reduzierung der Stückkosten* als vorherrschendes Ziel in der Kumulationsphase definiert werden.[541]

Kosten können angesichts der nun reifen Technologie vor allem über Skaleneffekte gesenkt werden, deren Realisierung wie schon in der Eröffnungsphase ein starkes Wachstum zum vorherrschenden Ziel werden lässt.[542] Entscheidend ist

---

535 Vgl. ebenda, S. 94.
536 Vgl. Pümpin/Prange (1991), S. 34.
537 Vgl. Klepper (1996), S. 562 f.
538 Vgl. Pümpin/Prange (1991), S. 26 f.
539 Vgl. Levitt, S. 83; Deans/Kroeger/Zeisel (2002a), S. 63; Pümpin/Prange (1991), S. 34.
540 Vgl. Deans/Kroeger/Zeisel (2002a), S. 33, S. 64 und S. 69.
541 Vgl. Pümpin/Prange (1991), S. 28 und Hill/Jones (1998), S. 95.
542 Vgl. Day (1997), S. 101.

für Unternehmen in der Kumulationsphase folglich der Aufbau einer Größe, die über die Realisierung von Skaleneffekten niedrige Stückkosten ermöglicht.[543] Ein Wachstum durch Erschließung neuer Kundengruppen dürfte jedoch in dieser Phase angesichts der weitestgehend erfolgten Sättigung des Marktes eine kaum realistische Option sein. Das Wachstum, das die Erzielung von Skaleneffekten ermöglichen kann, muss daher vor allem über eine Gewinnung von Marktanteilen der Konkurrenten erfolgen.[544] Um dabei einen intensiven und langwierigen Abwerbungswettbewerb zu vermeiden (den ein solches, organisches Wachstum auf Kosten der Konkurrenz bedeuten würde), rücken *Übernahmen* als eine mögliche Strategie ins Blickfeld. Übernahmen können durch die Realisierung entsprechender *Synergien* ein Mittel darstellen, mit dem Unternehmen der Kumulationsphase durch Senkung der Stückkosten auf den zunehmenden Kostendruck und Preiswettbewerb reagieren können.[545] Die von potenziellen Käufern angestrebten Synergien dürften dabei zum einen vor allem *leistungswirtschaftliche* Synergien (Skalen- und Redundanzeffekte) sein. Zum anderen können aber auch *Marktmachtsynergien* zu einer größenbedingten Senkung der Einkaufspreise führen oder den Preisdruck auf der Abnehmerseite lindern. Ein Unternehmen der Kumulationsphase wird also horizontale Übernahmen von Unternehmen anstreben, mit denen es hinsichtlich Wertschöpfungsketten, Kunden und Produkten Überschneidungen aufweist, sodass solche Synergien erzielbar sind.[546] Das Wertsteigerungspotenzial anderer Synergien, die eine Ausweitung des Geschäfts in andere Bereiche erfordern (Markterweiterungssynergien, finanzielle Synergien), erscheint dagegen vergleichsweise unbedeutend, solange das Kerngeschäft – welches durch den intensiven Preiswettbewerb der Branche in Gefahr ist – nicht stabilisiert ist.[547] Durch den hohen wettbewerblichen Druck, der in dieser Phase der starken Konsolidierung auf den Unternehmen lastet, ist eine hohe Übernahmeaktivität zu erwarten.[548]

Nach dieser Phase der starken Konsolidierung beginnt die *Fokussierungsphase.* Der Markt ist zu diesem Zeitpunkt endgültig voll durchdrungen; die Nachfrage ist weitestgehend gesättigt und (abgesehen von neuen Erstkäufern, die aus einem Bevölkerungszuwachs entstehen können) auf Ersatzkäufe beschränkt.[549] Durch die Marktbereinigung in der Kumulationsphase und das Ausscheiden einiger Unternehmen hat die Wettbewerbsintensität in der Fokussierungsphase etwas nachgelassen. Im Markt befinden sich zu diesem Zeitpunkt nur noch die Unter-

---

543 Vgl. Deans/Kroeger/Zeisel (2002a), S. 17, S. 69, S. 77 und S. 170.
544 Vgl. Porter (2004), S. 238 und Hill/Jones (1998), S. 94.
545 Vgl. Deans/Kroeger/Zeisel (2002a), S. 64 und Pümpin/Prange (1991), S. 175.
546 Vgl. Deans/Kroeger/Zeisel (2002a), S. 31 f.
547 Vgl. Pümpin/Prange (1991), S. 218.
548 Vgl. Deans/Kroeger/Zeisel (2002a), S. 63.
549 Vgl. Hill/Jones (1998), S. 94.

nehmen mit einer wettbewerbsfähigen Kostenstruktur, deren Position jetzt deutlich gefestigter ist als in der vorherigen Phase.[550]

Die Forcierung von weiterem externen Wachstum verliert in dieser Phase aus verschiedenen Gründen an Bedeutung. Erstens haben diese Unternehmen bereits eine Mindestgröße erreicht, die ihnen über die Realisierung von Skaleneffekten ein Mindestmaß an Wettbewerbsfähigkeit und das Fortbestehen während der starken Konsolidierung in der Vorphase ermöglichte. Zweitens sind die für weitere Übernahmen zur Verfügung stehenden Ressourcen (insbesondere die Kapitalverfügbarkeit und die Integrationsfähigkeit), die auch in der Vorphase bereits stark in Anspruch genommen wurden, als begrenzt anzusehen. Obwohl weitere Übernahmen noch immer Synergien und Wettbewerbsvorteile schaffen können, dürften sie daher deutlich fokussierter als in der Vorphase angegangen werden. Drittens ist zu bedenken, dass fortwährendes Wachstum auch nicht das übergeordnete Ziel nach Shareholder-Value handelnder Unternehmen ist.[551] Deren primäres Ziel ist die Steigerung des Unternehmenswertes, der vor allem auf den erwarteten abdiskontierten *Gewinnen* basiert. Das Wachstumsziel, das in der Vorphase in den Vordergrund gestellt wurde, diente letztlich als Mittel zum Zweck des Fortbestehens über die Kumulationsphase hinaus. Aus diesen Gründen kann davon ausgegangen werden, dass in der Fokussierungsphase seitens der Unternehmen immer mehr Wert auf *Profitabilität* statt auf eine fortgeführte reine Steigerung der Unternehmensgröße gelegt wird.

Daher steht zum einen die strukturelle und kulturelle *Integration* der in der Kumulationsphase übernommenen Unternehmen im Vordergrund. Selbst wenn die wichtigsten Synergien (z.B. im Produktionsbereich) aus den Übernahmen der Vorphase bereits realisiert wurden, müssen die Effizienz und die Steuerbarkeit des Unternehmens durch eine vollständige Integration gesichert werden.[552]

Zum anderen ist zu vermuten, dass die Betonung der Profitabilität auch zu einer kritischen Evaluation und ggf. *Restrukturierung des Portfolios* führt. Durch die Zukäufe in der Vorphase besteht das Portfolio vieler Unternehmen in der Fokussierungsphase neben den Kernaktivitäten auch aus einigen marginalen Randaktivitäten, die möglicherweise als Teile von vollständig übernommenen Zielunternehmen den Weg in das Käuferunternehmen fanden. Diese Randaktivitäten genießen aufgrund ihrer geringen Größe weder die volle Aufmerksamkeit des Managements noch größenbedingte Kostenvorteile gegenüber der Konkurrenz. Auch könnten große, aber weniger profitable Aktivitäten Teil des Portfolios geworden sein, zu deren effizienter Führung sich das in diesen Geschäftsbereichen

---

550 Vgl. ebenda, S. 95 und Deans/Kroeger/Zeisel (2002a), S. 17 und S. 92.

551 Vgl. Rappaport (1986), S. 11, der gemäß dem Shareholder-Value-Konzept die Wertgenerierung für die Aktionäre als maßgebliches Ziel des Unternehmens definiert.

552 Vgl. Deans/Kroeger/Zeisel (2002a), S. 97 und Pümpin/Prange (1991), S. 216.

unerfahrene Management des Unternehmens nicht in der Lage sieht. Eine Portfoliobereinigung – d.h. die Entledigung solcher nicht für das Fortbestehen des Unternehmens unverzichtbarer bzw. schlecht geführter Geschäftsbereiche – kann die durchschnittlich erzielte Rendite des Unternehmens erhöhen.

Parallel dazu erlaubt dieser gezielte Rückzug aus Nicht-Kerngeschäften durch nun frei werdende Ressourcen (z.B. Kapital- und Managementressourcen) die Stärkung der Kerngeschäfte durch weitere Übernahmen.[553] Eine solche Strategie der Konzentration und Fokussierung erlaubt es dem Unternehmen, in diesen Bereichen weitere größenbedingte Kostenvorteile zu realisieren oder auch durch den Einkauf spezieller Fähigkeiten des Zielunternehmens seine Wettbewerbsfähigkeit zu erhalten. Übernahmen dürften in dieser Phase also sehr viel vorsichtiger und ausgewählter angegangen werden, da nicht mehr die reine Vergrößerung des Unternehmens für den Käufer entscheidend ist, sondern die Verstärkung ausgewählter Kernbereiche. Damit ist insgesamt mit einer Abschwächung der Übernahmeaktivitäten zu rechnen, wenngleich die Konzentration der Branche durch die Stärkungen der Kernbereiche der Unternehmen noch weiter ansteigen dürfte.[554]

Synergien, die bei diesen Zielen der Unternehmen eine Rolle spielen, sind zum einen wiederum Skalen- und Redundanzeffekte (wenn eine weitere Größensteigerung der Kernbereiche erzielt werden soll), zum anderen aber auch *Know-how-Effekte*. Die Übernahme von Firmen mit wertvollen Know-how in einzelnen Bereichen kann dem Käuferunternehmen helfen, die Profitabilität seiner als Kerngeschäft definierten Bereiche zu stärken und damit einen Beitrag zur Erfüllung seiner Ziele leisten. Ebenso wertschaffend kann die umgekehrte Übertragung von Fähigkeiten des Käuferunternehmens auf ein ineffizient geführtes Zielunternehmen sein, das für den Verkäufer ein Randgeschäft darstellte, dem er nicht seine volle Aufmerksamkeit widmete.

Die Portfoliobereinigungen in der Fokussierungsphase und die damit verbundene Stärkung der Kernbereiche durch Übernahmen erhöht die Konzentration noch weiter. Branchen werden dann in der abschließenden *Balancephase* von einigen wenigen großen Unternehmen beherrscht.[555] Durch die stabile, oligopolistische Struktur ist die Intensität des Wettbewerbs geringer einzuschätzen als in den Phasen zuvor; die Profitabilität der in der Branche verbleibenden Unternehmen ist daher als vergleichsweise hoch zu erwarten.[556]

Für die *Zielsetzungen* der Unternehmen in der Balancephase sind zwei spezifische Herausforderungen zu betrachten. Auf der einen Seite können die Gewinne

---

553 Vgl. Deans/Kroeger/Zeisel (2002a), S. 102.
554 Vgl. ebenda, S. 91.
555 Vgl. ebenda, S. 17.
556 Vgl. ebenda, S. 34 und S. 109.

und Umsätze in dieser Phase kaum noch gesteigert werden. Die Lernkurve gestaltet sich als deutlich flacher als zu Beginn des Zyklus, was die Möglichkeit zur Kostenreduzierung verringert. Organisches Wachstum ist in einem schon in der vorherigen Phase weitgehend gesättigten Markt stark erschwert. Ebenso schwierig gestaltet sich aber die Steigerung der Gewinne durch externes Wachstum: Eine Realisierung weiterer leistungswirtschaftlicher oder Marktmachtsynergien durch bracheninterne Übernahmen direkter Konkurrenten wird durch die hohe Konzentration der Branche und die damit verbundenen kartellrechtlichen Restriktionen behindert.[557]

Auf der anderen Seite sind die in der Balancephase anfallenden hohen Gewinne der Unternehmen möglicherweise langfristig bedroht. Auch wenn das Branchenlebenszyklusmodell von Deans/Kroeger/Zeisel mit der stabilen Balancephase abschließt, ist es denkbar, dass eine Branche durch technische Substitute oder veränderte Konsumentengewohnheiten in eine Niedergangsphase mit langfristig stark schrumpfenden Umsätzen eintritt.[558] Eine von Passivität geprägte Strategie, die mit der Hoffnung verbunden wäre, lediglich möglichst lange in der profitablen Balancephase zu verweilen, wäre daher mit erheblichen Risiken für das betreffende Unternehmen verbunden.

Zusammengenommen finden sich die Unternehmen in der Balancephase also in einer Situation wieder, die sich durch hohe Gewinne auszeichnet, langfristig aber bedroht und von fehlenden Möglichkeiten zur Steigerung des Gewinns oder zur Erzielung von Wachstum geprägt ist. Um auf diese zu reagieren, sind unterschiedliche Maßnahmen denkbar. Zur Steigerung der Profitabilität können zunächst bracheninterne Allianzen oder Netzwerke dienen, mit denen sich – z.B. in der Forschung und Entwicklung oder in der Produktion – Synergien wie Redundanzeffekte realisieren lassen, *ohne* kartellrechtliche Regularien zu tangieren.[559] Zur Identifizierung von Übernahmekandidaten ergeben sich aus diesem ersten Ziel jedoch keinerlei Anknüpfungspunkte.

Zur weiteren Steigerung der Profitabilität und zur gleichzeitigen Realisierung von wertschaffendem Wachstum kommen angesichts der Schwierigkeit, leistungswirtschaftliche oder Marktmachtsynergien zu erzielen, *Markterweiterungssynergien* in Betracht, die durch die Investition in Unternehmen mit komplementären Produkten oder mit komplementärer Marktabdeckung erzielt werden können.

Für eine Markterweiterung in die für den Käufer naheliegendsten komplementären Bereiche werden in der Balancephase jedoch nur noch eingeschränkte Mög-

557 Vgl. ebenda, S. 109 und S. 114.

558 Eine solche Phase ist in den meisten Phasenkonzepten anderer Autoren vorgesehen, vgl. z.B. Hill/Jones (1998), S. 95 oder Porter (2004), S. 254 ff.

559 Vgl. Deans/Kroeger/Zeisel (2002a), S. 109.

lichkeiten existieren. Nachdem auch in den Vorphasen Wachstum zu den wichtigen Zielen der Unternehmen gehörte, ist davon auszugehen, dass die meisten noch in der Branche befindlichen Unternehmen bereits eine im Wesentlichen vervollständigte Produktpalette aufweisen, welche schon eine Vielzahl komplementärer Produkte beinhaltet. Ebenso werden sie bereits eine hohe Abdeckung der relevanten geographischen Märkte aufweisen.

Denkbar ist aber als erste Option zur Markterweiterung, dass noch kleinere unabhängige Nischenunternehmen *innerhalb der Branche* existieren, die bisher nicht konsolidiert wurden (z.B. weil in den Phasen zuvor Volumenaufbau sowie Kostensenkungen, die auf Überschneidungen basierten, im Vordergrund standen). Durch die ansonsten sehr eingeschränkten Möglichkeiten zum Wachstum und zur Gewinnsteigerung werden in dieser Phase jedoch auch diese Nischenunternehmen als Übernahmeziele interessant. Größeren Unternehmen bieten sie die Möglichkeit zur weiteren Vervollständigung der Produktpalette (durch ein komplementäres Produkt) oder der geographischen Abdeckung (durch einen komplementären Markt) und die damit verbundene Gelegenheit, Markterweiterungssynergien zu realisieren.[560] Nischenunternehmen weisen per definitionem eine geringe Größe und vergleichsweise geringe Überschneidungen mit den potenziellen Käufern auf, sodass auch das Problem kartellrechtlicher Schwierigkeiten vergleichsweise gering sein dürfte.

Als zweite Option zur wertschaffenden Markterweiterung kommt eine Investition in *branchenfremde*, aber *komplementäre*[561] Bereiche in Betracht, die nur eine geringe Unterschiedlichkeit zur Käuferbranche aufweisen und daher (zumindest bis zu einem gewissen Grad) die Erzielung von Markterweiterungssynergien erlauben.[562] Eine solche Markterweiterung kann einerseits durch den eigenen Aufbau von neuen Geschäftsaktivitäten geschehen, anderseits durch die Übernahme existierender Firmen anderer Branchen. Im Gegensatz zum eigenen Aufbau erlauben Übernahmen aber einen raschen und einfachen Einstieg in ein neues Geschäftsfeld, sodass der Versuch, in dieser Phase entsprechende Kandidaten für *Übernahmen* zu identifizieren, gerechtfertigt erscheint. Eine solche Erweiterung ist in zahlreiche Richtungen denkbar, was die Identifizierung von Übernahmekandidaten erschwert. Angesichts der gewonnenen Erkenntnisse über die mit der Erweiterung verbundenen Ziele lassen sich die zahlreichen Möglichkeiten aber einschränken. Insbesondere die Investition in Branchen, die erst *am Beginn* des Lebenszyklus und damit in einer Eröffnungsphase stehen, kann neue Wachstumschancen eröffnen.[563] Solche Chancen – die für den Käufer ange-

---

560 Vgl. ebenda, S. 109.
561 Zur Definition von Komplementarität vgl. Kapitel II.A.2.c).
562 Vgl. Deans/Kroeger/Zeisel (2002a), S. 107 und Sautter (1989), S. 184 ff.
563 Vgl. Deans/Kroeger/Zeisel (2002a), S. 31 und S. 116.

sichts der Reife bzw. des drohenden Niedergangs seiner Kernbranche im Vordergrund stehen dürften – können mit einer Ausweitung in eine Branche, die sich ebenfalls in einer *sehr späten* Phase des Zyklus befindet, kaum erreicht werden. Darüber hinaus ist davon auszugehen, dass Unternehmen der Balancephase eine Investition in *möglichst verwandte*, also an ihr Kerngeschäft angrenzende Branchen anstreben, um so viele Ressourcen bzw. Fähigkeiten des eigenen Unternehmens wie möglich auch für das neue Geschäftsfeld zu nutzen und damit hohe Markterweiterungssynergien zu erzielen.

Eine Investition in völlig fremde, *nicht-komplementäre* Bereiche ohne die Möglichkeit der Übertragung von Ressourcen oder Fähigkeiten, d.h. eine *Diversifikation*, stellt eine dritte von Unternehmen der Balancephase zu erwartende Option dar. Mit ihr können keinerlei Markterweiterungssynergien, sondern lediglich finanzielle Synergien wie die Reduzierung der Fremdkapitalkosten oder die Erhöhung der Verschuldungsfähigkeit erzielt werden.[564]

Weiterführende Erkenntnisse für die Identifizierung von Übernahmekandidaten können aus der Überlegung gewonnen werden, dass eine Diversifikation auch aus *persönlichen* Zielen verfolgt werden kann und dass diese Möglichkeit in der Balancephase besonders groß ist:[565] Zum einen sammeln sich in dieser Phase hohe Unternehmensgewinne an, denen aber keine entsprechenden Investitionsmöglichkeiten gegenüberstehen, sodass das Potenzial zu einer nichtwertschaffenden Verwendung besonders hoch ist. Zum anderen könnte sich das Management des Käufers durch das fehlende Wachstum in dieser Phase der Möglichkeit beraubt sehen, sein Einkommen oder Ansehen weiter zu steigern; stattdessen drohen ihm die mit einer Niedergangsphase potenziell verbundenen persönlichen Nachteile wie der Verlust von Ansehen oder des Arbeitsplatzes.[566] Verfolgt das Management von Käuferunternehmen in dieser Phase vor allem persönliche Ziele, würde es Übernahmen anstreben, bei denen eine synergiegebende, enge Verwandtschaft zu den eigenen Produkten gerade *nicht* im Vordergrund stünde.[567] Stattdessen würde es bei der Suche nach Übernahmekandidaten vordergründig nach einer Wachstumsmöglichkeit und nach einer (der Absicherung dienenden) möglichst geringen Korrelation der Cashflows des Übernahmeziels zu denen des eigenen Unternehmens suchen.

564 Zu finanzwirtschaftlichen Synergien siehe Kapitel II.A.2.d).

565 Zu den persönlichen Zielen siehe Kapitel II.C.1.

566 Jensen (1986), S. 326 f. unterstellt Unternehmen in diese Phase hohe Agency-Kosten und erklärt durch diese Problematik die vielen diversifizierenden Übernahmen durch Unternehmen der US-amerikanischen Öl-, Medien- und Tabakbranchen.

567 Eine hohe Nicht-Verwandtschaft von Produkten bedeutet meist, dass die Produkte auch unterschiedlichen wirtschaftlichen Schwankungen unterliegen und damit die mit ihnen erzielbaren Cashflows eine vergleichsweise geringe Korrelation aufweisen.

Abbildung 20 zeigt eine Zusammenfassung der in jeder Phase relevanten Synergiepotenziale.

	Eröffnungsphase	Kumulationsphase	Fokussierungsphase	Balancephase
Situation	• Nach Deregulierung oder Innovation • Noch keine Produktstandardisierung	• Reife Technologie • Abschwächendes Wachstum, sinkende Preise • Überkapazitäten	• Bereinigter Markt • Gefestigte Marktpositionen	• Stabiles Oligopol
Ziele	• Wachstum • Aufbau von Marktanteilen und Markteintrittsbarrieren	• Größe als Hauptziel • Aufbau von Kostenvorteilen	• Integration und Portfoliobereinigung • Profitabilität als Hauptziel	• Aufbau neuer Wachstumsmöglichkeiten • Markterweiterung/ Diversifikation
Synergien	• Keine	• Leistungswirtschaftliche Synergien (Redundanz- und Skaleneffekte) • Marktmachtsynergien	• Leistungswirtschaftliche Synergien (Redundanz-, Skalen- und Know-how-Effekte)	• Martkerweiterungssynergien • Finanzielle Synergien

Abbildung 20: Relevante Synergiepotenziale je Phase des Branchenlebenszyklus

2. Voraussetzungen für die Früherkennung von Übernahmezielen

Bevor eine phasenspezifische Ableitung von Übernahmekandidaten mit Hilfe des Lebenszyklusmodells von Deans/Kroeger/Zeisel erfolgen kann, muss dessen Anwendbarkeit für die jeweils betrachtete Branche überprüft werden. Seine Nutzung zur Identifizierung von Übernahmekandidaten erscheint nur dann gerechtfertigt, wenn auch tatsächlich davon ausgegangen werden kann, dass sich die Branche (im Wesentlichen) wie im Modell unterstellt entwickeln wird. Während Deans/Kroeger/Zeisel von einer *grundsätzlichen* Gültigkeit des Modells ausgehen und keine Einschränkungen der Anwendbarkeit herausstellen, wird es in diesem Abschnitt einer Überprüfung unterzogen, um abzuleiten, unter welchen *Voraussetzungen* von einer solchen Entwicklung ausgegangen werden kann.

Grundlegende Annahme dieses Branchenlebenszyklus-Modells ist es, dass der Konzentrationsgrad einer Branche durch zunehmende Konsolidierung nach einem kurzem Absinken in der Eröffnungsphase im weiteren Verlauf des Zyklus – wenngleich mit unterschiedlicher Geschwindigkeit und aus unterschiedlichen Gründen – kontinuierlich ansteigt. Auch wenn einige Untersuchungen einen solchen Verlauf der Branchenstruktur nachweisen können, muss diese aus empirischer Sicht insgesamt weder als bestätigt noch als widerlegt angenommen werden.[568]

Aus theoretischer Sicht kann angeführt werden, dass eine Branche auf *mehrere* potenzielle „finale" (und damit auch auf weniger konsolidierte) Strukturen zulaufen kann.[569] Gemäß dem Modell schreitet die Konsolidierung jedoch zwangsläufig voran, weil die Ziele und Maßnahmen, mit denen Unternehmen auf das sich von Phase zu Phase verändernde wettbewerbliche Umfeld der Branche reagieren, zu einer solchen Entwicklung führen.[570] In vielen Situationen können sich Unternehmen gemäß dem Modell durch die Erzielung von (je nach Phase unterschiedlichen) Synergien einen Vorteil vor der Konkurrenz verschaffen und damit ihre Position bzw. Erträge sichern. Das immer wiederkehrende Streben nach Synergien – zu deren Erzielung Übernahmen notwendig sind – bedingt somit im Laufe der Zeit eine zunehmende Konsolidierung. Damit eine Branche aber den Lebenszyklus von Deans/Kroeger/Zeisel tatsächlich durchläuft, bedarf es aber zum einen

- der Existenz der betreffenden Synergiepotenziale und zum anderen
- ihrer Realisierbarkeit.

Aus der Diskussion branchenspezifischer Hindernisse für das Vorliegen dieser beiden Bedingungen wird abgeleitet, welche *Voraussetzungen* eine Branche erfüllen muss, damit das Modell zur Identifizierung von Übernahmekandidaten angewendet werden kann.

a) Existenz relevanter Synergiepotenziale

Ohne die Existenz von *Synergiepotenzialen* innerhalb der Branche werden die Unternehmen (von optimierungsbasierten Übernahmen abgesehen) nicht durch Übernahmen versuchen, ihre Ziele zu realisieren. Nur wenn ein ökonomisches Potenzial für die in den jeweiligen Phasen des Zyklus eine Rolle spielenden

---

568 Empirische Evidenz findet sich in den Studien von Jovanovic/MacDonald (1994), S. 335 ff.; Klepper (1996), S. 564ff; Gort/Klepper (1982), S. 638 ff. Der unterstellte Verlauf des Konzentrationsgrades einer Branche (der jenem des Deans-Modells entspricht) wird in diesen Arbeiten allerdings durch *Innovationsprozesse* erklärt. Phasenübergreifend erfolgreiche Unternehmen erzielen demnach ihre Kostenvorteile nicht durch die Erzielung von Synergien nach Übernahmen, sondern durch kostensenkende, prozessuale Innovationen in der Produktion. Unternehmen, die an solchen Innovationen scheitern, scheiden durch die so entstehenden Kostennachteile früher oder später aus dem Markt aus, wodurch der Konzentrationsgrad steigt. Porter (2004), S. 185 findet für die Gültigkeit eines solchen Verlaufs bei einer Untersuchung von Unternehmen des produzierenden Gewerbes in den USA von 1963-1972 dagegen keine Belege.

569 Vgl. Porter (2004), S. 185.

570 Lucks/Meckl (2002), S. 6 f. sprechen in diesem Zusammenhang von marktseitigen Veränderungen, die zu Optimierungsbestrebungen bei den betroffenen Unternehmen führen.

Synergien existiert, ist die Bedingung für eine zunehmende Konsolidierung erfüllt. Zu beachten ist, dass hier nicht nach solchen Hindernissen gesucht werden soll, die sich durch die im Zyklusmodell beschriebene Branchenentwicklung im Laufe der Zeit von selbst auflösen (z.B. benötigen viele der Effekte eine Produktstandardisierung, die sich aber häufig erst zu Beginn der Kumulationsphase einstellt). Gesucht sind vielmehr dauerhafte und branchenweite Hindernisse zur Synergieerzielung, welche eine Entwicklung der Branche gemäß dem Zyklusmodell vereiteln.

Kernhindernis für das Fehlen solcher Synergiepotenziale kann sein, dass mögliche größenbedingte Vorteile, die sich an einer Stelle der Wertschöpfungskette ergeben, an einer anderen Stelle durch größenbedingte Nachteile (in Form von Mehrkosten) *überkompensiert* werden.

Skalen- und Redundanzeffekte als Form der leistungswirtschaftlichen Synergien lassen sich (in Summe über die gesamte Wertschöpfungskette) dann nicht erzielen, wenn kurze Umrüstzeiten durch eine häufig *wechselnde Nachfragestruktur* eine Schlüsselrolle in einer Branche spielen und so der Einsatz effizienter, hochvolumiger Maschinen mit typischerweise langer Umrüstzeit mehr Nach- als Vorteile bietet.[571] Die Vorteile einer Zusammenlegung der Produktion sind auch dann geringer, wenn die nachgefragten Produkte einer Branche durch dauerhaft *fragmentierte Kundenpräferenzen* so verschiedenartig sind, dass die Erzielung von Skaleneffekte, die bei hochvolumiger Produktion entstehen, erschwert wird.[572] Auch *hohe Transportkosten* begrenzen die Möglichkeit, durch eine Zentralisierung mehrerer Produktionsstätten solche Effekte zu erzielen, falls die größenbedingten geringeren Stückkosten in der zusammengelegten Produktion durch höhere Transportkosten zu den Abnehmern überkompensiert werden.[573] Ebenso führt eine *hohe Bedeutung kreativer Prozesse* zu einer vergleichsweise geringen optimalen Betriebsgröße und beschränkt dadurch die Erzielbarkeit solcher Effekte, da eine geringere Unternehmensgröße im Allgemeinen als förderlicher für die Kreativität gilt als große Konzerneinheiten.[574] Schließlich ergibt sich aus der in manchen Branchen notwendigen engen, lokalen Kontrolle der Geschäftsabläufe (z.B. in Restaurants) eine höhere Effektivität kleinerer Unternehmensgrößen, in denen der Eigentümer selbst die zentralen Funktionen ausüben kann.[575]

Vorteile aus dem Zusammenlegen von beispielsweise Verkaufsabteilungen sind in einer Branche dann begrenzt, wenn in ihr *lokale Kontakte beim Verkauf* von

---

571 Vgl. Porter (2004), S. 283 f.

572 Vgl. Klepper/Graddy (1990), S. 35; Porter (2004), S. 199 und S. 282 f.

573 Vgl. Porter (2004), S. 282.

574 Vgl. ebenda, S. 198.

575 Vgl. ebenda, S. 199.

großer Bedeutung sind.[576] Vorteile durch das Schließen überflüssig gewordener Produktionseinheiten können nur dann erwartet werden, wenn keine *dauerhafte Nicht-Sättigung des Marktes* besteht, die die Existenz von Überkapazitäten dauerhaft verhindern würde.

Liegen keinerlei solche Hindernisse vor, kann vom einen Potenzial für Skalen- und Redundanzeffekte ausgegangen werden. Dieses ist umso größer, je mehr sich die Wertschöpfungsketten der Unternehmen ähneln, d.h. je standardisierter die Technologien und je einheitlicher die Geschäftsmodelle und die Kundennachfrage in einer Branche sind und je degressiver (unter Einbeziehung aller Kosten) die Stückkostenkurven verlaufen (bzw. je höher der Fixkostenanteil an der Kostenstruktur einer Branche ist).

Know-how-Synergien können in jeder Branche angestrebt werden, so dass sich hieraus kein weiteres Hindernis für die Anwendbarkeit des Zyklusmodells ergibt. Zumindest die Übertragung ganz allgemeiner Management- und Führungsfähigkeiten von einem Unternehmen auf ein anderes ist immer denkbar. Nur wenn sehr spezifisches (z.B. technisches) Know-how eine wichtige Rolle spielt, ist die Erzielbarkeit solcher Synergien eingeschränkt, da dann nur bei brancheninternen Übernahmen von einer Übertragung profitiert werden kann.

Ein Hindernis für die Erzielung von *Marktmachtsynergien* ist es, wenn in einer Branche die Käufer- oder auch die Lieferantenseite in ihrer Marktmacht so überlegen ist, dass jedweder Zusammenschluss an diesem *Ungleichgewicht* nichts ändert und dadurch keine Reduzierung der Einkaufspreise bzw. Steigerung der Verkaufspreise möglich ist.[577] Ein branchenweites Potenzial zur marktmachbedingten Senkung der Einkaufspreise erfordert darüber hinaus eine *Mindestähnlichkeit der benötigten Input-Faktoren.* Eine marktmachtbedingte Erhöhung der Verkaufspreise erfordert eine Überschneidung der Absatzmärkte, d.h. der bedienten Kunden bzw. Regionen; dies wäre z.B. dann nicht gegeben, wenn *regionale Monopole* vorliegen.

Markterweiterungssynergien sind dann schwer zu erzielen, wenn eine *hohe Spezifität* der Produkte oder der Kunden einer Branche einen wertschaffenden zusätzlichen Verkauf von Produkten an Kunden eines anderen Unternehmens gänzlich verhindert; selbiges gilt für die Übertragung von marktbezogenen Ressourcen auf neue Märkte.[578]

Finanzielle Synergien in Form von wertschaffenden Diversifikationseffekten können erzielt werden, wenn Unternehmen gefunden werden, deren Zahlungsströme mit jenen der betrachteten Branche gering korreliert sind. Da aber davon

---

576 Vgl. ebenda, S. 283 und S. 285.
577 Vgl. ebenda, S. 197.
578 Vgl. ebenda, S. 199.

auszugehen ist, dass Unternehmen, die anderen ökonomischen Einflüssen und Schwankungen unterliegen, in jedem Fall gefunden werden können, ist in allen Branchen von einem Potenzial zur Erzielung solcher Effekte auszugehen. Daher ist hieraus kein Hindernis abzuleiten.

Die angeführten möglichen Hindernisse für die Existenz von Synergiepotenzialen werfen die Frage auf, ob diese in Summe die Anwendbarkeit des Lebenszyklusmodells von Deans/Kroeger/Zeisel gänzlich in Frage stellen bzw. ob es überhaupt Branchen gibt, welche die abgeleiteten Voraussetzungen erfüllen. Zwei Argumente unterstützen die Anwendbarkeit des Identifizierungsansatzes: Zum einen kann die mit der Globalisierung von Märkten einhergehende Konvergenz von technischen Normen, Bedürfnisstrukturen und Konsumentengewohnheiten angeführt werden, die es den Unternehmen ermöglicht, standardisierte Produkte in kostengünstiger Massenproduktion herzustellen und weltweit zu vermarkten.[579] Dieser Trend begünstigt das Erzielen von Skalen-, Redundanz- und Marktmachteffekten. Ebenfalls gehen mit der Globalisierung langfristig tendenziell sinkende Transportkosten einher.[580] Auch der verstärkte technologische Austausch und die durch den globalen Wettbewerbsdruck steigende Innovationsgeschwindigkeit führen zu neuen, kostengünstigeren (Massen-)Produktionsprozessen, welche wiederum die Erzielung von Skalenvorteilen begünstigen.[581] Durch diese wirtschaftlichen Trends verringert sich demnach die Bedeutung vieler der beschriebenen Hindernisse (vor allem jener zur Erzielung von Skalen- und Redundanzeffekten).

Zum anderen können Unternehmen auch selbst aktiv werden, um einige der Hindernisse und damit die Fragmentierung einer Branche zu überwinden. Dies kann dann gelingen, wenn sie die fundamentalen ökonomischen Barrieren, die den Synergiepotenzialen im Wege stehen, beseitigen.[582] So können beispielsweise Anstrengungen zur Produktstandardisierung unternommen werden.[583] Eine andere denkbare Methode wäre die Abtrennung eines für die Fragmentierung verantwortlichen Einzelelementes aus der Wertschöpfungskette der Unternehmen einer Branche (z.B. durch Outsourcing), um das Konsolidierungshindernis zu neutralisieren.[584]

---

579 Vgl. Lucks/Meckl (2002), S. 6; Porter (2004), S. 295 ff.; Hill/Jones (1998), S. 96.

580 Vgl. Porter (2004), S. 287 f.

581 Vgl. ebenda, S. 295 ff.; Hill/Jones (1998), S. 97 f.

582 Vgl. Porter (2004), S. 200 ff.

583 Vgl. ebenda, S. 201 f.

584 Ein Beispiel hierfür wäre das Franchisekonzept vieler Schnellrestaurant-Betreiber. Die notwendige lokale Kontrolle wird dabei vom Franchise-Nehmer gewährleistet, während an anderen Stellen der Wertschöpfungskette (z.B. im Marketing oder Einkauf) Skalenvorteile über den Verbund der Restaurants bzw. den Franchise-Geber erzielt werden können; vgl. ebenda, S. 202 f.

b) Realisierbarkeit der Synergiepotenziale

Selbst im Falle der *Existenz* von Synergiepotenzialen unterstellt der Verlauf des Branchenlebenszyklus von Deans/Kroeger/Zeisel implizit auch deren *Realisierbarkeit*, woraus sich weitere Voraussetzungen seiner Anwendbarkeit ergeben.

Ein erster Grund dafür, dass es trotz Vorliegen solcher Potenziale nicht zu Übernahmen kommen muss, kann im Verhalten der Marktteilnehmer einer Branche begründet sein.[585] So könnten die Unternehmen einer Branche organisches Wachstum bevorzugen, weil sie aufgrund ihrer mangelnden Erfahrung mit Übernahmen und Integration nicht den für einen solchen Schritt notwendigen Mut aufbringen. Auch können Selbstgefälligkeit, mangelnde Weitsicht oder das Festhalten an traditionellen Strukturen oder Arbeitsweisen ein Anstreben von Übernahmen verhindern. Auf Dauer muss eine solche Passivität (und ein Verharren der Branche in einem fragmentierten Zustand) bei gleichzeitiger Existenz eines Synergiepotenzials aber keinen Dauerzustand darstellen, da eine Konsolidierung auch von außen (z.B. durch einen Finanzinvestor, der die Wertsteigerungsmöglichkeiten erkannt hat und gleich mehrere Unternehmen übernimmt und verbindet) vorangetrieben werden kann.[586] Dennoch wird eine grundsätzliche Bereitschaft innerhalb einer Branche zur Durchführung von Übernahmen als Voraussetzung definiert.

Ein weiterer Grund für eine Nicht-Realisierung vorhandener Synergiepotenziale besteht in der dauerhaften Existenz *regulatorischer Restriktionen*. Deans/-Kroeger/Zeisel beschreiben den Branchenlebenszyklus als Modell, das erst *nach* einer Innovation oder *nach* einer Deregulierung einsetzt. Ist aber – trotz zunehmender Deregulierung und Liberalisierung – von einer dauerhaften Regulierung einer Branche auszugehen, ist das Modell nicht anwendbar.

Günstige volkswirtschaftlichen Rahmenbedingungen stellten dagegen keine weitere Voraussetzung für eine zunehmende Konsolidierung dar. Sie können den Zyklusablauf lediglich beschleunigen (z.B. im Falle vorteilhafter Finanzierungskonditionen) oder verlangsamen, indem sie zu einer Verschiebung geplanter Übernahmen seitens der Käufer auf spätere, günstiger erscheinende Zeitpunkte führen (und umgekehrt). Zu berücksichtigen ist jedoch, dass plötzlich auftretende *ökonomische Schocks* durch eine kurzfristige Veränderung des wettbewerblichen Umfeldes eine Abkehr vom idealtypischen Zyklusverlauf bedeuten können. Als solcher ist dabei generell jedes unerwartete Auftreten eines Einflussfaktors definiert, der die Branchenstruktur (außerhalb der normalen Lebenszyklusentwicklung) verändert.[587] Dazu zählen vor allem technologische[588] oder demo-

---

[585] Vgl. zu den folgenden Ausführungen ebenda, S. 205 f.

[586] Vgl. Porter (2004), S. 205, der das Beispiel der von außen konsolidierten US-Weinindustrie anführt.

[587] Vgl. Mitchell/Mulherin (1996), S. 209.

graphische Veränderungen oder eine starke preisliche Volatilität eines Input-Faktors.[589] Solche Entwicklungen können die Phasenabfolge des Zyklusmodells nicht nur verlangsamen oder beschleunigen (so dass existierende Synergiepotenziale weiterhin realisiert werden können, wenngleich zu einem anderen Zeitpunkt als ursprünglich erwartet), sondern auch den vom Modell unterstellten Verlauf gänzlich aus der Bahn werfen.[590] Mit dem Modell vorgenommene Voraussagen über zu erwartende Übernahmen besitzen in einem solchen Fall nur sehr eingeschränkte Aussagekraft. Ökonomische Schocks sind aber definitionsgemäß nicht vorhersehbar. Daher kann keine *Voraussetzung* definiert werden, die vor der Anwendung des Modells zur Identifizierung von Übernahmekandidaten überprüft werden könnte; es handelt sich aber um eine Quelle von Unsicherheit, welche die Aussagekraft einer mit dem Modell getroffenen Vorrausage einschränkt.

Zusammenfassend ist festzuhalten, dass – wenngleich die Bedeutung von Hindernissen für die Existenz oder Realisierbarkeit von Synergiepotenzialen in vielen Branchen vor allem durch die fortschreitende Globalisierung geschmälert sein dürfte – diese in einzelnen Branchen eine wichtige Rolle spielen können. Damit muss ihr Vorliegen in einer betrachteten Branche *vor* der Anwendung des entwickelten Modells zur Identifizierung von Übernahmekandidaten überprüft werden (siehe Abbildung 21). Sind beide genannten Voraussetzungen – die *Existenz* sowie die *Realisierbarkeit* von Synergiepotenzialen – erfüllt, kann von einem Verlauf der Branchenstruktur wie im von Deans/Kroeger/Zeisel beschriebenen Zyklus ausgegangen werden.[591] Es lassen sich dann phasenspezifische Übernahmekandidaten mit Hilfe des Modells ableiten.

588 Deans/Kroeger/Zeisel (2002a), S. 103 f. sprechen in diesem Zusammenhang von technologischen Diskontinuitäten, die die Dynamik einer Branche schnell und nachhaltig beeinflussen können.

589 Vgl. Mitchell/Mulherin (1996), S. 209. Ein Beispiel für die starke Volatilität eines Input-Faktors als ökonomischer Schock wäre der extreme Anstieg des Kerosinpreises in der Luftfahrtbranche im ersten Halbjahr 2008.

590 Für empirische Studien, die den Einfluss ökonomischer Schocks auf die Übernahmeaktivität betroffener Branchen belegen, siehe ebenda, S. 209 ff. (für die USA) sowie Powell/Yawson (2005), S. 3024 ff. für Großbritannien.

591 Die Definition von Voraussetzungen erlaubt es auch, keine Einschränkungen des Modells für spezielle Branchen oder Länder festzulegen. Generell soll es überall dort als anwendbar angenommen werden, wo die definierten Voraussetzungen erfüllt sind.

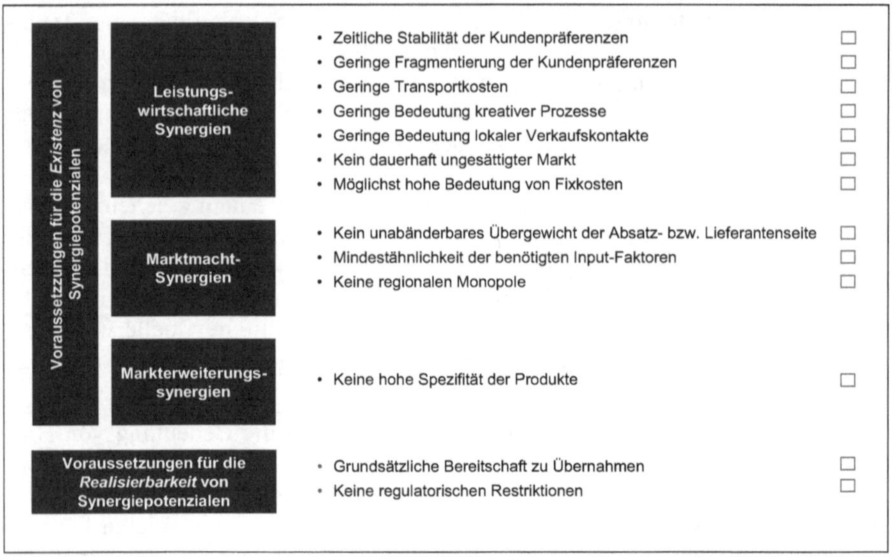

Abbildung 21: Voraussetzungen für die Anwendbarkeit des Identifizierungsmodells

Der in diesem Abschnitt vorgestellte Zwischenschritt gibt nicht nur Auskunft über die Anwendbarkeit des Zyklusmodells von Deans/Kroeger/Zeisel für eine betrachtete Branche, sondern auch über deren *Eignung* zum erfolgreichen frühzeitigen Erkennen zukünftiger Übernahmeziele. Je eher in der Branche die abgeleiteten Voraussetzungen für die Existenz und die Realisierung von Synergiepotenzialen gegeben sind bzw. je mehr davon erfüllt sind, desto aussichtsreicher erscheinen aus Käufersicht Übernahmen, desto eher ist ein gemäß dem Modell ansteigender Verlauf des Konzentrationsgrades zu erwarten und desto schneller könnte der Zyklus durchlaufen werden. Liegt der Fokus nicht auf der Früherkennung von Übernahmezielen in einer bestimmten ausgewählten Branche, sondern auf der möglichst erfolgreichen Identifizierung im gesamten Kapitalmarkt, kann auf diese Weise eine Priorisierung der Branchen vor der Anwendung des Ansatzes erfolgen, um dessen „Treffsicherheit“ zu erhöhen.

3. Identifizierung phasenspezifischer Übernahmekandidaten

a) Horizontale Übernahmen ähnlich ausgerichteter Unternehmen in der Kumulationsphase

Im letzten Schritt wird erarbeitet, wie Übernahmekandidaten anhand ihres phasenspezifischen Profils (das sich aus den jeweils relevanten Synergiepotenzialen ergibt) konkret identifiziert werden können.

In der *Kumulationsphase* steht die Erzielung von leistungswirtschaftlichen und Marktmacht-Synergien zur Kostensenkung und zur Sicherung des Bestehens des Unternehmens während des Konsolidierungsprozesses im Vordergrund. Folglich muss die Identifizierung in der Kumulationsphase an den entsprechenden Charakteristika – wie einer hohen *Überschneidung* der angebotenen Produkte sowie der Absatz- bzw. Beschaffungsmärkte – ansetzen.[592] Redundanzeffekte sind in unterstützenden Funktionen (z.B. im Controlling) zwar auch ohne solche Überschneidungen möglich, allerdings in geringerem Maße als mit ihnen.[593]

Auch wenn die Branchenbetrachtung einen wesentlich zielgerichteteren Blick auf die am Markt befindlichen Unternehmen erlaubt und ähnliche Käufer und Motive bündelt, so besteht das Problem, dass dic syncrgicbezogenen Charakteristika Anforderungen an das Profil von Ziel- und Käuferunternehmen gleichermaßen stellen. Damit ist ein einfacher Abgleich aller in einer Branche befindlichen möglichen Übernahmekandidaten mit den erarbeiteten Charakteristika nicht möglich. Als Basis für die Identifizierung von Übernahmekandidaten in der Kumulationsphase dient die Überlegung, wie sich ein (in einer entsprechenden Branche befindlicher) Käufer ein geeignetes Zielunternehmen zur Realisierung der beschriebenen Synergien suchen würde. In der Literatur wird vorgeschlagen, dass dieser alle Unternehmen der Branche in einer Matrix einteilt, deren Achsen zum einen die Produkt-, zum anderen die Regionalkomplementarität der Geschäftsaktivitäten möglicher Übernahmeziele zu denen des Käuferunternehmens messen.[594]

Die Regionalkomplementarität misst dabei den Grad der Ähnlichkeit der geographischen Ausrichtung der Geschäftsaktivitäten.[595] Die Produktkomplementarität hingegen bezeichnet den Ähnlichkeitsgrad des Leistungsspektrums, d.h. den Differenzierungsgrad der Produktmerkmale der beiden Unternehmen.[596] Diese beiden Kriterien bilden genau die Anforderungen ab, die zur Erzielung der gesuchten Synergien eine Rolle spielen: Je geringer die Regional- und Produktkomplementarität, desto größer sind die zur Erzielung von Marktmachtsynergien, Redundanz- und Skaleneffekten ausnutzbaren Überschneidungen.[597] Wird das Konzept aus der Perspektive eines spezifischen Käufers herausgelöst und aus der Sicht eines *externen* Betrachters der Branche angewandt, kann es zur Identifizierung von Übernahmekandidaten verwendet werden. Die Matrix bildet dann nicht mehr die Komplementarität der Unternehmen in Bezug auf ein *einzelnes* betrachtetes Käuferunternehmen ab, sondern nimmt für *alle* Unternehmen

592 Vgl. Kapitel II.A.2.a)
593 Vgl. Deans/Kroeger/Zeisel (2002a), S. 31.
594 Vgl. Lucks/Meckl (2002), S. 82.
595 Vgl. ebenda, S. 81.
596 Vgl. ebenda, S. 81.
597 Vgl. ebenda, S. 82.

der Branche eine Einordnung der von ihnen bearbeiteten Absatzmärkte (auf der Abszisse) sowie der Merkmale der von ihnen angebotenen Produkte (auf der Ordinate) anhand einer diskreten Skala vor (siehe Abbildung 22).

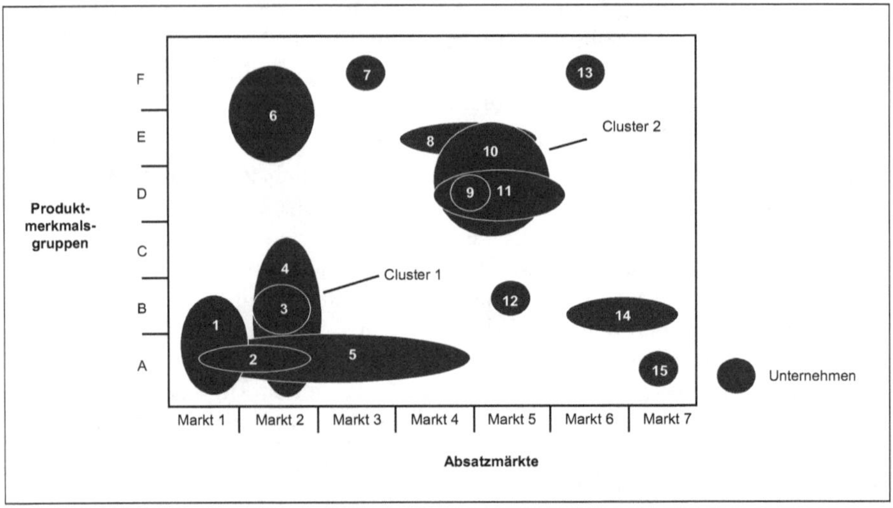

Abbildung 22: Erkennung von Übernahmekandidaten in der Kumulationsphase

Zu den *Produktmerkmalen* können Service, Kundendienst, Beratung, Design sowie die technische und funktionale Qualität eines Produktes gezählt werden.[598] Um eine Einordnung auf einer diskreten Skala vornehmen zu können, müssen die Produktmerkmale zu Gruppen verbunden werden, die eine spezifische Kombination von ihnen abbildet. Die Einteilung der bearbeiteten Absatzmärkte der einzelnen Unternehmen kann anhand von Regionen[599], aber auch anhand von Kundensegmenten erfolgen.[600] Bei beiden Achsen ist es im Falle von Mehrproduktunternehmen bzw. international agierenden Unternehmen möglich, dass einzelne Unternehmen nicht nur einzelne Punkte, sondern größere Teile der Matrix abdecken.

Eine Abbildung aller Unternehmen einer Branche auf dieser Matrix (siehe Abbildung 22) erlaubt das Aufspüren von Clustern von mehreren, sehr nahe beiein-

598 Vgl. Welge/Al-Laham (2008), S. 314.

599 So vorgeschlagen bei Lucks/Meckl (2002), S. 82.

600 Spielen Marktmachtssynergien eher auf Seiten der Beschaffungsmärkte als auf Seiten der Absatzmärkte eine Rolle, kann alternativ die Abdeckung der Beschaffungsmärkte auf der Abszisse abgebildet werden.

ander liegenden Unternehmen.[601] Bei einem Zusammenschluss zweier Unternehmen eines Clusters ist aufgrund von deren hohen Überschneidungen bei Absatzmärkten und Produktspezifika von einem hohen Potenzial für Redundanz- und Skaleneffekte sowie für Marktmachtsynergien auszugehen. Da in solchen Clustern die durch die beschriebenen Synergien realisierbare Wertsteigerung folglich am höchsten sein dürfte, können Übernahmen in der Kumulationsphase am ehesten zwischen Unternehmen innerhalb dieser Cluster erwartet werden. Dabei sind sowohl Käufer- als auch Zielunternehmen jeweils innerhalb des Clusters zu suchen. Zum Zwecke der Identifizierung von Übernahmekandidaten müssen die im Cluster befindlichen Unternehmen daher noch nach vermuteten Käufern und Zielunternehmen unterteilt werden.

Gemäß Kapitel II sind Unternehmen genau dann interessant erscheinende Zielobjekte, wenn sie besonders viele der (oder in besonderem Maße) Charakteristika aufweisen, welche die Übernahmeeignung verstärken. Da sich Letztere bei den Unternehmen des Clusters mit Hilfe der Synergiepotenziale nicht weiter unterscheiden lässt – schließlich ist der Überschneidungsrad innerhalb des Clusters sehr ähnlich –, können zur weiteren Unterscheidung *andere* der die Übernahmeeignung verstärkenden Charakteristika herangezogen werden. Hierbei sind zum einen Übernahmehindernisse zu nennen (z.B. eine ungünstige Aktionärsstruktur oder ein starker gewerkschaftlicher Einfluss). Eine dementsprechend ausgerichtete Untersuchung der Unternehmen des Clusters ist zwar aufwendig und bedarf einer qualitativen Analyse (weil eine einfache Kennzahlenanalyse nicht ausreicht), jedoch ist der zu erwartende Analyseaufwand jetzt als begrenzt anzusehen, da eine Konzentration auf die Unternehmen des Clusters möglich ist. Zum anderen kann auch das Optimierungspotenzial bei primär synergiegetriebenen Übernahmen eine – wenngleich nachgeordnete – Rolle spielen: Weisen für einen potenziellen Käufer mehrere Unternehmen ein ähnlich hohes Synergiepotenzial auf und unterscheiden sich auch die Kosten der Übernahme nicht wesentlich, könnte ein Käufer geneigt sein, bei seiner Auswahl zusätzlich auf das jeweils vorhandene Optimierungspotenzial zu achten. Demnach rücken beispielsweise weniger effiziente Unternehmen mit eventuell auch vergleichsweise geringer Bewertung ins Blickfeld des Käufers. Da dessen Hauptziel hier das Wachstum durch Volumeneffekte ist, kann die möglicherweise geringe Profitabilität eines solchen Unternehmens in Kauf genommen werden; stattdessen erlaubt diese gegebenenfalls sogar einen Kauf zu einem attraktiv erscheinenden Preis.

Mit diesen Überlegungen können die Unternehmen des Clusters in eine ihre Übernahmeeignung widerspiegelnde Reihenfolge gebracht werden; Übernahme-

---

601 Zu den Schwierigkeiten der Einteilung von Unternehmen in der Matrix vgl. Lucks/Meckl (2002), S. 82.

kandidaten sind dann diejenigen von ihnen, die weitere der in Kapitel II hergeleiteten Charakteristika aufweisen.

b) Portfoliobereinigung und Profitabilitätsfokus in der Fokussierungsphase

Aufgrund der im Vergleich zur Kumulationsphase geringeren und deutlich zielgerichteteren Übernahmeaktivität gestaltet sich die Identifizierung in der *Fokussierungsphase* als anspruchsvoller. Wie in Kapitel IV.B.1 beschrieben, konzentrieren sich die Unternehmen in dieser Phase auf die Stärkung ihrer Profitabilität, indem sie zum einen die Integration von in einer früheren Phase erworbenen Unternehmen vorantreiben, zum anderen indem sie ihre Portfolios zur Erzielung von Skalen-, Redundanz-, Know-how- und Marktmachteffekten durch den Verkauf von Rand- und der Stärkung von Kernaktivitäten restrukturieren. Dabei werden die einzelnen Portfoliosegmente durch Austausch von nicht zum Kerngeschäft gehörigen Einheiten zu neuen Gebilden zusammenge-stellt. Die Identifizierung von Übernahmekandidaten sollte daher in einem *ersten Analyseschritt* mit einer Portfolioanalyse der Unternehmen der betrachteten Branche beginnen, um deren jeweilige Kern- und Randgeschäfte zu identifizieren. Für eine solche Unterteilung können Kriterien wie Größe und Profitabilität der Unternehmen herangezogen werden; ergänzend kann eine Analyse der mitunter in Geschäftsberichten zu findenden Aussagen über die strategischen Zielrichtungen der Unternehmen (die auf Kernbereiche hindeuten) durchgeführt werden. Auch eine Analyse der Akquisitionshistorie kann aufzeigen, in welche Bereiche bereits in der Vergangenheit schwerpunktmäßig investiert wurde (Kerngeschäft), und welche Zukäufe eine Diversifikation darstellten und womöglich sogar bereits von weiten Teilen des Kapitalmarkts als „Fehlinvestition" beurteilt werden (Randgeschäft).

Nach einer solchen Identifizierung des Kern- und Randgeschäfts für die Portfolios der Unternehmen können diese als *zweiter Teil der Analyse* miteinander verglichen und neu miteinander kombiniert werden. Übernahmekandidaten werden hier als *Portfoliosegmente* definiert, die für deren aktuellen Besitzer kein Kerngeschäft darstellen, durchaus aber für ein anderes Unternehmen der Branche. Ein Käuferunternehmen, welches auf eine Verstärkung seines Kerngeschäfts abzielt, kann zum einen – wie schon in der Kumulationsphase – durch die Übernahme des passenden Randgeschäfts eines anderen Unternehmens (bei ausreichenden Überschneidungen von Märkten und Produkten) auf eine Verbesserung der Kostenposition seines Kerngeschäfts durch die Realisierung von Redundanz- und Skaleneffekten sowie Marktmachtsynergien hoffen. Damit kann es seine Wettbewerbsfähigkeit im Kerngeschäft weiter erhöhen. Zum anderen sind Know-how-Effekte zu erwarten: Das vom potenziellen Verkäufer möglicherweise als Randgeschäft vernachlässigte oder aufgrund mangelnder Fähigkeiten ineffizient geführte Portfoliosegment kann durch die Übertragung von operativem und fachlichem Know-how aus dem Kerngeschäft des Käufers eine Wertsteigerung erfahren.

Zu beachten ist jedoch, dass diese Portfoliosegmente Teil eines Konzernverbundes und meist nicht eigenständig an der Börse notiert sind. Bei einer Übernahme müssen sie dann aus dem Konzernverbund herausgelöst werden. Das mit der Identifizierung von Übernahmekandidaten häufig verbundene Ziel einer positiven abnormalen Rendite wird hierbei folglich aus zwei Gründen erschwert. Zum einen müsste hierfür durch die fehlende eigenständige Börsennotierung des Übernahmeziels in den Gesamtkonzern investiert werden, sodass von einer eventuell anfallenden Übernahmeprämie (die aufgrund der fehlenden Börsennotierung ohnehin nur schwer berechenbar ist) nur indirekt profitiert werden könnte. Zum anderen ist zu beachten, dass es bei diesen Übernahmen auch oft das *verkaufende* Unternehmen sein kann, das initiativ versucht, einen Käufer für seine abzustoßende Randaktivität zu finden. In solchen Fällen kann davon ausgegangen werden, dass Übernahmeprämien tendenziell niedriger ausfallen dürften als in Fällen, in denen ein Verkäufer durch monetäre Anreize erst von der Sinnhaftigkeit eines Verkaufes überzeugt werden muss.

c) Nischenunternehmen und branchenfremde Wachstumsunternehmen als Zielunternehmen der Balancephase

In der *Balancephase* streben die Unternehmen eine Markterweiterung entweder innerhalb der Branche (durch eine Konsolidierung der letzten Nischen) oder in komplementäre Bereiche an. Ebenso kann eine Diversifikation in nicht-komplementäre Bereiche zur Realisierung finanzwirtschaftlicher Synergien oder zur Verfolgung persönlicher Ziele erfolgen.

Zur Identifizierung geeigneter Übernahmekandidaten hilft im Falle von Nischenunternehmen wiederum die für die Kumulationsphase vorgestellte Matrix (siehe Abbildung 23). Waren es in der Kumulationsphase gerade die Überschneidungen (und damit eine niedrige Komplementarität), die Käufer zum Erzielen von Marktmacht- und leistungswirtschaftlichen Synergien suchten, stehen jetzt Kandidaten für die Erzielung von Markterweiterungssynergien im Vordergrund. Übernahmekandidaten werden dementsprechend als *Nischenunternehmen* definiert, deren Geschäftsaktivitäten zu denen der meisten anderen Unternehmen der Branche eine *hohe Komplementarität* aufweisen und mit denen Käufer folglich ihre Produktpalette oder ihre Marktabdeckung ergänzen können. In der beispielhaften Darstellung einer Branche in Abbildung 23 wären dementsprechend Unternehmen 7 und 8 als Übernahmekandidaten anzusehen.[602]

---

602 Lucks/Meckl (2002), S. 81 beschreiben eine ähnliche Überlegung, jedoch aus der Sicht eines Käufers, der mit Hilfe einer solchen Matrix ein geeignetes Übernahmeziel sucht. In

Auch in dieser Phase können weitere hergeleitete Charakteristika berücksichtigt werden, um die Qualität der Identifizierung zu verbessern. Dazu muss die Gruppe der Nischenunternehmen noch um solche bereinigt werden, bei denen die zu erwartenden Übernahmehindernisse als so hoch erscheinen, dass sie erdenkliche Wertsteigerungspotenziale überkompensieren dürften.[603]

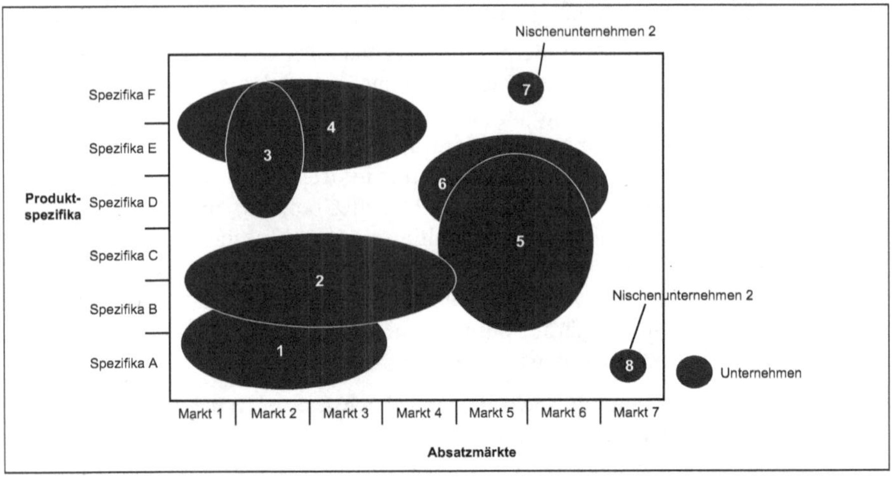

Abbildung 23: Identifizierung übernahmegeeigneter Nischenunternehmen in der Balancephase[604]

Auch die gewonnenen Kenntnisse über das eine wichtige Rolle spielende Ziel der Markterweiterung in branchenexterne, aber komplementäre Geschäftsbereiche können zur Identifizierung von Übernahmekandidaten verwendet werden. Bei der branchenexternen Marktausweitung eines Käufers in der Balancephase werden vor allem Unternehmen gesucht, die sich in der Eröffnungsphase befinden und deren Produkte bzw. Märkte komplementär zu denen des Käufers sind. Die zum Auffinden von Nischenunternehmen verwendete Matrix (vgl. Abbildung 23) bildet nur eine *einzelne* Branche ab und kann daher hier nicht verwen-

dieser Arbeit wird die Matrix – wie schon bei ihrer Anwendung in der Kumulationsphase – auf eine Branchenbetrachtung aus der Sicht eines externen Betrachters erweitert.

603 Zu solchen Charakteristika siehe Kapitel II.B. Die sich aus *Optimierungspotenzialen* ergebenden Charakteristika sollen dagegen nicht berücksichtigt werden, da bei der Übernahme von Nischenunternehmen die erzielbaren Synergiepotenziale im Vordergrund stehen.

604 Da die Branche annahmegemäß zu diesem Zeitpunkt bereits stark konsolidiert ist und von wenigen, großen Unternehmen beherrscht wird, decken die Unternehmen in dieser Matrix deutlich mehr Märkte bzw. Produktmerkmalsgruppen ab als in der ansonsten vergleichbaren Matrix der Kumulationsphase (siehe Abbildung 22).

det werden. Ein Hilfsmittel zum Erkennen geeigneter Übernahmekandidaten für Käufer in der Balancephase stellt daher eine Matrix dar, in der *verschiedene* Branchen anhand ihrer *Phasenzugehörigkeit* im Lebenszyklus (auf der Abszisse) und dem *Grad der Verwandtschaft* zur betrachteten Branche (auf der Ordinate) eingeteilt werden (siehe Abbildung 24).[605]

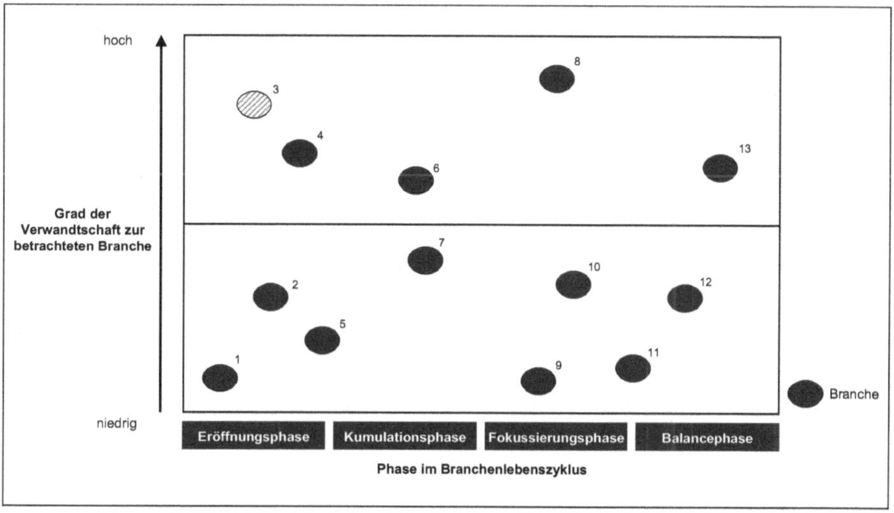

Abbildung 24: Erkennung von Zielbranchen für Übernahmen durch in der Balancephase befindliche Käuferunternehmen

Branchen im linken oberen Quadranten der Matrix können durch ihre Wachstumsaussichten und ihre Verwandtschaft zur betrachteten Branche (welche die Möglichkeit zur Erzielung von Markterweiterungssynergien bietet) den Zielen der Käuferunternehmen in der Balancephase gerecht werden (z.B. Nr. 3 in Abbildung 24). Ist eine solche Branche erkannt, können in dieser in einem zweiten Schritt konkrete Übernahmekandidaten identifiziert werden. Da Käuferunternehmen vom weiteren Wachstum des Übernahmeziels profitieren möchten, ist davon auszugehen, dass sie eher in die *größeren Unternehmen* der Branche in der Eröffnungsphase investieren, da bei diesen eher davon auszugehen ist, dass sich ihre Produkte in den kommenden Phasen (insb. der Kumulationsphase) im

605 Der Grad der Verwandtschaft zweier Branchen kann beispielsweise darüber bestimmt werden, inwiefern die Unternehmen zweier Branchen ähnliche Geschäftsmodelle aufweisen, ähnliche Kundenbedürfnisse befriedigen oder ähnliche technische Fähigkeiten benötigen. Alternativ zu einer rein qualitativen Einschätzung (und Einteilung auf der Achse) können Branchen auch entlang dieser Kriterien Punktwerte zugeteilt und die entsprechenden Summen auf einer Intervallskala abgetragen werden.

Markt behaupten können und daher von ihrer langfristigen Existenz auszugehen ist. Aus diesem Grund sind sie als Übernahmekandidaten anzusehen. Auch in dieser Phase ist eine Eliminierung solcher Unternehmen aus der Liste möglich, bei denen aufgrund zu großer Hindernisse (siehe Kapitel II.B.) nicht von einer Übernahme ausgegangen werden kann.

Je eher davon ausgegangen werden kann, dass *persönliche Motive* des Managements bei den in der Balancephase befindlichen Unternehmen dominieren (und je eher daher von einer Diversifikationsstrategie auszugehen ist), desto eher dürften weiter unten in der Matrix zu findende Branchen mit einem sehr *geringen* Verwandtschaftsgrad zur betrachteten Branche für Übernahmen anvisiert werden, da die persönlichen Motive (wie die Absicherung des Arbeitsplatzes) mit diesen besser verfolgt werden können. Konkrete Übernahmekandidaten sind aus dieser Überlegung heraus allerdings angesichts der potenziell hohen Anzahl an Branchen, die diese Bedingung erfüllen (und damit für Übernahmen in Frage kommen würden), nur schwer zu benennen.

Damit ist auch für die letzte Phase des Branchenlebenszyklus erarbeitet worden, von welchen Typen von Unternehmen erwartet werden kann, in der betreffenden Phase Ziel einer Übernahme zu werden, und wie diese erkannt werden können.

V. FAZIT

Deutsche Übernahmeziele weisen im Vergleich zu unabhängig gebliebenen Unternehmen eine niedrigere Effizienz sowie (mit Einschränkungen) eine schlechtere Gewinnentwicklung im Jahr vor ihrer Übernahme auf. Darauf weist ein kennzahlenbasierter Vergleich börsennotierter deutscher Unternehmen, die im Zeitraum von 1997 bis 2006 Ziel einer Übernahme wurden, mit nicht übernommenen Unternehmen aus gleichen Branchen. Diese Unterschiede deuten an, dass Übernahmeziele *Optimierungspotenziale* aufweisen, die sie in den Augen von Käufern – die eine Wertsteigerung realisieren möchten – interessant erscheinen lassen. Dieser Zusammenhang könnte als erste Antwort auf die Frage interpretiert werden, warum viele Unternehmen über Jahrzehnte ihre Unabhängigkeit wahren, während andere im Laufe der Zeit Ziel einer Übernahme werden.

Allerdings reichen die erkannten Unterschiede nicht aus, um auf dieser Basis eine Früherkennung *zukünftiger* Übernahmeziele durchzuführen. Ein in der Arbeit angewandtes Logit-Regressionsmodell, welches die Übernahme- bzw. Optimierungseignung deutscher Unternehmen auf Basis ihrer Kennzahlen an einem Stichtag quantifiziert und mit dessen Hilfe Übernahmekandidaten selektiert werden, erreicht lediglich geringe „Trefferquoten". Mit Hilfe von Kennzahlen kann zwar eine Gruppe „optimierungsgeeigneter" Unternehmen identifiziert werden. Jedoch wird die Mehrzahl der vom Modell benannten Übernahmekandidaten innerhalb der nächsten zwei Jahre nach Anwendung des Modells *nicht* übernommen. Zudem werden einige tatsächliche Übernahmeziele nicht vom Modell entdeckt.

Eine Früherkennung von Übernahmezielen durch das Auffinden etwaiger Optimierungspotenziale kann im deutschen Kapitalmarkt nicht erfolgreich sein. In den meisten untersuchten Fällen wiesen Zielunternehmen solche Potenziale zwar „zusätzlich" auf (was auch die feststellbaren Kennzahlenunterschiede erklärt); sie sind jedoch kein hinreichender Grund für eine Übernahme. Das Ausschöpfen von Optimierungspotenzialen stellt für die Käufer im deutschen Kapitalmarkt nicht das wesentliche Motiv dar; sie spielen in seinem Kalkül nur eine untergeordnete Rolle. Die Ergebnisse des angewandten Klassifikationsmodells deuten darauf hin, dass bei einem kennzahlenbasierten Identifizierungsansatz die *entscheidenden* Charakteristika deutscher Übernahmekandidaten – die sie erst von unabhängig bleibenden Unternehmen unterscheiden – übersehen werden.

Die geringe Bedeutung von Optimierungsmotiven kann zum einen an strukturellen Hindernissen liegen, die ihre (schnelle) Realisierung erschweren, zum anderen an der (damit möglicherweise verbundenen) vergleichsweise niedrigen Aktivität von Finanzinvestoren im deutschen Kapitalmarkt. Der Einsatz kennzahlenbasierter Identifizierungsansätze für Übernahmekandidaten kann sich in Deutschland erst dann als erfolgreicher erweisen, wenn sich diese Gegebenheiten in der Zukunft ändern. Dieses Ergebnis stellt auch den in der Praxis vorzufindenden Ansatz in Frage, mit der Investition in anhand von Kennzahlen identifizierten Übernahmekandidaten (und der Hoffnung auf die „Mitnahme“ von Übernahmeprämien) eine positive abnormale Rendite zu erzielen.

Im deutschen Kapitalmarkt ist es aber vor allem die zweite Gruppe übernahmeinduzierter Wertsteigerungsmöglichkeiten, d.h. *Synergiepotenziale*, die bei einer Mehrzahl der Fälle Hauptmotiv für die Wahl eines Zielunternehmens waren. Diese Potenziale ergeben sich aber aus der Kombination von Ressourcen von Käuferunternehmen und Übernahmeziel und können daher nicht anhand von Kennzahlen des Übernahmeziels erkannt werden. Zudem ergeben sie sich häufig erst aus einer zu einer bestimmten Zeit in einer bestimmten Branche gegebenen wettbewerblichen Situation. Ein Ansatz für die Identifizierung von Kandidaten für synergiebasierte Übernahmen existiert in der Literatur bisher nicht. Ein solcher muss neben Käufercharakteristika auch die Zeit- und Branchenabhängigkeit synergiebasierter Übernahmemotive berücksichtigen, die die Ableitung eines allgemein gültigen Profils eines Übernahmekandidaten nicht zulassen. Dies gelingt dem in dieser Arbeit entwickelten Identifizierungsansatz durch eine Betrachtung der in den Phasen eines Branchenlebenszyklus vorherrschenden Übernahmemotive. Durch eine Analyse der in den einzelnen Phasen typischerweise seitens der Unternehmen verfolgten Strategien gelingt die Ableitung eines phasenspezifischen Profils synergiebasierter Übernahmekandidaten.

Der entwickelte Ansatz stellt somit einen konzeptionellen Rahmen dar, der bei der Identifizierung von Übernahmekandidaten in solchen Kapitalmärkten hilfreich sein kann, in denen – wie in Deutschland – synergiebasierte Übernahmemotive dominieren. Zwar bedarf die Anwendung dieses Ansatzes eines im Vergleich zum kennzahlenbasierten Modell höheren qualitativen Analyseaufwandes. Eine profunde fundamentale Analyse von Branchen und Unternehmen kann aber bei der Identifizierung deutscher Übernahmekandidaten (trotz aller praktisch bedingten Vorteile eines kennzahlenbasierten Ansatzes) nicht unterlassen werden.

LITERATURVERZEICHNIS

Agresti, A. (2002):
Categorical data analysis. Hoboken 2002.

AktG, o. V. (1999):
Aktiengesetz. In: Bundesgesetzblatt Jahrgang 1965 Teil I, ausgegeben zu Bonn am 6. September 1965, ab S.1089.

Alcalde, N.; Espitia, M. (2003):
The characteristics of takeover targets: the Spanish experience 1991–1997. In: Journal of Management and Governance, 6. Jg. 2003, Heft 1, S. 1-26.

Aldrich, J.; Nelson, F. (1984):
Linear probability, logit, and probit models. Beverly Hills 1984.

Altmann, E. (1968):
Financial Ratios, discriminant analysis and the prediction of corporate bankruptcy. In: Journal of Finance, 23. Jg. 1968, Heft 4, S. 589-609.

Ambrose, B. W.; Meginson, W. L. (1992):
The role of asset structure, ownership structure, and takeover defense in determining acquisition likelihood. In: Journal of Financial and Quantitative Analysis, 27. Jg. 1992, Heft 4, S. 575-589.

Amihud, Y.; Lev, B. (1981):
Risk reduction as a mangerial motive for conglomerate mergers. In: The Bell Journal of Economics, 12. Jg. 1981, Heft 2, S. 605-617.

Anderson, C. R.; Zeithaml, C. P. (1984):
Stage of the product life cycle, business strategy, and business performance. In: Academy of Management Journal, 27. Jg. 1984, Heft 1, S. 5-24.

Anderson, R. A.; Sweeney, D. J.; Williams, T. A. (2005):
Statistics for business and economics. Mason 2005.

Andreß, H.-J. (1997):
Analyse von Tabellen und kategorialen Daten. Berlin 1997.

Ansoff, H. (1987):
Corporate strategy. New York 1987.

AWG, o. V. (1961):
Außenwirtschaftsgesetz. In: Bundesgesetzblatt Jahrgang 1961 Teil I, ausgegeben zu Bonn am 28. April 1961, ab S. 481; Neubekanntmachung in Bundesgesetzblatt Jahrgang 2006 Teil I, ausgegeben zu Bonn am 26. Juni 2006, ab S.1386).

Ballwieser, W. (1990):
Unternehmensbewertung und Komplexitätsreduktion. Wiesbaden 1990.

Barber, B.; Lyon, J. (1996):
Detecting abnormal operating performance: the empirical power and specification of test statistics. In: Journal of Financial Economics, 41. Jg. 1996, S. 359-399.

Barnes, P. (1990):
The prediction of takeover targets in the UK by means of multiple discriminant analysis. In: Journal of Business Finance & Accounting, 17. Jg. 1990, Heft 1, S. 73-84.

Barnes, P. (1998):
Can takeover targets be identified by statistical techniques? Some UK evidence. In: Statistician, 47. Jg. 1998, Heft 4, S. 573-591.

Barnes, P. (1999):
Predicting UK takeover targets: some methodological issues and an empirical study. In: Review of Quantitative Finance and Accounting, 12. Jg. 1999, S. 283-301.

Bartley, J.; Boardman, C. (1990):
The relevance of inflation adjusted accounting data to the prediction of corporate takeovers. In: Journal of Business Finance & Accounting, 17. Jg. 1990, S. 53-72.

Becketti, S. (1986):
Coprorate mergers and the business cycle. In: Economic review, 71. Jg. 1986, Heft 5, S. 13-26.

Beckmann, P. (2006):
Der Diversification Discount am deutschen Kapitalmarkt: eine empirische Untersuchung des Bewertungsunterschieds zwischen fokussierten und diversifizierten Unternehmen und seiner Einflussfaktoren. Wiesbaden 2006.

Beitel, P.; Lorenz, J.; Schiereck, D. (2005):
Wertsteigerung durch M&A. In: International Mergers and Acquisitions, hrsg. von M. Strohmer, Frankfurt am Main 2005, S. 13-26.

Bergauer, M. (2007):
Wie Finanzinvestoren den Wert ihrer Beteiligungen steigern: Operative Hebel wirken stärker als Finanzakrobatik. In: M&A Review, 7. Jg. 2007, S. 338-343.

Berger, P. G.; Ofek, E. (1995):
Diversification's effect on firm value. In: Journal of Financial Economics, 37. Jg. 1995, Heft 1, S. 39-65.

Berger, P. G.; Ofek, E. (1999):
Causes and effects of corporate refocusing programs. In: Review of Financial Studies, 12. Jg. 1999, Heft 2, S. 311-345.

Berkovitch, E.; Narayanan, M. P. (1993):
Motives for takeovers: an empirical investigation. In: Journal of Financial and Quantitative Analysis, 28. Jg. 1993, Heft 3, S. 347-362.

Blättchen, W.; Nespethal, U. (2007):
Öffentliche Übernahmen börsennotierter Unternehmen in Deutschland: Halbjahresreport 2. Halbjahr 2006. In: Finanzbetrieb, 9. Jg. 2007, Heft 4, S. 260-263.

Blättchen, W.; Nespethal, U. (2008):
Öffentliche Übernahmen börsennotierter Unternehmen in Deutschland: Halbjahresreport 2. Halbjahr 2007. In: Finanzbetrieb, 10. Jg. 2008, Heft 4, S. 301-304.

Bodie, Z.; Kane, A.; Marcus, A. (1999):
Investments. Singapur 1999.

Böhler, H. (1989):
Portfolio-Analysetechniken. In: Handwörterbuch der Planung, hrsg. von N. Szyperski, Stuttgart 1989, S. 1548-1559.

Böhmer, E.; Löffler, Y. (1999):
Kursrelevante Ereignisse bei Unternehmensübernahmen: Eine empirische Analyse des deutschen Kapitalmarkts. In: Zeitschrift für betriebswirtschaftliche Forschung, 51. Jg. 1999, Heft 4, S. 299-324.

Boot, A. W. (1992):
Why hang on to losers? Divestitures and takeovers. In: Journal of Finance, 47. Jg. 1992, Heft 4, S. 1401-1423.

Bradley, M.; Desai, A.; Kim, E. (1988):
Synergistic gains from corporate acquisitions and their division between the stockholders of target and acquiring firms In: Journal of financial economics, 1. Jg. 1988, S. 3-40.

Brealy, R.; Myers, S. (1991):
Principles of corporate finance. New York 1991.

Brealy, R.; Myers, S. (1996):
Principles of corporate finance. New York 1996.

Breiman, L.; Friedman, J. H.; Olshen, R. A.; Stone, C. (1984):
Classification and regression trees. Boca Raton et al. 1984.

Brown, S. J.; Warner, J. B. (1980):
Measuring security price performance In: Journal of Financial Economics, 8. Jg. 1980, Heft 3, S. 205-258.

Brühl, V. (2000):
Finanzwirtschaftliche Synergieeffekte durch Mergers & Acquisitions. In: Die Bank, 8. Jg. 2000, S. 521-527.

Bühner, R. (1990a):
Unternehmenszusammenschlüsse – Ergebnisse empirischer Analysen. Stuttgart 1990a.

Bühner, R. (1990b):
Reaktionen des Aktienmarktes auf Unternehmenszusammenschlüsse. In: Zeitschrift für betriebswirtschaftliche Forschung, 42. Jg. 1990b, Heft 4, S. 295-316.

Campa, J. M.; Kedia, S. (2002):
Explaining the diversification discount. In: Journal of Finance, 57. Jg. 2002, Heft 4, S. 1731-1762.

Campbell, J.; Lo, A.; MacKinlay, A. (1997):
The econometrics of financial markets. Princeton 1997.

Chatterjee, S. (1986):
Types of synergy and economic value: the impact of acquisitions on merging and rival firms. In: Strategic Management Journal, 7. Jg. 1986, Heft 2, S. 119-139.

Coenenberg, G.; Sautter, M. T. (1988):
Strategische und finanzielle Bewertung von Unternehmensakquisitionen In: Die Betriebswirtschaft, 6. Jg. 1988, S. 691-710.

Comment, R.; Schwert, W. G. (1995):
Posion or placebo? Evidence on the deterrence and wealth effects of modern takeover measures. In: Journal of Financial Economics, 39. Jg. 1995, S. 3-44.

Copeland, T.; Weston, J.; Shastri, K. (2005):
Financial theory and corporate policy. Boston 2005.

Cox, D.; Snell, E. (1989):
Analysis of binary data. London 1989.

Day, G. (1997):
Strategies for surviving a shakeout In: Harvard Business Review, 75. Jg. 1997, Heft 2, S. 92-102.

Deans, G.; Kroeger, F.; Zeisel, S. (2002a):
Merger Endgames – Strategien für die Konsolidierungswelle. Wiesbaden 2002a.

Deans, G.; Kroeger, F.; Zeisel, S. (2002b):
The consolidation curve. In: Harvard Business Review, 80. Jg. 2002b, Heft 12, S. 20-21.

Delingat, A. (1996):
Unternehmensübernahmen und Agency-Theorie – Konflikte zwischen Management, Aktionären und Fremdkapitalgebern um Verfügungsrechte über Ressourcen. Universität zu Köln, Diss., 1996.

Denis, D. J.; Denis, D. K.; Sarin, A. (1997):
Agency problems, equity ownership and corporate diversification. In: Journal of Finance, 52. Jg. 1997, Heft 1, S. 135-160.

Dhalla, N.; Yuspeh, S. (1976):
Forget the product life cycle concept! In: Harvard Business Review, 54. Jg. 1976, Heft 1, S. 102-112.

Dietrich, J.; Sorensen, E. (1984):
An application of logit analysis to prediction of merger targets. In: Journal of Business Research, 12. Jg. 1984, S. 393-402.

Dombret, A. (2006):
Übernahmeprämien im Rahmen von M&A-Transaktionen. Wiesbaden 2006.

Dombret, A.; Mager, F.; Reinschmidt, T. (2006):
Übernahmeprämien bei M&A-Transaktionen – Länder- vs. Brancheneinfluss. In: Finanz-Betrieb, 8. Jg. 2006, S. 764-768.

Donaldson, G.; Lorsch, J. (1983):
Decision making at the top : the shaping of strategic direction New York 1983.

Eckstein, P. (2000):
Angewandte Statistik mit SPSS: Praktische Einführung für Wirtschaftswissenschaftler. Wiesbaden 2000.

Edmister, R. O. (1972):
An empirical test of financial ratio analysis for small business failure prediction. In: Journal of Financial and Quantitative Analysis, 7. Jg. 1972, Heft 2, S. 1477-1493.

Eisenbeis, R. A. (1977):
Pitfalls in the application of discriminant analysis in business, finance, and economics. In: Journal of Finance, 32. Jg. 1977, Heft 3, S. 875-900.

Enis, B.; La Grace, R.; Prell, A. (1977):
Extending the product life cycle. In: Business Horizons, 20. Jg. 1977, Heft 3, S. 46-56.

Espahbodi, H.; Espahbodi, P. (2003):
Binary choice models and corporate takeovers. In: Journal of Banking and Finance, 27. Jg. 2003, S. 549-574.

Fama, E. F. (1970):
Efficient capital markets: a review of theory and empirical work. In: Journal of Finance, 25. Jg. 1970, Heft 2, S. 383-417.

Fama, E. F.; Fisher, L.; Jensen, M. C.; Roll, R. (1969):
The adjustment of stock prices to new information. In: International Economic Review, 10. Jg. 1969, Heft 1, S. 1-21.

Fauver, L.; Houston, J.; Naranjo, A. (2003):
Capital market development, international integration, legal systems, and the value of corporate diversification: a cross-country analysis. In: Journal of Financial and Quantitative Analysis, 38. Jg. 2003, Heft 1, S. 135-157.

Fisher, R. A. (1936):
The use of multiple measurements in taxonomic problems. In: Annals of Eugenics, 7. Jg. 1936, S. 179-188.

Gerke, W.; Garz, H.; Oerke, M. (1995):
Die Bewertung von Unternehmensübernahmen auf dem deutschen Aktienmarkt. In: Schmalenbachs Zeitschrift für betriebswirtschaftliche Forschung, 9. Jg. 1995, S. 805-820.

Gerpott, T. (1993a):
Integrationsgestaltung und Erfolg von Unternehmensakquisitionen. Stuttgart 1993a.

Gerpott, T. (1993b):
Ausscheiden von Top-Managern nach Akquisitionen: Segen oder Fluch? In: Zeitschrift fur Betriebswirtschaft, 63. Jg. 1993b, Heft 12, S. 1271-1295.

Gertner, R. H.; Scharfstein, D. S.; Stein, J. C. (1994):
Internal versus external capital markets. In: The Quarterly Journal of Economics, 109. Jg. 1994, Heft 4, S. 1211-1230.

Gilson, S. C.; Healy, P. M.; Noe, C. F.; Palepu, K. G. (2001):
Analyst specialisation and conglomerate stock breakups. In: Journal of Accounting Research, 39. Jg. 2001, Heft 3, S. 565-582.

Gladen, W. (2005):
Performance Measurement – Controlling mit Kennzahlen. Wiesbaden 2005.

Glaser, M.; Müller, S. (2006):
Der Diversification Discount in Deutschland: existiert ein Bewertungsabschlag für diversifizierte Unternehmen? Mannheim 2006.

Golbe, D.; White, L. J. (1988):
A time-series analysis of mergers and acquisitions in the U.S. economy. In: Corporate takeovers: causes and consequences, hrsg. von A. J. Auerbach, Chicago 1988, S. 265-302.

Gort, M. (1969):
An economic disturbance theory of mergers. In: The Quarterly Journal of Economics, 83. Jg. 1969, Heft 4, S. 624-642.

Gort, M.; Klepper, S. (1982):
Time paths in the diffusion of product innovations. In: Economic Journal, 92. Jg. 1982, S. 630-653.

Grimpe, C. (2007):
Der ZEW-ZEPHYR-M&A-Index: Kontinuierliches Monitoring weltweiter Fusionen und Übernahmen. In: Finanzbetrieb, 3. Jg. 2007, S. 149-154.

GWB, o. V. (1998):
Gesetz gegen Wettbewerbsbeschränkungen (Kartellgesetz). In: Bundesgesetzblatt Jahrgang 1998 Teil I, ausgegeben zu Bonn am 26. August 1998, ab S. 2521.

Hasbrouck, J. (1985):
The characteristics of takeover targets: q and other measures. In: Journal of Banking and Finance, 9. Jg. 1985, S. 351-362.

Hays, W. (1981):
Statistics. New York 1981.

Hayward, M. L.; Hambrick, D. C. (1997):
Explaining the premiums paid for large acquisitions: evidence of CEO hubris. In: Administrative Science Quarterly, 42. Jg. 1997, Heft 1, S. 103-129.

Healy, P.; Palepu, K.; Ruback, R. (1997):
Which takeovers are profitable? Strategic or financial takeovers. In: Sloan Management Review, 39. Jg. 1997, Heft 4, S. 45-57.

HGB, o. V. (1897):
Handelsgesetzbuch. In: Reichsgesetzblatt Jahrgang 1897, ab S. 219.

Hill, C. W. L.; Hoskisson, R. E. (1987):
Strategy and structure in the multiproduct firm. In: The Academy of Management review, 12. Jg. 1987, Heft 2, S. 331-341.

Hill, C. W. L.; Jones, G. R. (1998):
Strategic management theory – an integrated approach. Boston 1998.

Holderness, C. G.; Sheehan, D. P. (1985):
Raiders or saviors? The evidence on six controversial investors In: Journal of financial economics, 14. Jg. 1985, Heft 4, S. 555-579.

Holl, P.; Kyriazis, D. (1997):
Wealth creation and bid resistance in U.K. takeover bids. In: Strategic Management Journal, 18. Jg. 1997, Heft 6, S. 483-498.

Hosmer, D. W.; Lemeshow, S. (2000):
Applied logistic regression. New York 2000.

Huemer, F. (1990):
Mergers & Acquisitions – Strategische und finanzielle Analyse von Unternehmensübernahmen. Wien 1990.

Jansen, S. A. (2000):
Mergers and Acquisitions: Unternehmensakquisition und -kooperation. Wiesbaden 2000.

Jarrell, A. J.; Brickley, J. A.; Netter, J. M. (1988):
The market for corporate control: The empirical evidence since 1980. In: Journal of Economic Perspectives, 2. Jg. 1988, Heft 1, S. 49-68.

Jennings, R.; Mazzeo, M. (1991):
Stock price movements around acquisition announcements and management's response. In: Journal of Business, 64. Jg. 1991, Heft 2, S. 139-63.

Jensen, M. (1986):
Agency costs of free cash flow, corporate finance, and takeovers In: The American Economic Review, 2. Jg. 1986, S. 323-329.

Jensen, M. (1989):
Eclipse of the public corporation. In: Harvard business review, 67. Jg. 1989, Heft 5, S. 61-74.

Jensen, M. (1998):
The takeover controversy: analysis and evidence. Malden et al. 1998.

Jensen, M.; Meckling, W. (1976):
Theory of the firm: managerial behavior, agency costs and ownership structure. In: Journal of Financial Economics, 3. Jg. 1976, Heft 4, S. 305-360.

Jensen, M. J.; Ruback, R. S. (1983):
The market for coporate control; the scientific evidence. In: Journal of Financial Economics, 11. Jg. 1983, S. 5-50.

Jovanovic, B.; MacDonald, G. (1994):
The life cycle of a competitive industry. In: Journal of Political Economy, 102. Jg. 1994, Heft 21, S. 322-347.

Kames, C. (2000):
Unternehmensbewertung durch Finanzanalysten als Augsangspunkt eines Value Based Measurement. Frankfurt am Main 2000.

Kennedy, V.; Limmack, R. (1996):
Takeover activity, CEO turnover, and the market for corporate control. In: Journal of business finance & accounting, 23. Jg. 1996, Heft 2, S. 267-286.

Kerler, P. (1999):
Mergers & Acquisitions und Shareholder Value. Bern 1999.

Kieschnick, R. L. (1998):
Free cash flow and stockholder gains in going private transactions revisited. In: Journal of Business Finance & Accounting, 25. Jg. 1998, S. 198-202.

Kirchner, M. (1991):
Strategisches Akquisitionsmanagement im Konzern. Wiesbaden 1991.

Klepper, S. (1996):
Entry, exit, growth and innovation over the product life cycle. In: The American Economic Review, 86. Jg. 1996, Heft 3, S. 562-583.

Klepper, S.; Graddy, E. (1990):
The evolution of new industries and the determinants of market structure. In: RAND Journal of economics, 21. Jg. 1990, Heft 1, S. 27-44.

Koke, F. (2001):
New evidence on ownership structures in Germany. In: Kredit und Kapital, 34 Jg. 2001, Heft 2, S. 257-292.

Korallus, L. (1988):
Die Lebenszyklustheorie der Unternehmung: eine Analyse ihrer Bedeutung für die Managerialismus-Debatte sowie ihre empirische Überprüfung für deutsche AGs. Frankfurt am Main 1988.

Kummer, C. (2005):
Internationale Fusions- und Akquisitionsaktivität. Wiesbaden 2005.

Kunisch (2008):
M&A-Markt 2007 in Deutschland – zwei unterschiedliche Jahreshälften. In: M&A Review, 2008, Heft 2, S. 57-65.

Kürsten, W. (2008):
Synergies, shareholder value and exchange ratios in "value creating" mergers - why shareholders should doubt management's pre-merger promises. In: Managerial finance, 34. Jg. 2008, Heft 4, S. 252-261.

Kürsten, W.; Meckl, R.; Krostewitz, A. (2007):
Value-Based M&A-Management – der M&A-Prozess im Lichte des Shareholder Value-Prinzips. In: Die Unternehmung, 61. Jg. 2007, Heft 2, S. 157-178.

Lamont, O. (1997):
Cash flow and investment: evidence from internal capital markets. In: Journal of Finance, 52. Jg. 1997, Heft 1, S. 83-109.

Lang, L. H.; Stulz, R. M. (1994):
Tobin's q, corporate diversification, and firm performance. In: Journal of Political Economy, 26. Jg. 1994, Heft 2, S. 1248-1280.

Lechner, H.; Meyer, A. (2003):
Quantifizierung von Synergiepotenzialen bei Unternehmenszusammenschlüssen. In: M&A Review, 8/9. Jg. 2003, S. 367-372.

Leitfaden zu den Aktienindizes der Deutschen Börse, o. V. (2008):
Version 6.5 von März 2008

Levitt, T. (1965):
Exploit the product life cycle. In: Harvard Business Review, 43. Jg. 1965, Heft 6, S. 81-94.

Lewellen, W. G. (1971):
A pure financial rationale for the conglomerate merger. In: Journal of Finance, 26. Jg. 1971, Heft 2, S. 521-537.

Lins, K.; Servaes, H. (1999):
International evidence on the value of corporate diversification. In: Journal of Finance, 54. Jg. 1999, Heft 6, S. 2215-2239.

Lintner, J. (1965):
The valuation of risk assets and the selection of risky investments in stock portfolios and capital budget. In: Review of Economics and Statistics, 47. Jg. 1965, Heft 1, S. 13-37.

Lucks, K.; Meckl, R. (2002):
Internationale Mergers & Acquisitions – der prozeßorientierte Ansatz. Berlin 2002.

Lusti, M. (2002):
Data Warehousing und Data Mining: eine Einführung in entscheidungsunterstützende Systeme. Berlin 2002.

Mahmood, M.; Lawrence, E. (1987):
A performance analysis of parametric and nonparametric discriminant approaches to business decision making. In: Decision Sciences, 18. Jg. 1987, Heft 2, S. 308-326.

Manne, H. G. (1965):
Mergers and the market for corporate control. In: Journal of Political Economy, 73. Jg. 1965, Heft 2, S. 110-120.

Marris, R. (1964):
The economic theory of managerial capitalism. In: Economist, 212. Jg. 1964, Heft 1, S. 54-64.

Mauthe, K. D. (1984):
Strategische Analyse. Darstellung und kritische Würdigung bestehender Ansätze zur strategischen Unternehmens- und Umweltanalyse. Herrsching 1984.

McLachlan, G. (2004):
Discriminant analysis and statistical pattern recognition. New York 2004.

Meador, A.; Church, P.; Rayburn, L. (1996):
Development of prediction models for horizontal and vertical takeovers. In: Journal of Financial and Strategic Decisions, 9. Jg. 1996, Heft 1, S. 11-23.

Meitner, M.; Sofka, W. (2003):
"Barbarians at the Brandenburger Gate" - Ergebnisse einer Umfrage von Corporate Raidern in Deutschland. In: M&A Review, 8/9. Jg. 2003, S. 360-366.

Menard, S. W. (2002):
Applied logistic regression analysis. Newbury Park 2002.

Meyer, C. (2007):
Betriesbwirtschaftliche Kennzahlen und Kennzahlen-Systeme. Sternenfels 2007.

Mikkelson, W. H.; Partch, M. M. (1989):
Managers voting rights and corporate control. In: Journal of Financial Economics, 25. Jg. 1989, S. 263-290.

Miller, M.; Modigliani, F. (1963):
Corporate income taxes and the cost of capital: a correction. In: American Economic Review, 53. Jg. 1963, Heft 3, S. 433-443.

MitbestG, o. V. (1976):
Gesetz über die Mitbestimmung der Arbeitnehmer. In: Bundesgesetzblatt Jahrgang 1976 Teil I, ausgegeben zu Bonn am 4. Mai 1976, ab S. 1153.

Mitchell, M.; Mulherin, J. H. (1996):
The impact of industry shocks on takeover and restructuring activity. In: Journal of financial economics, 41. Jg. 1996, S. 193-229.

Modigliani, F.; Miller, M. (1958):
The cost of capital, corporation finance and the theory of investment. In: American Economic Review 48. Jg. 1958, Heft 3, S. 261-297.

Montgomery, C.; Singh, H. (1984):
Diversification strategy and systematic risk. In: Strategic Management Journal, 5. Jg. 1984, Heft 2, S. 181-191.

Morck, R.; Shleifer, A.; Vishny, R. (1990):
Do managerial objectives drive bad acquisitions? In: Journal of Finance, 45. Jg. 1990, Heft 1, S. 31-48.

Mueller, D. C. (1969):
A theory of conglomerate mergers. In: Quarterly Journal of Economics, 83. Jg. 1969, Heft 4, S. 643-659.

Müller-Stewens, G. (2000):
Akquisitionen und der Markt für Unternehmenskontrolle: Entwicklungstendenzen und Erfolgsfaktoren. In: Management von Akquisitionen, hrsg. von A. Picot, Stuttgart 2000, S. 41-61.

Müller-Stewens, G.; Spickers, J.; Deiss, C. (1999):
Mergers & Acquisitions: Markttendenzen und Beraterprofile. Stuttgart 1999.

Myers, S. C.; Majluf, N. S. (1984):
Corporate financing and investment decisions when firms have information that investors do not have. In: Journal of Financial Economics, 13. Jg. 1984, Heft 2, S. 187-221.

Nagelkerke, N. J. D. (1991):
A note on the general definition of the coefficient of determination. In: Biotmetrika, 78. Jg. 1991, Heft 3, S. 691-692.

Nagle, T.; Holden, R. (1995):
The strategy and tactics of pricing. Englewood Cliffs 1995.

Nanda, V.; Narayanan, M. P. (1999):
Disentangling value: financing needs, firm scope, and divestitures. In: Journal of Financial Intermediation, 8. Jg. 1999, Heft 3, S. 174-204.

Niden, C. (1993):
An empirical examination of white knight corporate takeovers – synergy and overbidding. In: Financial Management Association International, 22. Jg. 1993, Heft 4, S. 28-45.

Ossola-Haring, C. H. (2006):
Handbuch Kennzahlen zur Unternehmensführung. Landsberg am Lech 2006.

Palepu, K. G. (1986):
Predicting takeover targets: a methodological and empirical analysis. In: Journal of Accounting and Economics, 9. Jg. 1986, S. 3-35.

Pearce, J. A.; Robinson, R. B. (1988):
Strategic management: strategy formulation and implementation. Homewood 1988.

Perin, S. (1996):
Synergien bei Unternehmensakquisitionen. Wiesbaden 1996.

Petersen, M. C. (1994):
Die Unternehmungsakquisition im Rahmen der Unternehmungsentwicklung: ein Konzept zur finanzwirtschaftlichen Evaluation strategischer Akquisitionsziele. Bergisch Gladbach 1994.

Pfingsten, F. (1998):
Shareholder-Value im Lebenszyklus. Wiesbaden 1998.

Picot, A.; Reichwald, R.; Wigand, R. T. (2001):
Die grenzenlose Unternehmung: Information, Organisation und Management. Wiesbaden 2001.

Picot, G. (2000):
Handbuch Mergers & Acquisitions: Planung, Durchführung, Integration. Stuttgart 2000.

Picot, G. (2002):
Beiträge zum Thema - Neuregelungen für Unternehmensübernahmen – Übernahmegesetz (WpÜG) und Squeeze-Out (AktG) In: Betriebswirtschaftliche Forschung und Praxis, 2002, Heft 5, S. 433-444.

Polli, R.; Cook, V. (1969):
Validity of the product life cycle. In: The Journal of Business, 42. Jg. 1969, Heft 4, S. 385-400.

Poloncheck, J.; Sushka, M. (1987):
The impact of financial and economic conditions on aggregate merger activity. In: Managerial and decision economics, 8. Jg. 1987, S. 113-119.

Porter, M. (2004):
Competitive strategy. New York 2004.

Powell, R. (1997):
Modelling takeover likelihood. In: Journal of Business Finance and Accounting, 24. Jg. 1997, S. 1009-1030.

Powell, R. (2001):
Takeover prediction and portfolio performance: a note. In: Journal of Business Finance and Accounting, 28. Jg. 2001, S. 993-1011.

Powell, R. (2004):
Takeover prediction models and portfolio strategies: a multinomial approach. In: Multinational Finance Journal, 8. Jg. 2004, S. 35-74.

Powell, R.; Yawson, A. (2005):
Industry aspects of takeovers and divestitures: evidence from the UK. In: Journal of Banking and Finance, 29. Jg. 2005, S. 3015-3040.

Prigge, S.; Oellermann, R. (2005):
Potenzielle Präventivmaßnahmen gegen Übernahmen; Verbreitung und Stärke des Abwehrmotivs. In: Finanzbetrieb, 9. Jg. 2005, S. 581-592.

Pümpin, C.; Prange, J. (1991):
Management der Unternehmensentwicklung: phasengerechte Führung und der Umgang mit Krisen. Frankfurt/New York 1991.

Rajan, R.; Servaes, H.; Zingales, L. (2000):
The cost of diversity: the diversification discount and inefficient investment. In: Journal of Finance, 55. Jg. 2000, Heft 1, S. 35-80.

Rappaport, A. (1986):
Creating shareholder value: the new standard for business performance. New York 1986.

Rappaport, A. (1987):
Converting merger benefits to shareholder value In: Mergers & acquisitions, 21. Jg. 1987, Heft 5, S. 49-55.

Rappaport, A. (1998):
Calculating the value-creation potential of a deal. In: Mergers & acquisitions, 33. Jg. 1998, Heft 1, S. 33-44.

Ravenscraft, D. J.; Scherer, F. M. (1987):
Mergers, sell-offs and economic efficiency. Washington, D.C. 1987.

Richter, F. (2002):
Corporate valuation. In: Handbuch Mergers&Acquisitions, hrsg. von G. Picot, Basingstoke 2002, S. 184-212.

Rogers, E. (2003):
Diffusion of innovations. New York 2003.

Roll, R. (1986):
The hubris hypothesis of corporate takeover. In: The Journal of Business, 1986, Heft 2, S. 197-216.

Röller, L.-H.; Stennek, J.; Verboven, F. (2006):
European merger control: do we need an efficiency defence? In: European merger control, hrsg. von F. Ilzkovitz and R. Meiklejohn, Cheltenham 2006, S. 84-201.

Ruhwedel, F. (2003):
Eigentümerstruktur und Unternehmenserfolg: eine theoretische und empirische Analyse deutscher börsennotierter Unternehmen. Frankfurt am Main 2003.

Sandler, G. (1991):
Synergie: Konzept, Messung und Realisation – verdeutlicht am Beispiel der horizontalen Diversifikation durch Akquisition. Universität St. Gallen, Diss., 1991.

Sautter, M. (1989):
Strategische Analyse von Unternehmensakquisitionen. Frankfurt am Main 1989.

Schanz , K.-M. (2000):
Feindliche Übernahmen und Strategien der Verteidigung. In: Neue Zeitschrift für Gesellschaftsrecht, 3 (2002). Jg. 2000, Heft 7, S. 337-447.

Scheiter, D. (1989):
Die Integration akquirierter Unternehmungen. St. Gallen 1989.

Scherer, F. M.; Ross, D. R. (1990):
Industrial market structure and economic performance. Boston 1990.

Schirmeister, R. (1990):
Theorie finanzmathematischer Investitionsrechnungen bei unvollkommenem Kapitalmarkt. München 1990.

Schirmeister, R. (2007):
Der Einfluss der Investitionsfinanzierung auf Nach-Steuer-Renditen. In: Jahrbuch für Controlling und Rechnungswesen, hrsg. von G. H. Seicht, Wien 2007, S. 47-62.

Schmid, F.; Wahrenburg, M.; Krahnen, J.; Schmidt, R. (2004):
Mergers and Acquisitions in Germany: Social Setting and Regulatory Framework Oxford et al. 2004.

Schmidt, I.; Roehrich, M. (1992):
Zielkonflike zwischen dem Erhalt kompetitiver Marktstrukturen und der Realisierung von Effizienzsteigerungen durch externes Unternehmenswachstum? In: WIST Wirtschaftswissenschaftliches Studium, 21. Jg. 1992, Heft 4, S. 179-184.

Schmitt, D.; Moll, R. (2007):
Übernahmeprämien am deutschen Kapitalmarkt. In: Finanzbetrieb, 4. Jg. 2007, S. 201-209.

Schoenberg, R.; Reeves, R. (1999):
What determines acquisition activity within an industry? In: European Management Journal, 17. Jg. 1999, Heft 1, S. 93-98.

Schubert, W.; Küting, K. (1993):
Unternehmungszusammenschlüsse. München 1993.

Schwert, G. (2000):
Hostility in takeovers: in the eyes of the beholder. In: Journal of Finance, 55. Jg. 2000, S. 2599-2640.

Seidel, G. (1995):
Kritische Erfolgsfaktoren bei Unternehmensübernahmen: eine Analyse der US-Bankenbranche. Wiesbaden 1995.

Sharpe, W. F. (1964):
Capital asset prices: a theory of market equilibrium under conditions of risk. In: Journal of Finance, 19. Jg. 1964, Heft 3, S. 425-442.

Shin, H.-H.; Stulz, R. M. (1998):
Are internal capital markets efficient? In: The Quarterly Journal of Economics, 113. Jg. 1998, Heft 2, S. 531-552.

Shleifer, A.; Vishny, R. (1989):
Management entrenchment: the case of manager-specific investments. In: Journal of Financial Economics, 25. Jg. 1989, Heft 1, S. 123-139.

Shleifer, A.; Vishny, R. W. (1992):
Liquidation values and debt capacity: a market equilibrium approach. In: Journal of Finance, 47. Jg. 1992, Heft 4, S. 1343-1366.

Sieben, G. (1989):
Unternehmensakquisition. Stuttgart 1989.

Sirower, M. L. (2000):
The synergy trap: how companies lose the acquisition game. New York 2000.

Song, M. H.; Walkling, R. A. (1993):
The impact of managerial ownership on acquisition attempts and target shareholder wealth. In: Journal of financial and quantitative analysis, 28. Jg. 1993, Heft 4, S. 439-458.

Stahl, G.; Wiehle, U.; Diegelmann, M.; Deter, H. (2005):
Praxis-Leitfaden Corporate finance. Wiesbaden 2005.

Stein, I. (1992):
Motive für internationale Unternehmensakquisitionen. Wiesbaden 1992.

Stein, J. C. (2003):
Agency, information and corporate investment. In: Handbook of the Economics of Finance, Amsterdam 2003, S. 111-163.

Stevens, D. L. (1973):
Financial characteristics of merged firms: a multivariate analysis. In: Journal of Financial and Quantitative Analysis, 8. Jg. 1973, S. 149-158.

Stulz, R. M. (1988):
Managerial control of voting rights: financing policies and the market for corporate control. In: Journal of Financial Economics, 20. Jg. 1988, Heft 1, S. 25-54.

Sudarsanam, S.; Holl, P.; Salami, A. (1996):
Shareholder wealth gains in mergers: effect of synergy and ownership structure. In: Journal of Business Finance & Accounting, 23. Jg. 1996, Heft 5/6, S. 673-698

Sullivan, M.; Jensen, M.; Hudson, C. (1994):
The role of medium of exchange in merger offers - examination of terminated merger proposals. In: Financial Management Association International, 23. Jg. 1994, Heft 3, S. 51-62.

Szeless, G. (2001):
Diversifikation und Unternehmenserfolg: eine empirische Analyse deutscher, schweizerischer und österreichischer Unternehmen Univeristät St. Gallen, Diss., 2001.

Tetzner, U. (2004):
Abwehrlegitimation und Bewertung bei unfreundlichen strategischen Unternehmensübernahmen. Universität Duisburg-Essen, Diss., 2004.

Thomas, H. M. (1997):
Discussion of modelling takeover likelihood. In: Journal of Business Finance & Accounting, 24. Jg. 1997, Heft 7/8, S. 1031-1035.

Thorelli, H. B.; Burnett, S. C. (1981):
The nature of product life cycles for industrial goods businesses. In: Journal of Marketing, 45. Jg. 1981, Heft 4, S. 97-108.

Trautwein, F. (1990):
Merger motives and merger prescriptions In: Strategic Management Journal, 11. Jg. 1990, Heft 4, S. 283-295.

Trimbath, S.; Frydman, H.; Frydman, R. (2001):
Cost inefficiency, size of firms and takeovers. In: Review of quantitative finance and accounting, 17. Jg. 2001, S. 397-420.

Tschöke, K.; Hofacker, K. (2007):
Der globale M&A-Markt – Ausblick und Rückblick. In: M&A Review, 2007, Heft 2, S. 69-75.

Urban, D. (1989):
Binäre Logit-Analyse: ein statistisches Verfahren zur Bestimmung der Abhängigkeitsstruktur qualitativer Variablen. Duisburg 1989.

Villalonga, B. (2004):
Diversification discount or premium? New evidence from the business information tracking series. In: Journal of Finance, 59. Jg. 2004, Heft 2, S. 479-506.

Volkart, R. (2006):
Corporate Finance. Zürich 2006.

Voss, I. (2007):
M&A-Rekordjahr 2006: Deutschland im weltweitem Trend. In: M&A Review, 2007, Heft 2, S. 49-56.

VWGmbHÜG, o. V. (1960):
Gesetz über die Überführung der Anteilsrechte an der Volkswagenwerk Gesellschaft mit beschränkter Haftung in private Hand. In: Bundesgesetzblatt Jahrgang 1960 Teil I, ausgegeben zu Bonn am 21. Juli 1960, ab S. 585; aktuelle Fassung: Bundesgesetzblatt Jahrgang 1970 Teil I, ausgegeben zu Bonn am 1. August 1970, ab S. 1149.

Walkling, R.; Edmister, R. O. (1985):
Determinants of tender offer premiums. In: Financial Analysts Journal, 41. Jg. 1985, Heft 1, S. 27-32.

Walther, W. (2003):
Wer gewinnt bei Unternehmensfusionen? Börseneffekte von Unternehmenskäufen. TH Karlsruhe, 2003.

Wasson, C. R. (1974):
Dynamic competitive strategy & product life cycles. St. Charles 1974.

Weber, M. (2001):
Kennzahlen: Unternehmen mit Erfolg führen. Planegg 2001.

Weilenmann, R. (1999):
Value Based Compensation Plans: theoretische und praktische Aspekte von Employee Stock Ownership Plans, Stock Option Plans und weiteren Value Based Compensation Plans in der Schweiz. Bern 1999.

Welge, M.; Al-Laham, A. (2008):
Strategisches Management. Wiesbaden 2008.

Wenger, E.; Hecker, R. (1995):
Übernahme- und Abfindungsregeln am deutschen Aktienmarkt. Eine kritische Bestandsaufnahme im internationalen Vergleich In: Ifo-Studien, 41. Jg. 1995, S. 51-88.

Weston, J. F.; Siu, J. A.; Johnson, B. A. (2001):
Takeovers, Restructuring and Corporate Governance. New Jersey 2001.

Williamson, O. E. (1970):
Corporate control and business behavior. Eglewood Cliffs 1970.

Williamson, O. E. (1996):
Transaktionskostenökonomik. Hamburg 1996.

Willig, R. D. (1979):
Multiproduct technology and market structure In: American Economic Review, 69. Jg. 1979, Heft 2, S. 346-351.

Wirtz, B. (2003):
Mergers & acquisitions Management: Strategie und Organisation von Unternehmenszusammenschlüssen. Wiesbaden 2003.

Wöhe, G.; Döring, U. (2005):
Einführung in die allgemeine Betriebswirtschaftslehre. München 2005.

WpHG, o. V. (1994):
Gesetz über den Wertpapierhandel und zur Änderung börsenrechtlicher und wertpapierrechtlicher Vorschriften (Zweites Finanzmarktförderungsgesetz). In: Bundesgesetzblatt Jahrgang 1994 Teil I, ausgegeben zu Bonn am 26. Juli 1994, ab S. 1749.

WpÜG, o. V. (2001):
Wertpapiererwerbs- und Übernahmegesetz. In: Bundesgesetzblatt Jahrgang 2001 Teil I, ausgegeben zu Bonn am 20. Dezember 2001, ab S. 3822.

WpÜGAngebV, o. V. (2001):
Wertpapiererwerbs- und Übernahmegesetz-Angebotsverordnung, In: Bundesgesetzblatt Jahrgang 2001 Teil I, ausgegeben zu Bonn am 27. Dezember 2001, ab S. 4263.

Yagil, J. (1996):
Mergers and macro-economic factors. In: Review of financial Economics, 5. Jg. 1996, Heft 2, S. 181-190.

Zanakis, S.; Zopounidis, C. (1997):
Prediction of greek company takeovers via multivariate analysis of financial ratios. In: Journal of the Operational Research Society, 48. Jg. 1997, Heft 7, S. 678-687.

Peter Lang · Internationaler Verlag der Wissenschaften

Susanne Henzler

Die Motivation von Bankenfusionen und -übernahmen in den OECD-Ländern

Theoretische Basis und empirische Analyse

Frankfurt am Main, Berlin, Bern, Bruxelles, New York, Oxford, Wien, 2009.
XXIV, 351 S., zahlr. Tab. und Graf.
Europäische Hochschulschriften: Reihe 5, Volks- und Betriebswirtschaft.
Bd. 3339
ISBN 978-3-631-59213-7 · br. € 56.50*

Ausgehend von der zunehmenden Bedeutung von Großfusionen und -übernahmen in den 1990er Jahren beschäftigt sich diese Arbeit mit den Zusammenschlussaktivitäten der in den OECD-Ländern ansässigen weltweit größten Commercial Banks (Top 50) im Zeitraum von 1995 bis Mitte 2003. Dabei werden speziell Zusammenschlüsse zwischen Partnern ähnlicher Größe betrachtet. Das Forschungsziel besteht darin herauszufinden, welche internen Gründe (Motive) und Umweltveränderungen (Anlässe) die größten Banken der Welt dazu veranlassten, sich mit Partnern ähnlicher Größe zusammenzuschließen. Um eine ungerichtete, breite Motivforschung sicherzustellen und speziell die Identifikation nicht wertorientierter Beweggründe zu gewährleisten, kommt die Fallstudienmethode zur Anwendung. Zur Einordnung der Bedeutung der Zusammenschlussaktivitäten wurde die Motivationsforschung um eine nach Rankingklassen differenzierte Bestandsaufnahme der Fusions- und Übernahmeaktivitäten der Top-500-Banken ergänzt. Als zentrales Ergebnis bleibt die Erkenntnis, dass vier von zehn der untersuchten Transaktionen der Top-50-Banken primär aus nicht wertorientierten Beweggründen durchgeführt wurden.

Aus dem Inhalt: Grundlagen · Theoretische Betrachtung von M&A-Anlässen und -Motiven · Konzeption der empirischen Untersuchungen · Bestandsaufnahme der Merger-or-Acquisition-of-Equals-Aktivitäten (MAoE-Aktivitäten) der Top-500-OECD-Banken · Fallstudien zur Ermittlung der MAoE-Anlässe und -Motive der Top-50-OECD-Banken · Strukturierung der Ergebnisse aus den Fallstudien

Frankfurt am Main · Berlin · Bern · Bruxelles · New York · Oxford · Wien
Auslieferung: Verlag Peter Lang AG
Moosstr. 1, CH-2542 Pieterlen
Telefax 0041 (0) 32 / 376 17 27

*inklusive der in Deutschland gültigen Mehrwertsteuer
Preisänderungen vorbehalten

Homepage http://www.peterlang.de

FSC
www.fsc.org
MIX
Papier | Fördert gute Waldnutzung
FSC® C083411

Kolibri 360 GmbH
Ferdinand-Jühlke-Straße 7
99095 Erfurt, Deutschland
produktsicherheit@kolibri360.de